工业和信息化**数字媒体应用**
人才培养精品教材

U0688974

活页式微课版

AutoCAD 2018

室内装饰设计 项目化教程

金蕾 主编

人民邮电出版社
北京

图书在版编目（CIP）数据

AutoCAD 2018室内装饰设计项目化教程：活页式微课版 / 金蕾主编. -- 北京：人民邮电出版社，2024.1
工业和信息化数字媒体应用人才培养精品教材
ISBN 978-7-115-56267-8

Ⅰ. ①A… Ⅱ. ①金… Ⅲ. ①室内装饰设计-计算机辅助设计-AutoCAD软件-高等职业教育-教材 Ⅳ. ①TU238.2-39

中国版本图书馆CIP数据核字(2021)第056820号

内 容 提 要

本书基于工作过程将室内设计国家标准和室内施工图的识读、绘制方法及 AutoCAD 2018 绘图等有机地结合在一起，以室内装饰行业职业能力和职业素质培养为主线，按施工图绘制的典型工作任务和工作流程展现教学全过程。本书通过对项目的详细分解，使学习者非常清晰地了解准确绘制装饰公司施工图纸的步骤与方法，并以循序渐进的方式让学习者逐渐形成和具备在室内设计中运用 CAD 绘图的综合能力，为学习者从事室内设计及相关行业工作打下良好的基础。

本书既适合作为高职高专建筑装饰工程技术、室内设计、艺术设计相关专业 AutoCAD 软件课程的入门教材，也适合作为初级工程技术人员，以及想通过自学提高 CAD 绘图水平，并取得相应资格证书的建筑装饰工程技术及室内装饰设计人员的参考书。

- ◆ 主　编　金　蕾
　　责任编辑　刘　佳
　　责任印制　焦志炜
- ◆ 人民邮电出版社出版发行　　北京市丰台区成寿寺路 11 号
　　邮编　100164　电子邮件　315@ptpress.com.cn
　　网址　https://www.ptpress.com.cn
　　涿州市京南印刷厂印刷
- ◆ 开本：787×1092　1/16
　　印张：15.75　　　　　　　　　2024 年 1 月第 1 版
　　字数：392 千字　　　　　　　2024 年 1 月河北第 1 次印刷

定价：69.80 元

读者服务热线：(010)81055256　印装质量热线：(010)81055316
反盗版热线：(010)81055315
广告经营许可证：京东市监广登字 20170147 号

在室内设计中运用 CAD 绘图是建筑装饰、室内设计行业设计人员的典型工作任务，也是高职院校中建筑装饰工程技术、室内设计专业学生必须具备的基本技能。

本书围绕 6 个真实工作情境中的项目展开学习与训练，通过平面图、立面图、剖面图、节点详图案例中的典型工作任务，展现室内设计施工全过程中的图纸绘制这一完整的"行动"过程，从而使学习者掌握专业知识和工作过程知识，获取 CAD 绘图的职业技能并了解绘图的整体过程，建构属于自己的经验和知识体系。

本书以工作过程为基础，归纳和拓展了在室内设计中运用 CAD 绘图的典型工作任务和学习情境，设计了项目导入、学习情境、任务实施、项目小结和技能活页 5 个单元板块，以工作流程为主线，特别是在技能活页板块中将技能测评融入技能实践任务之中，辅以工作知识和德育素养常识，引入清晰的技能评价量表，能更有效地衡量项目技能生成与发展的效度，使课程教学教师对学习者的掌握情况心中有数，也能使学习者自身明确技能提升的目标和方向，实现教有评价、学有标准的互动学习。

本书的参考学时为 48 ~ 64 学时，建议采用理论实践一体化教学模式，各项目的参考学时参见下面的"学时分配表"。

学时分配表

项目	课程内容	学时
项目一	室内设计中的 CAD 基础知识	4 ~ 6
项目二	室内家具模型图的绘制	8 ~ 10
项目三	绘制三室两厅住宅的原始平面图	8 ~ 10
项目四	绘制三室两厅住宅的其他施工图纸	8 ~ 14
项目五	绘制三室两厅住宅的立面图	8 ~ 10
项目六	绘制三室两厅住宅的剖面图、节点详图	8 ~ 10
课程考评		4
学时总计		48 ~ 64

由于编者水平和经验有限，书中难免有欠妥和疏漏之处，恳请读者批评指正。

编 者

2023 年 7 月

目录

CONTENTS

项目一

Auto CAD

室内设计中的 CAD 基础知识

【能力目标】

通过本项目及相关任务的学习，能够掌握 AutoCAD 2018 软件工作界面及绘图环境的设置技巧。

【知识目标】

1. 掌握室内设计制图的基本内容、要求及规范。
2. 理解室内设计所涵盖的内容及人体工程学的相关知识。
3. 掌握 AutoCAD 2018 软件的安装方法、工作界面组成。

【素质目标】

培养制图过程中应具备的科学、严谨、缜密的操作态度。

一、项目导入

（一）室内设计的基本内容

1. 室内设计的定义

室内设计主要是指运用相关的技术手段和美学原理，创造满足人们物质和精神双重需求的室内环境。具体来说，室内设计是根据室内空间的使用功能、艺术要求和业主的经济实力，依据相关法规进行室内空间组合、改造，并对空间界面的形态、材料、色彩展开构思和设计，通过一定的物质技术手段，最终呈现出来的空间环境设计，如图 1-1 和图 1-2 所示。

图 1-1　家居空间室内设计

图 1-2　公共空间室内设计

2. 室内设计的内容

室内设计的目的是给为人们的工作、生活提供一个舒适的室内环境，其设计的内容主要包括以下四点。

（1）室内空间的组织与安排

室内空间的组织与安排包括室内平面功能的分析、布置和调整，对原有不合理部分的改造和再创造。

（2）室内各界面的设计

室内各界面的设计包括对地面、墙面、顶棚等的使用分析和形态、色彩、材料及相关构造的设计。

（3）室内物理环境的设计

室内物理环境的设计包括根据室内的使用要求进行声、光、电的设计和改造，创造良好的室内采光、照明、音质及温湿度环境，注意要与室内空间和各界面的设计相协调。

（4）室内装饰设计

室内装饰设计是在前期装修的基础上，通过对家具、灯具、织物、绿植、陈设等的选用、设计及布置，进行室内环境的再创造，提升最终的设计效果。

随着社会生活的发展与进步，室内设计的内容不断拓展，从事室内设计的工作人员也在不断探索，力求抓住室内设计的要素，并与相关专业人员积极配合，创造更为优质的室内环境。

（二）室内设计与人体工程学

1. 人体工程学

人体工程学是研究人体与工程系统及环境的内在联系的一门独立学科，是室内设计中必不可少的专业知识，它科学地研究了人、物、环境在相互作用时如何达到最优效果的问题，了解人体工程学可以使装修设计尺寸更符合人们的日常行为和需要。如图 1-3 所示，在进行厨房的空间设计时，要在既定的建筑空间内布置家具、电器，要充分考虑到人在厨房内烹饪的一系列活动（洗涤、取物、切菜、煮饭、配菜、烹饪等），以及这些活动所对应的人体活动的范围和尺度。

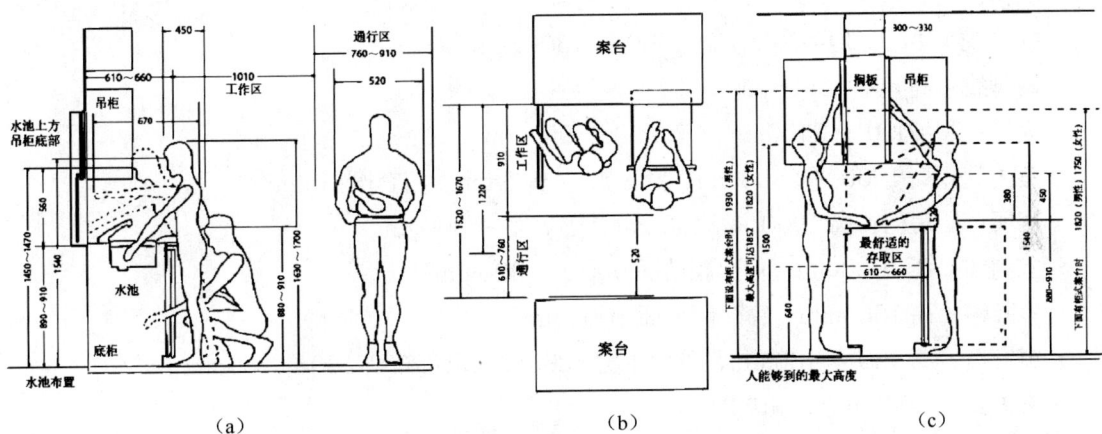

（a）　　　　　　　　　（b）　　　　　　　　　（c）

图 1-3　厨房的空间设计

2. 人体工程学在室内设计中的应用

（1）确定人在室内活动所需空间的主要依据

根据人体工程学的有关测量计算数据，从人的尺度、动作域、心理空间及人际交往的空间来确定空间范围。

例如，一般的过道宽 1200mm，这个数据是根据人的肩膀宽度来决定的。人的肩膀宽度为 400mm 左右，过道宽度达到 600mm 以上时，一个人走路一般不会碰到东西，所以当双人并肩走时，1200mm 的空间是基本够用的。当空间确实很小时也可以把过道设计为 1000mm 宽的空间，当空间较大时也可以采用 1500mm 的设计。公共空间的走道宽度一般为 1500mm。

（2）确定家具和设施的形体、尺寸及其使用范围的主要依据

家具和设施为人所用，所以它们的形体和尺寸必须以人体尺度为依据，首先要考虑人的舒适度，其次才是它们的美观性和使用功能。同时为了使用这些家具和设施，其周围必须留有活动空间和使用的最小的余地，这些都是由人体工程学来科学地解决的。

例如，家居鞋柜的深度、厚度就是根据鞋的尺寸来设计的，一般人的鞋的尺寸是 180 ~ 250mm，所以鞋柜的深度为 180 ~ 320mm，常用的是 300mm。

单人沙发的宽度是 900mm，也是以人的肩膀宽度为基础。人的肩膀宽度是 400mm 左右，

再加上沙发两侧的扶手，总宽度基本达到 900mm。

在设计椅子时，其靠背的高度应以 400mm 为宜，高于或者低于 400mm 都会让人的腰部产生疲劳。一般椅子靠背的高度宜在肩胛骨以下，这样既不影响人体上肢的活动，又能使背部得到充分的休息。

3. 室内设计的常用数据

（1）建筑结构尺寸

支撑墙体：厚 240mm、280mm

室内隔断墙体：厚 60mm、120mm

墙裙：高 800 ～ 1500mm

挂镜线（中心距地面高度）高 1600 ～ 1800mm

踢脚线：高 60 ～ 200mm

大门：高 2000 ～ 2400mm、宽 900 ～ 950mm

室内门：高 1900 ～ 2400mm、宽 800 ～ 900mm、门套厚 100mm

厕所、厨房门：高 1900 ～ 2400mm、宽 700 ～ 900mm

室内窗：高 1000mm，窗台距地面 900 ～ 1000mm

室外窗：高 1500mm，窗台距地面 1000mm

窗帘盒：高 120 ～ 180mm，单层布宽 120mm、双层布宽 160 ～ 180mm

玄关：宽 1000mm、墙厚 240mm

阳台：长 3000 ～ 4000mm（一般与客厅长度相同）、宽 1400 ～ 1600mm

楼梯：踏步长 990 ～ 1150mm、宽 250mm、高 150 ～ 160mm，扶手宽 100mm、扶手间距 200mm，中间的休息平台宽 1000mm

（2）卧室、书房

床（长×宽×高）：单人床 2000mm×900mm×450mm、2000mm×1200mm×450mm，双人床 2000mm×1500mm×450mm、2000mm×1800mm×450mm，如图 1-4 所示

床头柜：高 500 ～ 700mm、宽 450 ～ 800mm，如图 1-4 所示

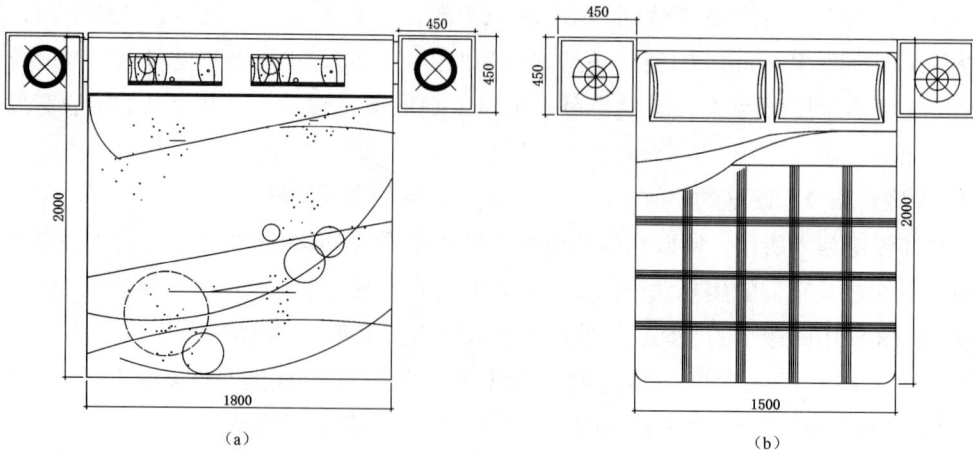

（a）   （b）

图 1-4　床、床头柜组合

写字台：长 1100 ~ 1200mm、宽 450 ~ 600mm、高 700 ~ 800mm

衣柜：宽 800 ~ 1200mm、深 500mm、高 1600 ~ 2200mm

书柜：宽 1200 ~ 1500mm、深 450 ~ 500mm、高 1800mm

书架：宽 1000 ~ 1300mm、深 350 ~ 450mm、高 1800mm

书桌：固定式深 450 ~ 700mm（600mm 最佳）、高 750mm，活动式深 650 ~ 800mm、高 750 ~ 780mm，下缘离地至少 580mm、至少长 90mm（150 ~ 180mm 最佳）

（3）客厅

沙发：座位高 350 ~ 420mm、背高 700 ~ 900mm

单人沙发：长 800 ~ 950mm、深 850 ~ 900mm

双人沙发：长 1570 ~ 1720mm、深 800 ~ 900mm，如图 1-5 所示

三人沙发：长 2280 ~ 2440mm、深 800 ~ 900mm，如图 1-6 所示

小型长方形茶几：长 600 ~ 750mm、宽 450 ~ 600mm、高 330 ~ 420mm

大型长方形茶几：长 1500 ~ 1800mm、宽 600 ~ 800mm、高 330 ~ 420mm

圆形茶几：直径 750mm、900mm、1050mm、1200mm、高 330 ~ 420mm

正方形茶几：宽 900mm、1050mm、1200mm、1350mm、1500mm，高 330 ~ 420mm，但边角茶几有时稍高一些，其高度为 430 ~ 500mm

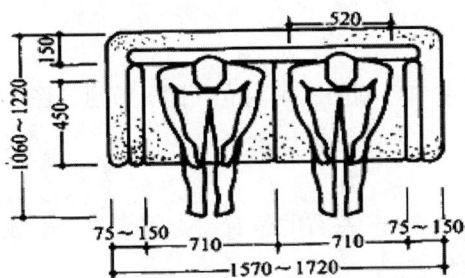

图 1-5 双人沙发　　　　　　　图 1-6 三人沙发

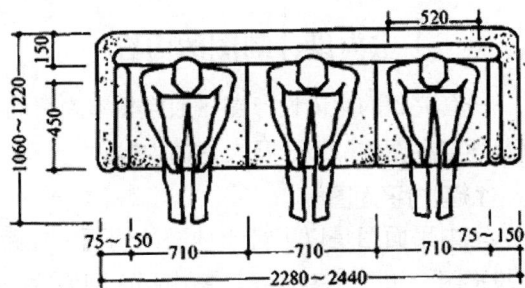

（4）餐厅、厨房

餐桌：高 750 ~ 790mm

餐椅：高 450 ~ 500mm，如图 1-7 所示

方餐桌（长 × 宽）：四人桌 1400mm×800mm、八人桌 2250mm×850mm

圆餐桌（直径）：两人桌 500 ~ 800mm、四人桌 900 ~ 1220mm 如图 1-8 所示、八人桌 1300mm、十人桌 1500mm

吧台：高 900 ~ 1050mm、宽 500mm

吧凳：高 600 ~ 750mm

餐桌间距：不小于 500mm

主通道：宽 1200 ~ 1300mm

（5）卫生间

卫生间面积：3 ~ 5m^2

坐便器:750mm×350mm

盥洗盆:550mm×410mm

淋浴器:高2000～2100mm

浴缸:长1220mm、1520mm、1680mm,宽720mm,高450mm

化妆台:长1350mm、宽450mm

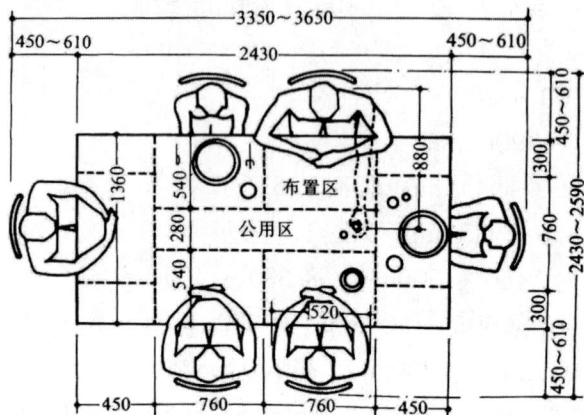

图1-7 六人方餐桌

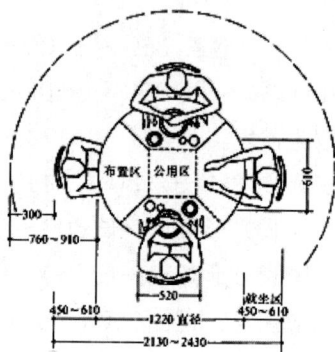

图1-8 四人圆餐桌

(三)室内设计制图的内容

一套完整的室内设计图一般包括室内平面图、室内顶棚图、室内立面图、节点详图。下面简述各种图样的概念及表达的内容。

1. 室内平面图

室内平面图是以平行于地面的切面,在距地面1.5mm左右的位置将上部切去而形成的正投影图。如图1-9所示,室内平面图表达的内容如下。

(1)展示墙体、隔断、门窗、各空间大小及布局、家具陈设、人流及交通路线、室内绿化等,若不单独绘制地面材料平面图,则应该在平面图中表示地面材料。

(2)标出各房间尺寸、家具陈设尺寸及布局尺寸。对于复杂的公共建筑,则应标注轴线编号。

(3)注明地面材料的名称及规格。

(4)注明房间名称、家具名称。

(5)注明室内地坪标高。

(6)注明详图索引符号、图例及立面内视符号。

(7)注明图名和比例。

(8)在需要辅助文字说明的平面图上,还要注明文字说明、统计表格等。

2. 室内顶棚图

室内顶棚图是根据顶棚在其下方假想的水平镜面上的正投影绘制而成的镜像投影图。如图1-10所示,顶棚图表达的内容如下。

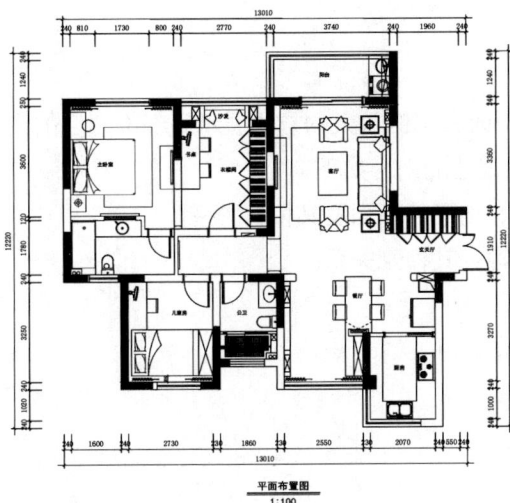

图 1-9 室内平面图

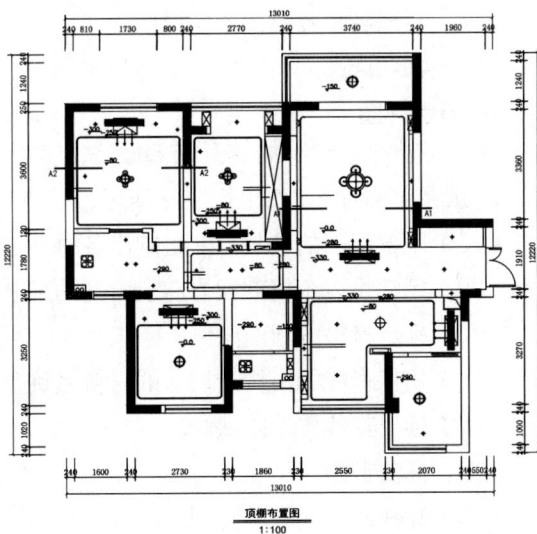

图 1-10 室内顶棚图

（1）顶棚的造型及使用装修材料说明。

（2）顶棚灯具及电器的图例、名称、规格等说明。

（3）顶棚造型的尺寸标注，灯具和电器的安装位置标注。

（4）顶棚的标高标注。

（5）顶棚的细部做法说明。

（6）注明详图索引符号、图名、比例等。

3. 室内立面图

以平行于室内墙面的切面将前面部分切去后，剩余部分的正投影图即室内立面图。如图 1-11 所示，立面图表达的内容如下。

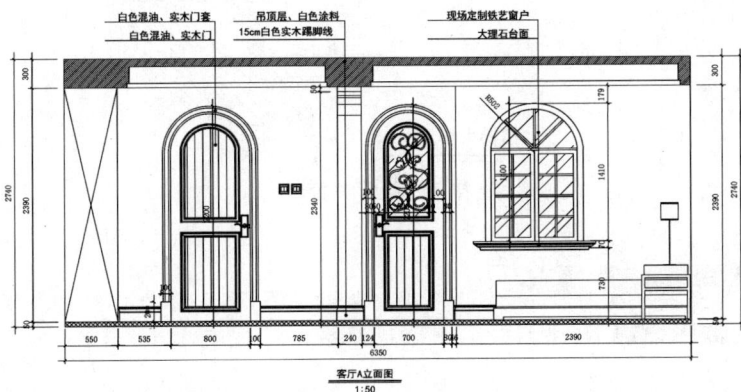

图 1-11 室内立面图

（1）墙面造型、材质及家具陈设在立面上的说明。

（2）门窗的立面及其他装潢元素的立面。

（3）立面各组成部分的尺寸、吊顶的地坪标高。

（4）材料名称及细部做法说明。

（5）注明详图索引符号、图名、比例等。

4.节点详图

为了放大个别设计内容及细部做法，多以剖切或者比例放大的方式展示局部剖开后的情况，这就是节点详图。如图 1-12 所示，节点详图表达的内容如下。

（1）以剖面图的绘制方法绘制出各材料断面、构配件断面及其相互关系。

（2）用细线表示出剖视方向上看到的部分轮廓及其相互关系。

（3）标出材料的断面图例。

（4）用指引线标出构造层次的材料名称及做法。

（5）标出其他构造做法。

（6）标注各部分尺寸。

（7）标注详图编号及比例。

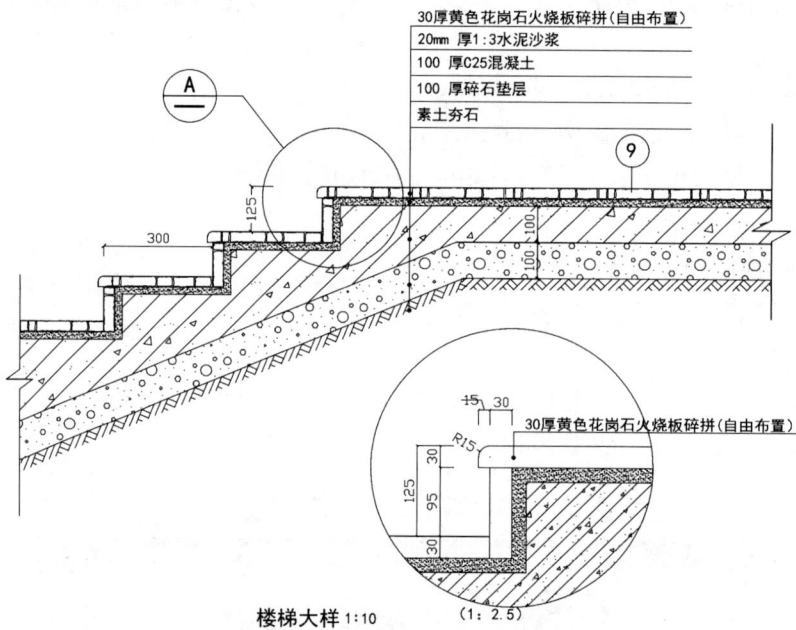

图 1-12　节点详图

二、学习情境

（一）线型要求

室内设计图主要由各种图线构成，不同图线表示不同的对象，代表不同的含义。为了能够清晰、准确、美观地表达设计思想，人们在实践中采用了一套常用的线型，并规定了它们的使用范围。常见的线型如表 1-1 所示。

表 1-1　常用线型

名称		线型	计算机 线型名称	宽度	用途
实线	粗		Continuous	b	主要的可见轮廓线，装修完成面的剖面线
	中		Continuous	$0.5b$	空间内主要转折面及物体边角等外轮廓线
	细		Continuous	$0.25b$	地面分割线、填充线、索引线等
虚线	粗		Dash	b	详图索引、外轮廓线
	中		Dash	$0.5b$	不可见轮廓线
	细		Dash	$0.25b$	灯槽、暗藏灯带等
单点 长画线	粗		Center	b	图样索引的外轮廓线
	中		Center	$0.5b$	图样填充线
	细		Center	$0.25b$	定位轴线、中心线、对称线
双点 长画线	粗		2SASEN8	b	假想轮廓线、成型前原始的轮廓线
	中		2SASEN8	$0.5b$	
	细		2SASEN8	$0.25b$	
折断线			无	$0.25b$	图样的省略截断画法
波浪线			无	$0.25b$	断开界线

> **注意**　图线的基本线宽是 b，室内装饰制图常用的线宽有 0.25mm、0.18mm 和 0.13mm，CAD 系统默认的线宽为 0.25mm。

（二）尺寸标注

图 1-13 所示图纸上的尺寸由尺寸界线、尺寸线、尺寸起止符号和尺寸数字组成，在后续章节中会详细介绍标注的具体设置问题，现在主要介绍一些标注原则。

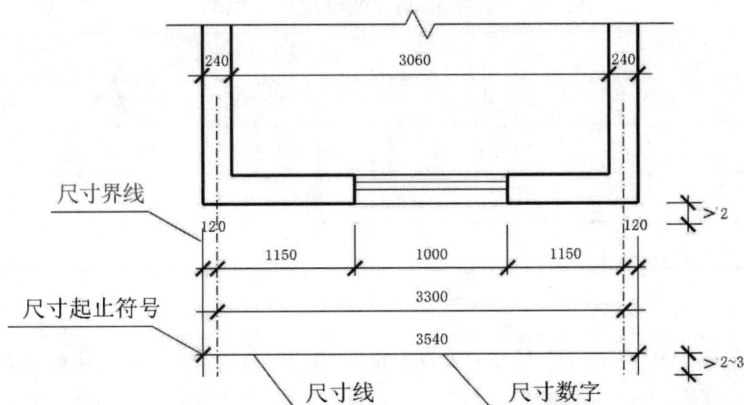

图 1-13　尺寸标注

1. 尺寸标注应力求准确、清晰、美观大方，同一张图中，标注风格应保持一致。

2. 尺寸线应尽量标注在图样轮廓以外，从内到外依次标注从小到大的尺寸，不能将大尺寸标在内，小尺寸标在外。

3. 最靠内的一道尺寸线与图样轮廓之间的距离不应小于 10mm，两道尺寸线之间的距离一般为 7 ~ 10mm。

4. 尺寸界线朝向图样的端点距图样轮廓的距离应大于等于 2mm，不宜直接与之相连。

5. 在图线拥挤的地方，应合理安排尺寸线的位置，但不宜与图线、文字及符号相交，可以考虑将轮廓线用作尺寸界线，但不能作为尺寸线。

6. 对于连续相同的尺寸，可以采用"均分"或"(EQ)"字样代替。

（三）文字说明

在一幅完整的图样中，用图线方式表现得不充分和无法用图线表示的地方，需要进行文字说明，如材料的名称、构配件的名称、构造做法、统计表及图名等。文字说明是图样内容的重要组成部分，制图规范对文字标注中的字体、字号及二者的搭配等做了一些具体的规定。

1. 一般原则：字体端正、排列整齐、清晰准确、美观大方，避免过于个性化的文字标注。

2. 字体：一般标注推荐采用仿宋体，标题可用楷体、隶书、黑体等。

3. 字号：标注的文字高度要适中，同一类型的文字采用同一字号，较大的文字用于较概括性的说明内容，较小的文字用于较细致的说明内容。

4. 字体及字号的搭配应注意体现层次感。

（四）图纸幅面、图标及会签栏

1. 图纸幅面

图纸幅面是指图纸本身的尺寸，为了合理使用并便于管理图纸，室内设计制图的图纸幅面尺寸延用建筑制图的国家标准。图纸有横式和立式之分，图框是指工程制图中图纸上限定绘图区域的线框。详见表 1-2 所示的规定及图 1-14 所示的格式。

表 1-2　图纸幅面及图框尺寸（mm）

尺寸代号	幅面代号				
	A0	A1	A2	A3	A4
$b \times l$	841×1189	594×841	420×594	297×420	210×297
c	10			5	
a	25				

> **注意**　表格中 b 为幅面短边尺寸，l 为幅面长边尺寸，c 为图框线与幅面线间宽度，a 为图框线与装订边间宽度。

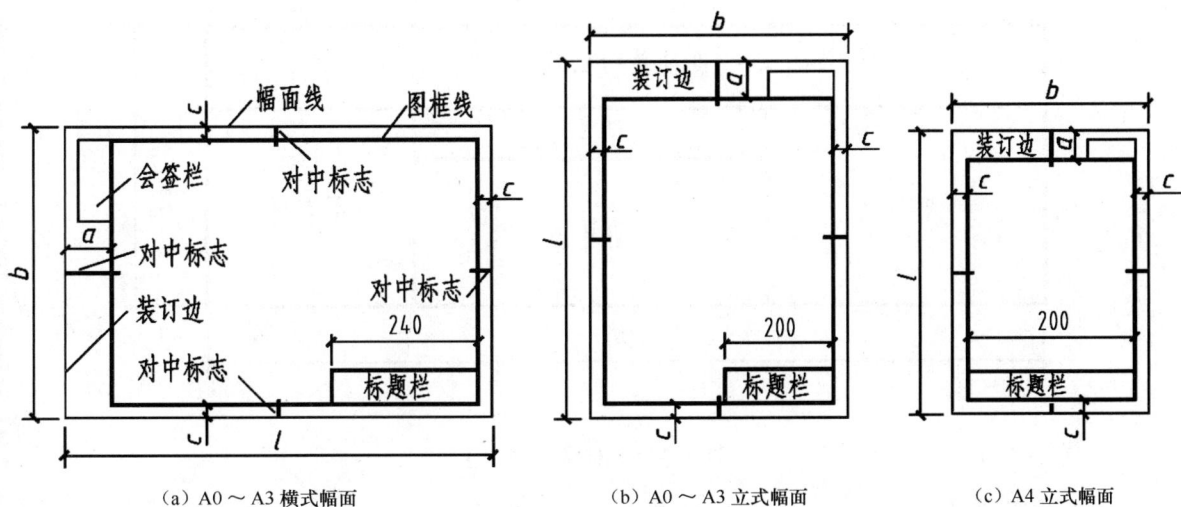

（a）A0～A3 横式幅面　　　　　（b）A0～A3 立式幅面　　　　　（c）A4 立式幅面

图 1-14　图纸幅面格式

2. 图标

图标指的是图纸的标题栏。图纸无论横式或立式构图均应在图框内画出标题栏，并且应符合制图统一标准的规定。图标包括设计单位名称区、工程名称区、签字区、图名区及图号区等内容。一般图标格式如图 1-15 所示。

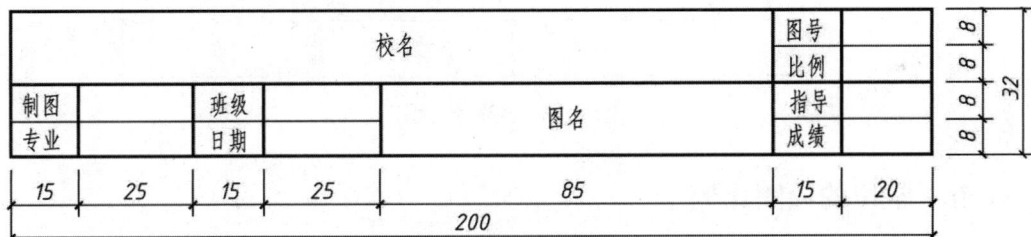

（a）

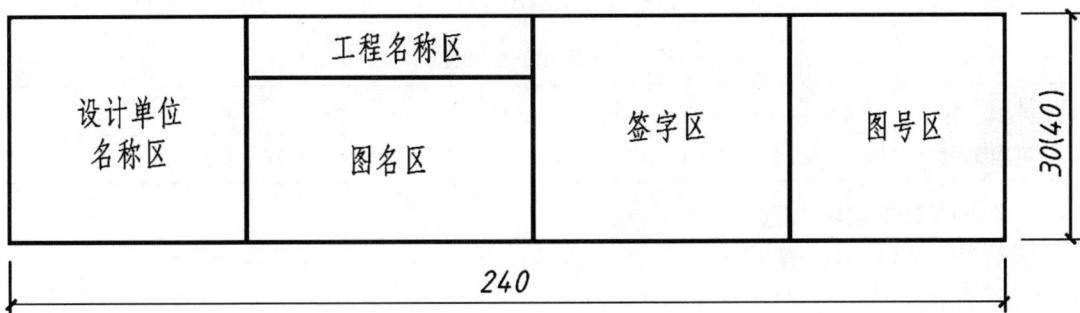

（b）

图 1-15　图标格式

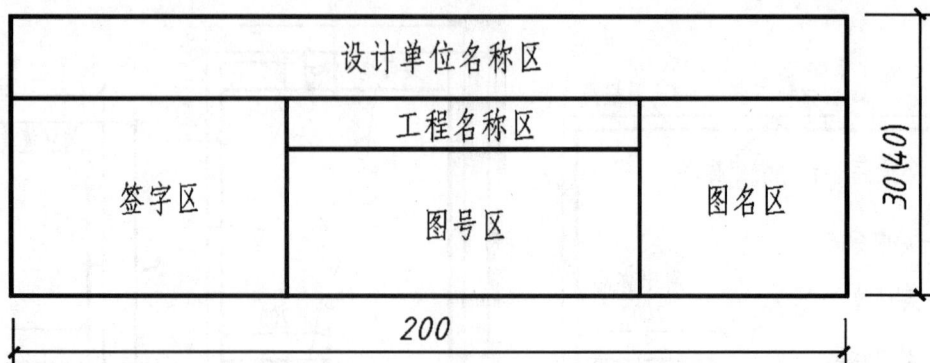

图 1-15　图标格式（续）

3. 会签栏

会签栏是各工种负责人审核签名所用的表格，包括专业、姓名（实名、签名）、日期等内容，具体内容可根据需要设置。图 1-16 所示为其中一种会签栏格式。

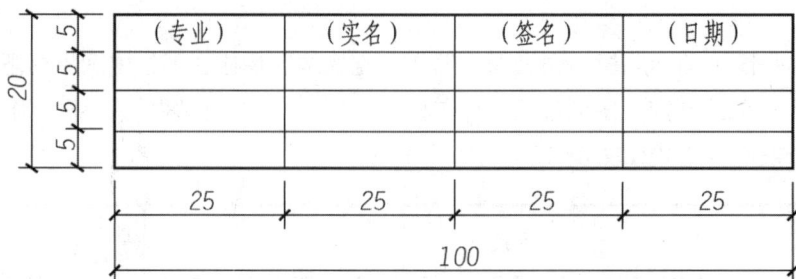

图 1-16　会签栏格式

（五）常用的绘图比例

1. 室内绘图常用的比例

绘图的比例为图形与实物相对应的线性尺寸之比。图纸的比例应根据图纸的用途与被绘对象的复杂程度选取。表 1-3 所示为常用的绘图比例。

表 1-3　常用的绘图比例

常用比例	1:1、1:2、1:5、1:10、1:20、1:50、1:100、1:150、1:200、1:500、1:1000
可用比例	1:3、1:4、1:6、1:15、1:25、1:30、1:40、1:60、1:80、1:250、1:300、1:400、1:600

2. 不同图样的常用比例

建筑总图：1:500、1:1000。

总平面图：1:50、1:100、1:200、1:300。

分区平面图：1:50、1:100。

分区立面图：1:25、1:30、1:50。

节点详图：1:1、1:2、1:5、1:10。

对于其他特殊情况，可自定比例。同一图纸中的不同图样可选取不同比例。

注意

（六）常用的图例

为了方便查阅，室内设计图常用的符号图例如表 1-4 所示。

表 1-4 室内设计图常用的符号图例

符号	说明	符号	说明
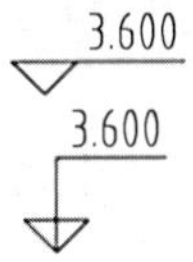 3.600 / 3.600	标高符号，线上数字为标高值，单位为米，下面一种在标注位置比较拥挤时采用		楼板开方孔
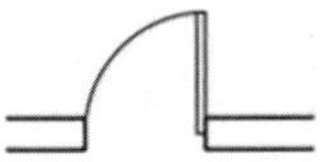	单扇平开门	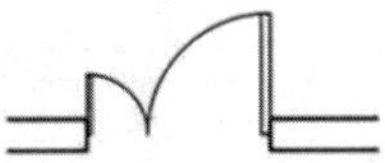	子母门
	双扇平开门	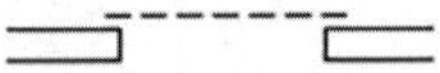	卷帘门
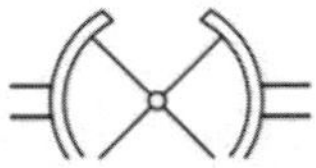	旋转门	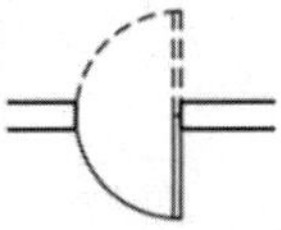	单扇双向弹簧门
	单扇推拉门		双扇推拉门
	窗	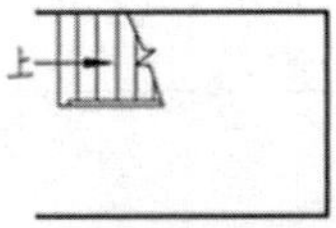	首层楼梯
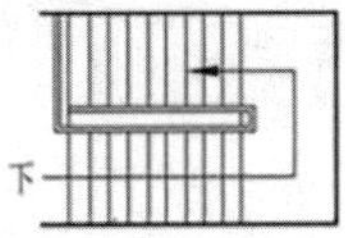	顶层楼梯	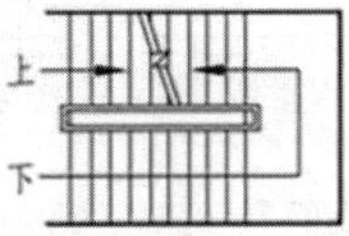	中间层楼梯

三、任务实施

（一）软件安装

AutoCAD 软件是由美国 Autodesk 公司开发的计算机辅助绘图和设计软件，可以用于二维制图和基本的三维设计，因此它被广泛应用于土木建筑、装饰装潢、工业设计、工程制图及服装加工等诸多领域。

1. 鼠标右键单击软件安装压缩包，选择【解压到 "AutoCAD_2018__64bit"】命令，如图 1-17 所示。

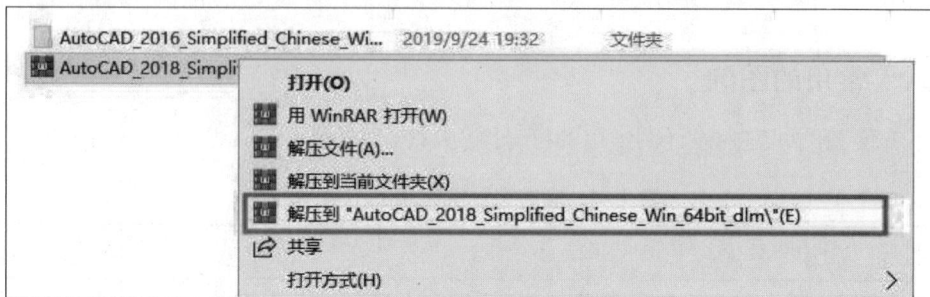

图 1-17　解压软件安装包

2. 打开解压后的安装软件文件夹，鼠标左键双击打开 CAD_2018_64bit.exe 安装程序，如图 1-18 所示。

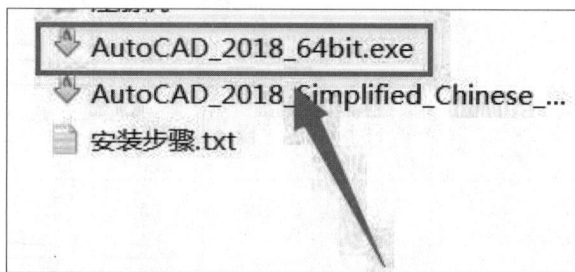

图 1-18　双击打开安装程序

3. 单击右侧的【更改】按钮，按顺序依次打开【计算机】/【本地磁盘 D】，选中【CAD2018】文件夹，然后选择【确定】按钮，如图 1-19 所示更改并解压 CAD 安装程序。

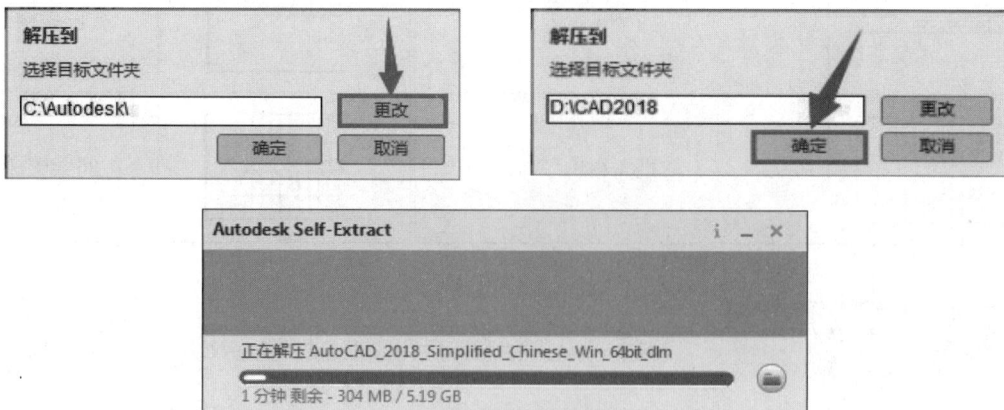

图 1-19　解压安装程序

4. 待解压结束后，单击右下角的【安装】按钮，如图 1-20 所示；选择【我接受】命令，接着单击【下一步】按钮，单击【浏览】按钮更改软件的安装路径，单击【安装】按钮。

图 1-20　单击安装

5. 安装 AutoCAD 2018，待安装完成后，单击【完成】按钮，在计算机询问是否重启系统时单击【否】按钮，如图 1-21 所示。

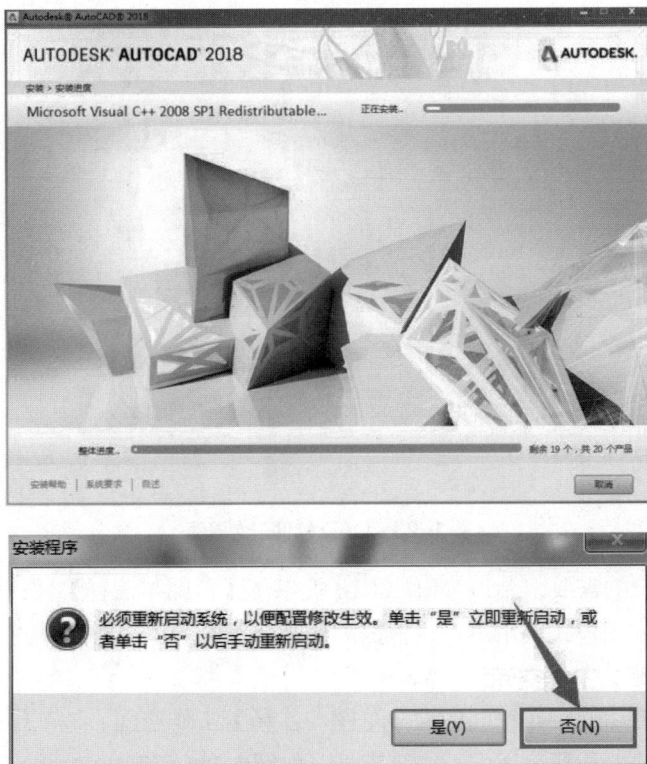

图 1-21　安装完成

6. 找到桌面上 AutoCAD 2018 的图标，双击打开，选择【始终将 DWG 文件与 AutoCAD 重新关联（建议）】命令，如图 1-22 所示，这样就可以打开 AutoCAD 2018 软件了。

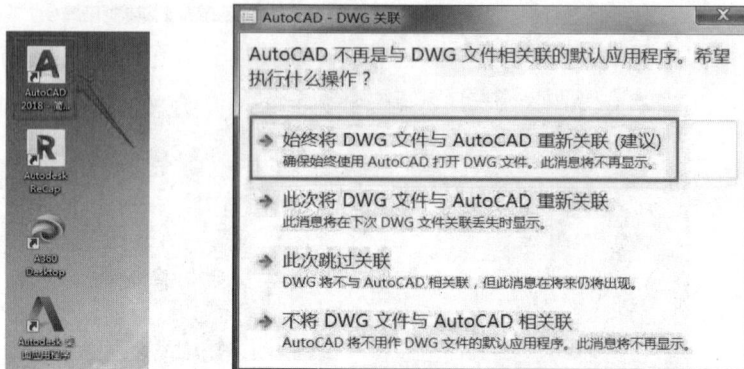

图 1-22 设置文件关联

（二）工作空间

第一次启动 AutoCAD 2018 时，在开始界面中单击【开始绘制】按钮，将进入 AutoCAD 2018 默认的工作界面，该界面主要由标题栏、功能区、绘图区、十字光标、命令行和状态栏这 6 个主要部分组成，如图 1-23 所示。

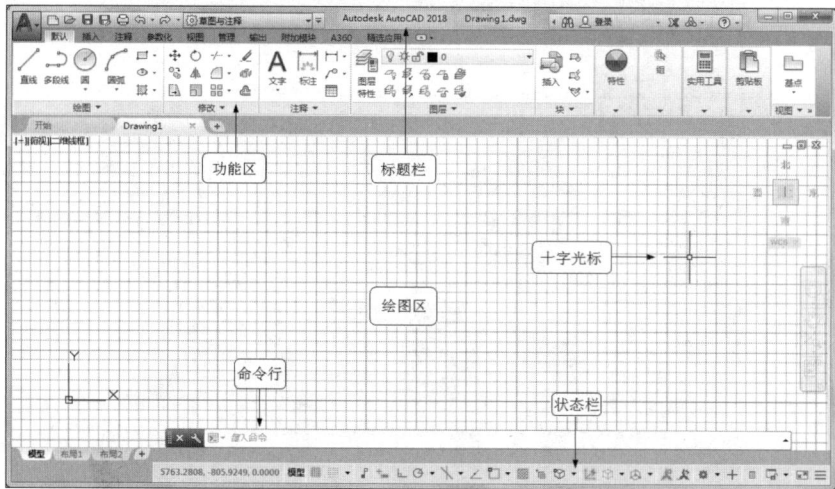

图 1-23 CAD 软件工作界面

为满足不同用户的需要，AutoCAD 2018 提供了【草图与注释】【三维基础】和【三维建模】这 3 种工作空间模式，用户可以根据需要选择不同的工作空间模式。

1.【草图与注释】工作空间

默认状态下，启动的工作空间即为【草图与注释】工作空间。该工作空间的功能区提供了大量的绘图、修改、注释、图层及块等工具，如图 1-24 所示。

图 1-24 【草图与注释】工作空间

2.【三维基础】工作空间

【三维基础】工作空间中可以方便地绘制基础的三维图形，也可以通过其中的修改面板对图形进行快速修改，如图 1-25 所示。

图 1-25　【三维基础】工作空间

3.【三维建模】工作空间

【三维建模】工作空间的功能区提供了大量的三维建模和编辑工具，可以方便地绘制出更多、更复杂的三维图形，也可以对三维图形进行修改、编辑等操作，如图 1-26 所示。

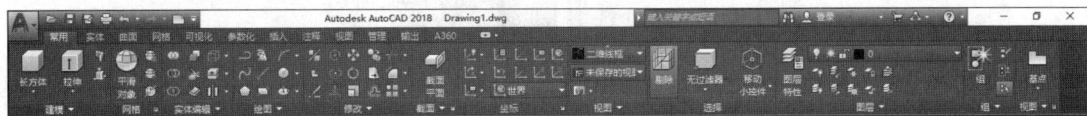

图 1-26　【三维建模】工作空间

4.【AutoCAD 经典】工作空间

对于习惯于 AutoCAD 传统界面的用户来说，可以使用【AutoCAD 经典】工作空间，如图 1-27 所示，其界面由菜单栏、工具栏、绘图区与命令行、状态栏等元素组成。

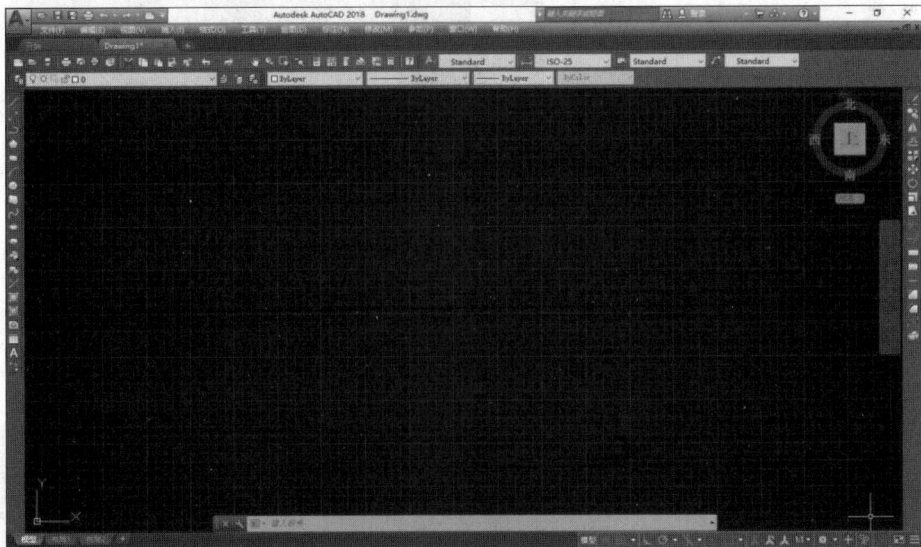

图 1-27　【AutoCAD 经典】工作空间

> 注意
>
> 在 AutoCAD 2018 中，经典工作空间不再随附于 AutoCAD 中，但用户可以轻松地重新创建【AutoCAD 经典】工作空间，具体操作步骤如下。

（1）首先打开 AutoCAD 2018，找到左上角【自定义快速访问工具栏】的下拉按钮，打开下拉列表，选择【显示菜单栏】命令，如图 1-28 所示。

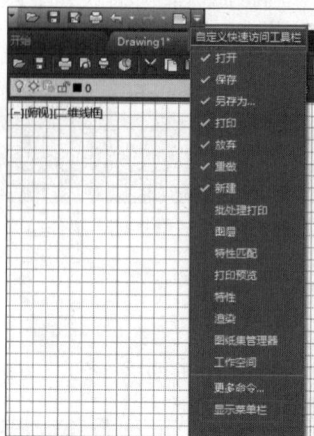

图 1-28　显示菜单栏

（2）选择菜单栏中的【工具】菜单，打开下拉菜单，选择【选项板】命令，在下一级菜单中选择【功能区】命令，将现有功能区关闭，如图 1-29 所示。

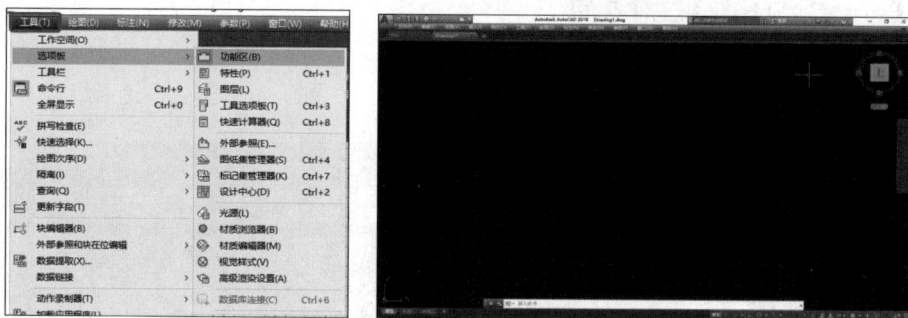

图 1-29　关闭功能区

（3）选择【工具】/【工具栏】/【AutoCAD】命令，在弹出菜单中依次选择【修改】【图层】【绘图】【标准】【样式】【特性】等选项，在工作界面上显示相应的工具栏，如图 1-30 所示。

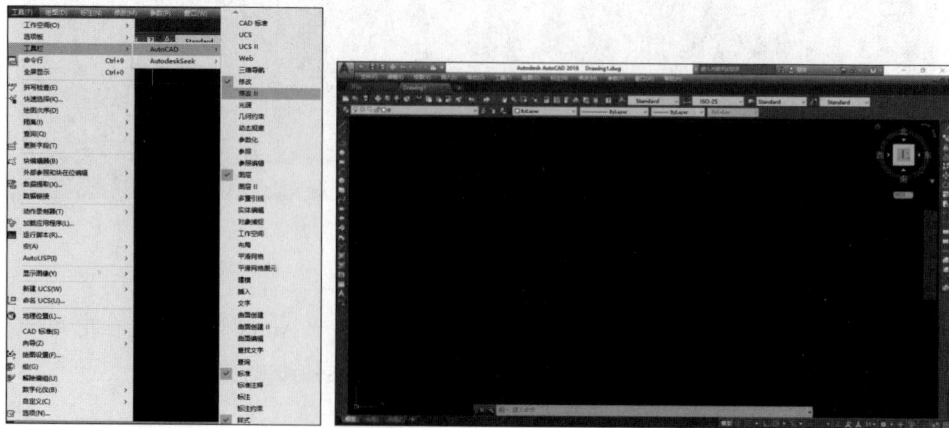

图 1-30　打开工具面板

（4）单击右下角的【切换工作空间】按钮，在下拉列表中选择【将当前工作空间另存为 ...】命令，将设置好的界面保存为【AutoCAD 经典】工作空间，以后就可以方便地进行调用，如图 1-31 所示。

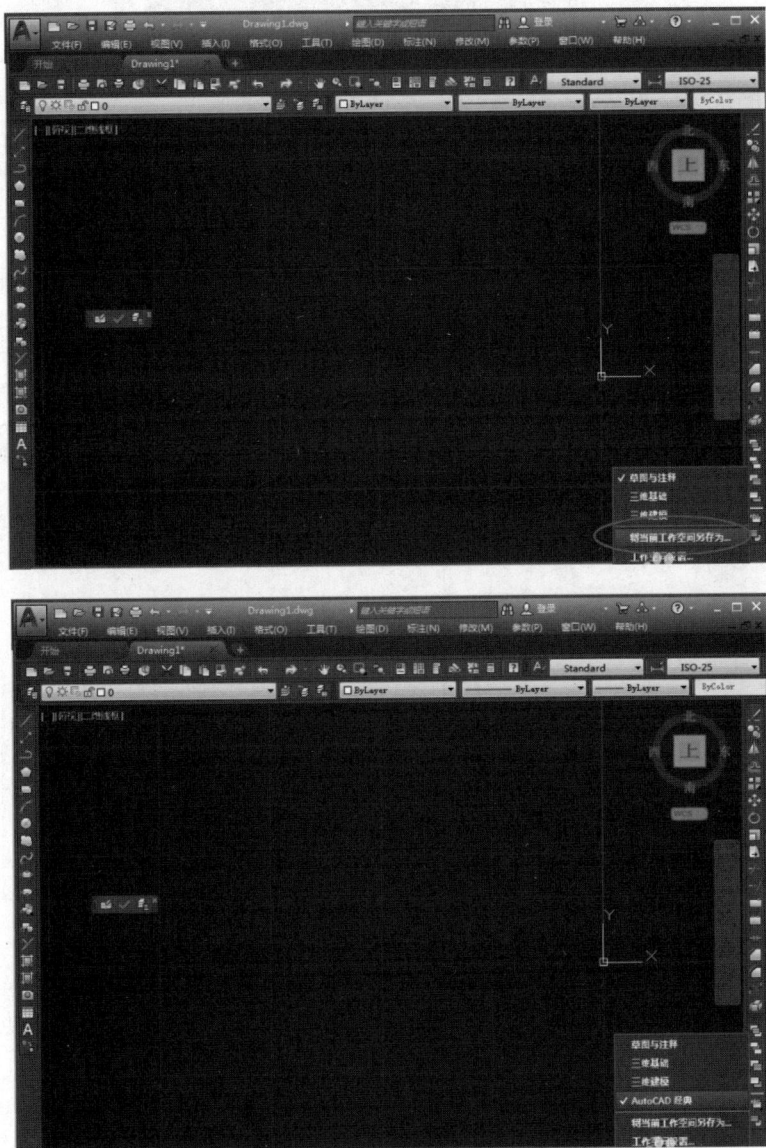

图 1-31　保存为【AutoCAD 经典】工作空间

（三）界面组成

1. 功能区

功能区是展示基于任务的命令和控件的选项板。在创建或打开文件时，程序会自动显示功能区，提供一个包括创建文件所需的所有工具的小型选项板，用户可以根据需要自定义功能区。要选择不同功能区的显示方式，可以通过功能区状态切换按钮进行"最小化为选项卡""最小化为面板标题""最小化为面板按钮"等不同状态的切换，如图 1-32 所示。

图 1-32　功能区

2. 应用程序菜单

应用程序菜单位于软件工作界面的左上角,单击该按钮后将会弹出应用程序菜单。通过应用程序菜单,用户可以快速执行新建、打开、保存、另存为、输入、输出和发布等命令,如图 1-33 所示。

在应用程序菜单中提供了搜索命令功能,搜索字段显示在应用程序菜单顶部的搜索文本框中。搜索结果可以包括菜单命令、基本工具提示和命令提示文字字符串,如图 1-34 所示。若将鼠标指针悬停在某命令附近,则可显示相关的提示信息。

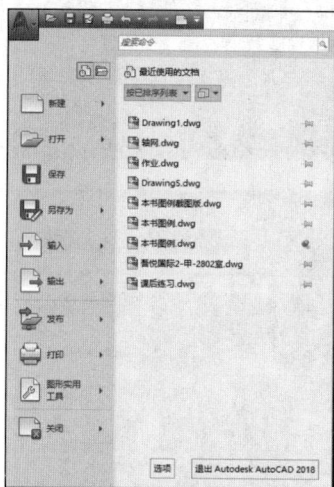

图 1-33　应用程序菜单

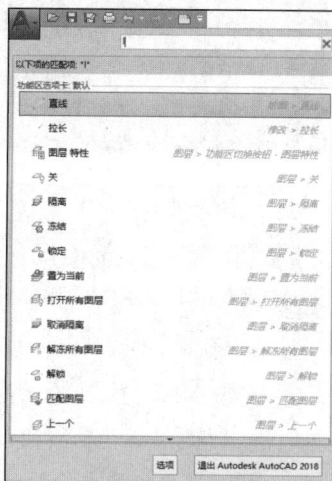

图 1-34　搜索命令

3. 快速访问工具栏

快速访问工具栏位于应用程序窗口顶部,用户可通过快速访问工具栏快速执行相关命令,以提高工作效率,如图 1-35 所示。

在快速访问工具栏中有新建、打开、保存、打印、放弃和重做等按钮。用户还可以根据需要对快速访问工具栏进行添加、删除、重新定位命令及控件,以按照用户的工作方式对工作界面元素进行适当的调整。

（a）快速访问工具栏

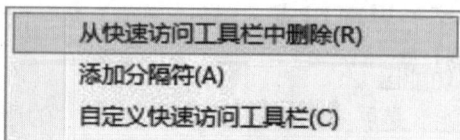

（b）快速访问工具栏快捷菜单

图 1-35　快速访问工具栏

4. 状态栏

状态栏位于绘图区的底部，用于显示坐标和提示信息等，同时还提供了一系列的按钮，如图 1-36 所示。

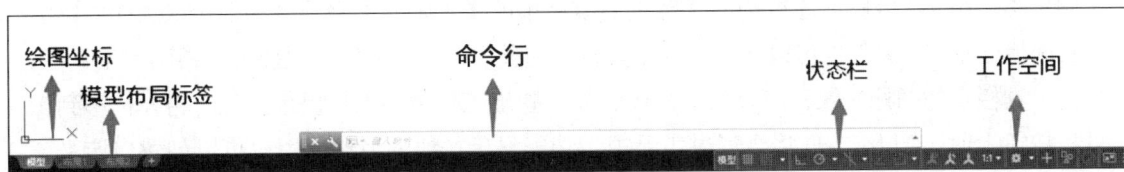

图 1-36　状态栏

5. 命令行窗口

命令行窗口主要用于显示提示信息、接受用户输入的命令及数据，它位于绘图区的最下方。用户可在命令行的提示下输入各种命令。该窗口除了显示 AutoCAD 命令的提示及有关信息，还可查阅命令的历史记录。在 AutoCAD 中可以按【Ctrl+9】组合键来控制命令行窗口的显示和隐藏。按住命令行左侧的标题栏进行拖动，可以使其成为浮动面板，如图 1-37 所示。

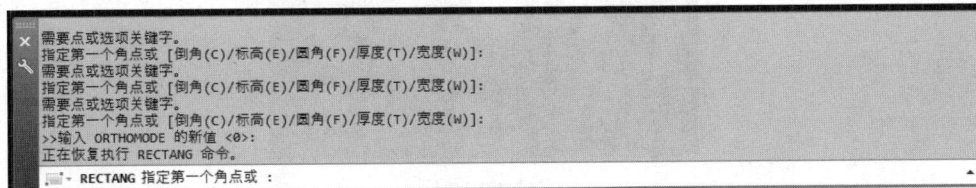

图 1-37　命令行窗口

6. 工具选项板

工具选项板提供了一种用来组织、共享和放置块、图案填充及其他工具的有效方法，用户可以通过菜单栏的【工具】菜单调用【工具选项板】命令。【工具选项板】还可以包含由第三方开发人员提供的自定义工具，如图 1-38 所示。

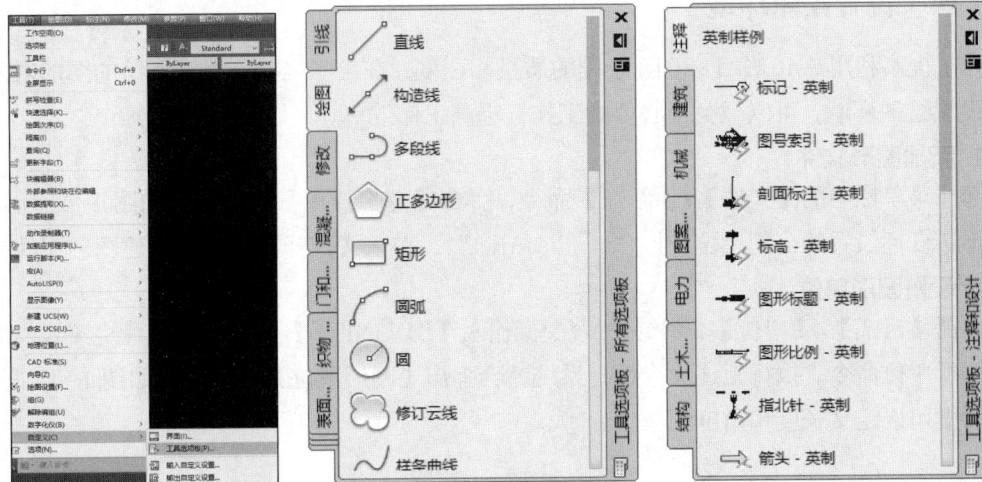

图 1-38　工具选项板

7. 工具栏

在 AutoCAD 2018 中，除了通过命令行执行各种命令，用户还可以利用工具栏来执行命令。工具栏是由一系列图标按钮构成的，每个图标按钮都形象地表示一个 AutoCAD 命令，如图 1-39 所示。用户可通过选择【工具】菜单下的【工具栏】命令调用 AutoCAD 提供的工具面板处单击，另外也可以在已有的工具栏空白处右击，在弹出的快捷菜单中调用工具栏。单击工具栏上的图标按钮，可以启动命令、显示弹出工具栏和工具提示信息，将光标移到工具栏按钮上时，AutoCAD 将会通过工具提示功能显示按钮的名称。用户可以创建自定义工具栏，以便提高绘图效率。

图 1-39　工具栏

工具栏能够以浮动或固定的方式显示。用户可以将浮动工具栏拖动至新位置或将其固定，工具栏可以固定在绘图区域的任意一侧，如图 1-40 所示。

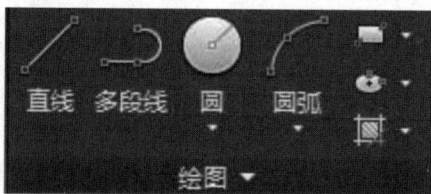

（a）固定工具栏

（b）浮动工具栏

图 1-40　固定/浮动工具栏

（四）设置绘图环境

为了提高利用 AutoCAD 2018 绘图的质量和速度，在绘图之前，根据所绘的图形对象合理地设置绘图环境，可以减少不必要的工作，提高工作效率。

1. 新建图形文件

选择菜单栏中的【文件】/【新建】命令，弹出【选择样板】对话框，如图 1-41 所示。选择不带任何设置的公制单位样板"acadiso.dwt"，单击【打开】按钮，新建图形文件。

2. 设置图形单位

选择【格式】/【单位】命令或在命令行输入【DDUNITS】命令或快捷命令 UN，执行设置图形单位命令。执行上述命令后，系统就会弹出【图形单位】对话框，如图 1-42 所示，该对话框可以定义长度和角度的单位。

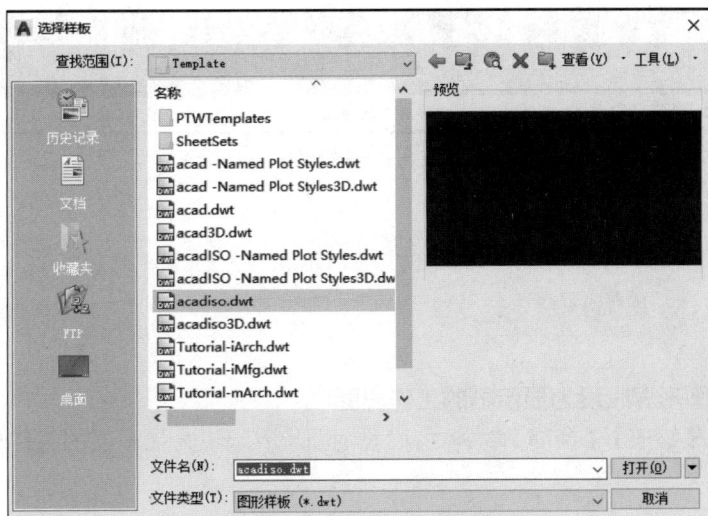

图 1-41　【选择样板】对话框

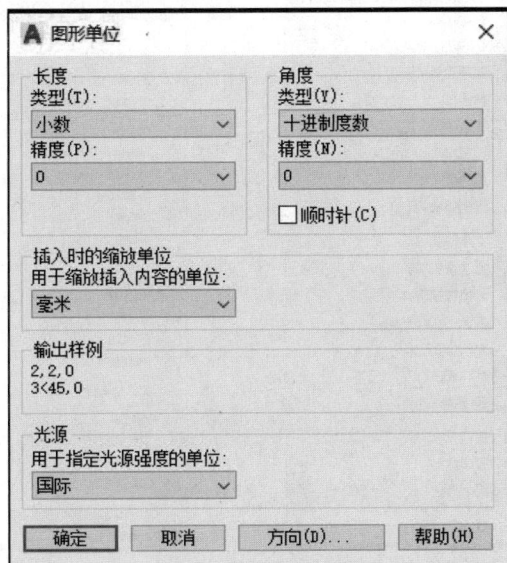

一般可以将单位的【精度】设为 0，【插入时的缩放单位】设为毫米。

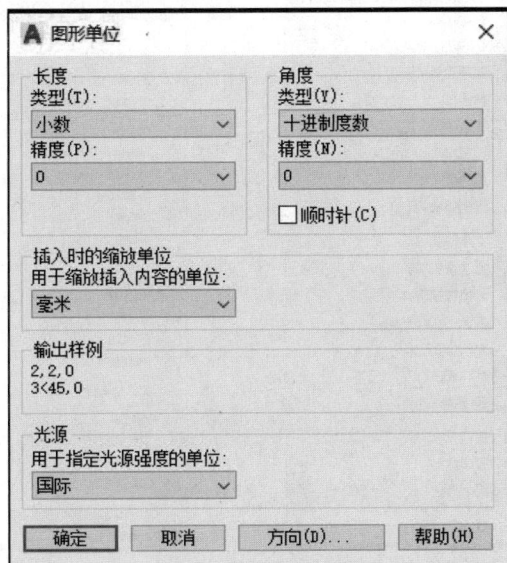

图 1-42　图形单位

3. 设置图形界限

在命令行输入【LIMITS】命令，执行设置图形界限命令，如图 1-43 所示。

在命令行提示"指定左下角点或【开 (ON)/ 关 (OFF)】<0.0000,0.0000>:"时输入 0, 0，按【Enter】键执行命令，确认默认值 <0.0000,0.0000>为图形界限左下角点坐标；在命令行的提示下指定右上角点坐标为420,297，按【Enter】键执行命令，完成图形界限的设置。

微课 01

扫码观看

23

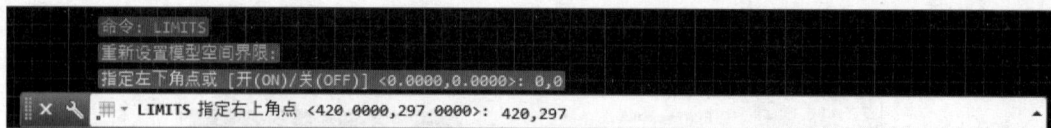

图 1-43　在命令行输入图形界限命令

除了在命令行输入命令外，还可以打开菜单栏的【格式】菜单，选择【图形界限】命令，如图 1-44 所示。

4. 将设置的图形界限设为显示器的工作界面

选择【视图】/【缩放】/【全部】命令，将设置的图形界限设为显示器的工作界面，如图 1-45 所示。

同样在命令行输入【ZOOM】视图缩放命令或快捷命令 Z，按【Enter】键执行命令，在选项中选择【A】全部显示参数，按【Enter】键执行命令。

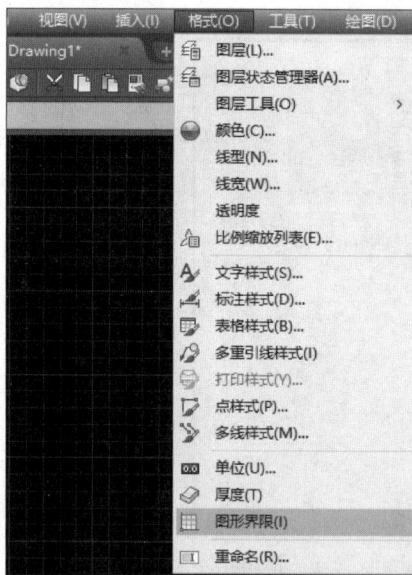

图 1-44　执行图形界限命令

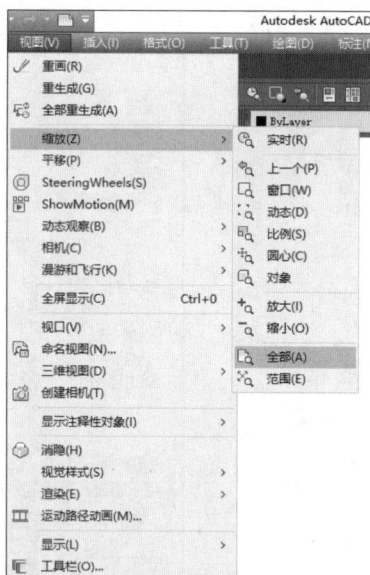

图 1-45　将设置的图形界限菜单命令

5. 保存图形文件

在命令行输入【SAVE】保存图形命令，按【Enter】键执行命令，弹出图 1-46 所示的【图形另存为】对话框，在【保存于】下拉列表中找到相应的文件夹，在【文件名】下拉列表中输入文件名"A3 图纸.dwg"，单击【保存】按钮，完成图形文件的保存。

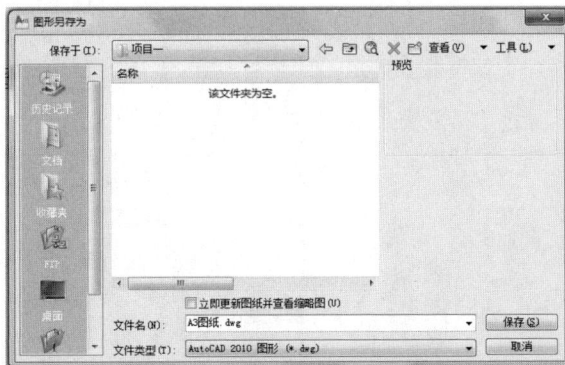

图 1-46 【图形另存为】对话框

四、项目小结

　　本项目为建筑装饰相关行业的初学者介绍了有关室内设计与制图规范的基础知识、AutoCAD 2018 软件的安装方法、CAD 工作空间的设置、用户界面组成、绘图基本环境的设置等内容。通过简单明了的讲解和操作流程的演示，使用户能够对 AutoCAD 2018 软件有一个清晰的认识，并且能够运用基本的操作命令完成绘图的基本环境设置。

五、技能活页

（一）知识点拓展

1. AutoCAD 2018 软件系统自带的工作空间有（　　　　）。

　　A. 草图与注释　　　　　B. 三维基础　　　　　　C. 三维建模　　　　　　D. AutoCAD 经典

2. 打开未显示工具栏的方法有（　　　　）。

　　A. 选择【视图】菜单／【工具栏】菜单，在弹出的【工具栏】对话框中选中要显示的工具栏前面的复选框

　　B. 在已有的工具栏空白处右击，在弹出的【工具栏】快捷菜单中选择工具栏名称，选中要显示的工具栏

　　C. 在命令行中执行 TOOLBAR 命令

　　D. 以上均可

3. 设置图形界限的命令为（　　　　）。

　　A. GRID　　　　　　　　B. SNAP 和 GRID　　　　C. LIMITS　　　　　　D. OPTIONS

4. 选择样板对话框中的 acad.dwt 为（　　　　）。

　　A. 英制无样板打开　　　　　　　　　　　　　B. 英制有样板打开

　　C. 公制无样板打开　　　　　　　　　　　　　D. 公制有样板打开

（二）技能实践

任务一　熟悉用户界面

1. 目的要求

用户界面是用户绘制图形的平台，界面的各个部分都有其独特的功能，熟悉用户界面有助于用户方便、快速地进行绘图操作。本技能实践任务要求了解用户界面的各部分功能，掌握改变绘图区设置的方法，并熟练地打开、移动、关闭工具栏。

2. 操作提示

（1）启动 AutoCAD 2018，进入用户界面。

（2）调整用户界面的大小，设置 AutoCAD 经典空间。

（3）设置绘图区色彩与光标大小。

（4）打开、移动、关闭工具栏。

3. 活页笔记

典型工作任务名称：熟悉用户界面	技能操作解析	操作疑点
1. 启动用户界面 （1）启动 AutoCAD 2018 的方法 _____。 （2）进入用户操作界面的方法 _____	思考 CAD 软件的不同启动方法	
2. 用户界面的工作空间 （1）AutoCAD 2018 默认的工作空间有 _____、_____、 _____。 （2）如何实现不同工作空间的切换 _____。 （3）AutoCAD 经典工作空间的创建方法 _____、 _____、 _____、 _____	观察不同工作空间界面的异同点 掌握不同类型工作空间的切换方法 掌握 AutoCAD 经典工作空间的创建及调用方法	
3. 设置绘图区色彩和光标大小 （1）如何将绘图区的色彩改成黑色 _____ _____。 （2）改变光标大小的设置方法 _____	形成符合个人操作习惯的绘图空间配色方案	
4. 打开、移动、关闭工具栏 （1）切换浮动／固定工具栏的方法 _____。 （2）打开、关闭工具栏的方法 _____	掌握工具栏启动与操作的方法	
任务完成时间	_____ 分钟	

4.测评活页

每个学生完成技能活页的成绩评定按学生自评、小组互评、教师综合评价三阶段进行，并按自评占 30%、小组互评占 20%、教师测评占 50% 作为学生技能活页评价结果。

（1）学生进行自我评价，总结完成任务过程中的成功和不足之处，并将结果填入"学生自评表"。

学生自评表

姓名		学号		班级	
项目	室内设计中的 CAD 基础知识		编号		01
任务一	熟悉用户界面		完成时间		5 分钟
评价点	评价标准			分值	得分
软件安装	能正确安装 AutoCAD 2018 并启动软件			10	
用户界面管理	能正确进入 AutoCAD 2018 用户操作界面并进行切换管理			10	
经典空间设置	能正确创建 AutoCAD 经典空间，并保存调用			10	
绘图环境设置	能合理设置绘图环境（绘图区色彩、光标等）			10	
工具栏操作	能正确启动工具栏并按要求完成相关操作			10	
工作态度	态度端正，无无故缺勤、迟到、早退现象			10	
工作质量	能按照规范要求完成技能实践任务			10	
工作效率	能在规定时间完成技能实践任务			8	
协调能力	与小组成员、同学之间能合作交流、协调工作			6	
职业素质	能掌握设计助理岗位制图规范			8	
创新意识	创新思路，灵活操作软件			8	
合计				100	

完成任务心得体会：

（2）学生以小组为单位，对使用操作界面的过程与结果进行互评，将互评结果填入"小组互评表"中。

小组互评表

姓名		学号						班级		
项目	室内设计中的 CAD 基础知识				编号			01		
任务一	熟悉用户界面				完成时间			5 分钟		
评价点	分值	评分等级						评价对象（小组成员）			

评价点	分值	评分等级							组员 1 姓名	组员 2 姓名	组员 3 姓名	组员 4 姓名
软件安装	10	优	10	良	8	中	7	差	5			
用户界面管理	10	优	10	良	8	中	7	差	5			
经典空间设置	10	优	10	良	8	中	7	差	5			
绘图环境设置	10	优	10	良	8	中	7	差	5			
工具栏操作	10	优	10	良	8	中	7	差	5			
工作态度	10	优	10	良	8	中	7	差	5			
工作质量	10	优	10	良	8	中	7	差	5			
工作效率	8	优	8	良	7	中	6	差	4			
协调能力	6	优	6	良	5	中	4	差	2			
职业素质	8	优	8	良	7	中	6	差	4			
创新意识	8	优	8	良	7	中	6	差	4			
合　计	100											

组长签名：_____　　　　日期：_____

说明：

1. 以 5 人为单位组成互评小组，小组内每位成员依据评分点及完成度按相应的评分等级为其他 4 人打分，取 4 人的平均分作为学生小组互评成绩。
2. 由互评小组组长负责统计学生自评成绩，并计算汇总小组互评成绩。
3. "小组互评表"中评价点相应评价标准具体参照"学生自评表"。

（3）教师对学生完成技能活页工作过程与工作结果进行评价，并将评价结果填入"教师综合评价表"中。

教师综合评价表

姓名		学号		班级		
项目		室内设计中的 CAD 基础知识		编号		01
任务一		熟悉用户界面		完成时间		5 分钟
评价点		评价标准			分值	得分
考勤（10%）		无无故缺勤、迟到、早退现象			10	
工作过程（60%）	软件安装	能正确安装 AutoCAD 2018 并启动软件			5	
	用户界面管理	能正确进入 AutoCAD 2018 用户操作界面并进行切换管理			10	
	经典空间设置	能正确创建 AutoCAD 经典空间，并保存调用			10	
	绘图环境设置	能合理设置绘图环境（绘图区色彩、光标等）			5	
	工具栏操作	能正确启动工具栏并按活页笔记要求完成相关操作			10	
	工作态度	态度端正，完成任务认真、主动			5	
	协调能力	与小组成员、同学之间能合作交流、协调工作			5	
	职业素质	能掌握设计助理岗位制图规范			5	
	创新意识	创新思路，灵活操作软件			5	
项目成果（30%）	工作质量	能按照规范要求完成技能实践任务			10	
	工作效率	能在规定时间完成技能实践任务			10	
	笔记成果	获知相关知识，并正确完成活页笔记			10	
合计					100	
综合评价		自评（30%）	小组互评（20%）	教师评价（50%）	综合得分	

任务二　设置绘图环境

1. 目的要求

任何一个图形文件都有一个特定的绘图环境，包括图形界限、图形单位等。设置绘图环境通常有两种方法，即输入命令和选择菜单命令。通过学习绘图环境的设置方法，可以加强对 CAD 工作界面的整体认识。

2. 操作提示

（1）新建图形样板文件，进入绘图区。

（2）设置图形单位及精度。

（3）设置 A3 大小的图形界限。

（4）保存图形文件。

3. 活页笔记

典型工作任务名称：设置绘图环境	技能操作解析	操作疑点
1. 新建图形模板文件 （1）新建图形文件的方法 _____。 （2）不带任何设置的公制单位样板文件格式 _____	了解不同的新建方法 公制单位图形样板文件的格式	
2. 设置图形单位 （1）图形单位命令的启动 菜单命令：_____。 命令行输入命令：_____。 命令行快捷键：_____。 （2）常用的图形单位设置 精度：_____。 用于缩放插入内容的单位：_____	了解执行图形单位设置命令的不同方法 了解常用的图形单位的设置技巧	
3. 设置图形界限 （1）图形界限命令的调用 菜单命令：_____。 命令行输入命令：_____。 （2）设置 A3 大小的图形界限 指定左下角点坐标：_____。 指定右上角点坐标：_____	掌握图形界限范围坐标的正确输入方法 了解常用的图形界限大小	
4. 保存图形文件 将设置完成的 A3 图形文件保存，以便调用	设置图形模板	
任务完成时间	分钟 _____	

4. 测评活页

每个学生完成技能活页的成绩评定按学生自评、小组互评、教师综合评价三阶段进行，并按自评占 30%、小组互评占 20%、教师测评 50% 作为学生技能活页评价结果。

（1）学生进行自我评价，总结完成任务过程中的成功和不足之处，并将结果填入"学生自评表"。

学生自评表

姓名		学号		班级	
项目	室内设计中的 CAD 基础知识		编号		02
任务二	设置绘图环境		完成时间		5 分钟
评价点	评价标准			分值	得分
新建图形文件	能正确新建图形文件，掌握图形文件格式			10	
设置绘图单位	能正确启动图形单位设置命令，并设置图形单位参数			15	
图形界限设置	能正确调用图形界限命令，设置 A3 图形界限			15	
图形文件保存	能正确保存图形文件			8	
工作态度	态度端正，无无故缺勤、迟到、早退现象			10	
工作质量	能按照规范要求完成技能实践任务			10	
工作效率	能在规定时间完成技能实践任务			8	
协调能力	与小组成员、同学之间能合作交流、协调工作			8	
职业素质	能掌握设计助理岗位制图规范			8	
创新意识	创新思路，灵活操作软件			8	
合计				100	

完成任务心得体会：

（2）学生以小组为单位，对在 CAD 软件中设置绘图环境的过程与结果进行互评，将互评结果填入"小组互评表"中。

小组互评表

姓名			学号			班级		
项目	室内设计中的 CAD 基础知识				编号			02
任务二	设置绘图环境				完成时间			3分钟
评价点	分值	评分等级						评价对象（小组成员）
							组员1姓名	组员2姓名	组员3姓名	组员4姓名
新建图形文件	10	优	10	良	8	中	7	差	5				
设置绘图单位	15	优	15	良	12	中	9	差	7				
图形界限设置	15	优	15	良	12	中	9	差	7				
图形文件保存	8	优	8	良	7	中	6	差	4				
工作态度	10	优	10	良	8	中	7	差	5				
工作质量	10	优	10	良	8	中	7	差	5				
工作效率	8	优	8	良	7	中	6	差	4				
协调能力	8	优	8	良	7	中	6	差	4				
职业素质	8	优	8	良	7	中	6	差	4				
创新意识	8	优	8	良	7	中	6	差	4				
合 计	100												

组长签名：_____ 日期：_____

说明：
1. 以 5 人为单位组成互评小组，小组内每位成员依据评分点及完成度按相应的评分等级为其他 4 人打分，取 4 人的平均分作为学生小组互评成绩。
2. 由互评小组组长负责统计学生自评成绩，并计算汇总小组互评成绩。
3. "小组互评表"中评价点相应评价标准具体参照"学生自评表"。

（3）教师对学生完成技能活页工作过程与工作结果进行评价，并将评价结果填入"教师综合评价表"中。

教师综合评价表

姓名			学号		班级	
项目		室内设计中的 CAD 基础知识		编号		02
任务二		设置绘图环境		完成时间		3分钟
评价点		评价标准			分值	得分
考勤（10%）		无无故缺勤、迟到、早退现象			10	
工作过程（60%）	新建图形文件	能正确新建图形文件，掌握常用的图形文件格式			5	
	设置绘图单位	能正确启动图形单位设置命令，并设置图形单位参数			15	
	图形界限设置	能正确调用图形界限命令，设置 A3 图形界限			15	
	图形文件保存	能正确保存图形文件			5	
	工作态度	态度端正，完成任务认真、主动			5	
	协调能力	与小组成员、同学之间能合作交流、协调工作			5	
	职业素质	能掌握设计助理岗位制图规范			5	
	创新意识	创新思路，灵活操作软件			5	
项目成果（30%）	工作质量	能按照规范要求完成技能实践任务			10	
	工作效率	能在规定时间完成技能实践任务			10	
	笔记成果	获知相关知识，并正确完成活页笔记			10	
合计					100	
综合评价		自评（30%）	小组互评（20%）	教师评价（50%）	综合得分	

项目二

Auto CAD
室内家具模型图的绘制

【能力目标】

通过本项目相关任务的学习，具备绘制室内装饰设计中经常使用的室内家具模型图的能力，并从中掌握 CAD 软件命令、工具的使用技巧。

【知识目标】

1. 掌握 CAD 软件中常用的文件管理命令。
2. 掌握利用坐标精确绘图的相关命令。
3. 掌握基本的二维绘图与编辑命令。

【素质目标】

培养在绘制家具模型图的过程中应具备的科学、严谨、缜密的操作态度。

一、项目导入

在熟悉了 AutoCAD 的操作界面和用于精确绘图的一些辅助工具后，本项目以绘制室内装饰设计中经常使用的室内家具模型图为例，讲解绘制室内施工图时常用到的一些基本绘图命令、修改命令，如直线、矩形、圆弧、修剪、复制、阵列等。

二、学习情境

（一）文件管理命令

1. 新建图形文件

（1）功能

用户可以通过多种方法创建新的图形文件，如通过【选择样板】对话框。

（2）命令调用

用户可采用以下操作方法之一调用该命令。

● 单击【应用程序】按钮，在弹出的菜单中选择【新建】命令。

● 单击【快速访问工具栏】中的【新建】按钮 ▨▾。

● 在命令行中输入 NEW，按【Enter】键执行命令。

● 按【Ctrl+N】组合键执行命令。

（3）命令操作

执行新建文件命令，打开【选择样板】对话框，在其中可以选择并打开 acadiso.dwt 文件以创建一个空白文档，还可以选择其他图形样板文件作为新图形文件的基础，如图 2-1 所示。

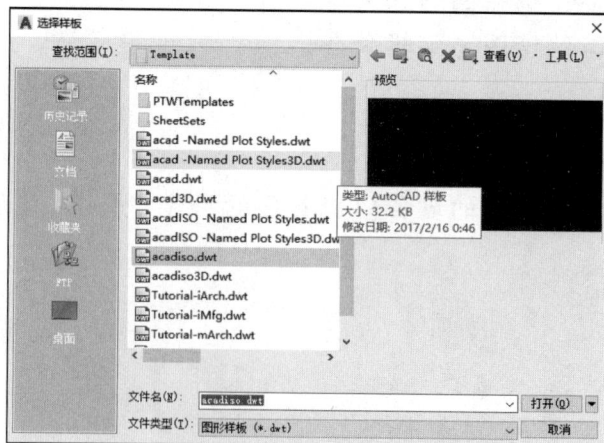

图 2-1　【选择样板】对话框

2. 打开图形文件

（1）功能

在实际的图形绘制过程中，用户经常需要打开原有的图形文件进行编辑和修改。

（2）命令调用

用户可采用以下操作方法调用该命令。

● 单击【应用程序】按钮，在弹出的菜单中选择【打开】命令。

● 单击【快速访问工具栏】中的【打开】按钮🖿。

● 在命令行中输入 OPEN，按【Enter】键执行命令。

● 按【Ctrl+O】组合键打开图形文件。

● 执行【工具】/【选项板】/【设计中心】菜单命令，打开图形，如图 2-2 所示。

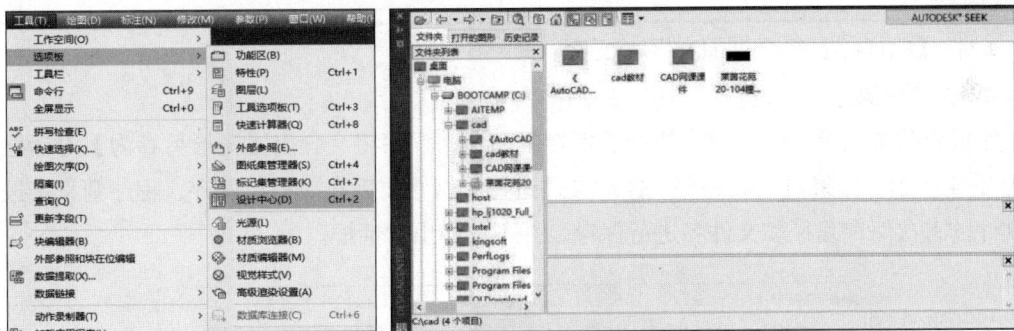

图 2-2　使用设计中心打开图形

（3）命令操作

打开【文件】菜单，选择【打开】命令，程序将会弹出【选择文件】对话框，在该对话框中单击【打开】按钮右边的下拉按钮，如图 2-3 所示，在弹出的下拉列表中列出了 4 种文件打开方式：【打开】【以只读方式打开】【局部打开】【以只读方式局部打开】，以便进行不同的操作，一般可以直接单击默认的【打开】按钮。

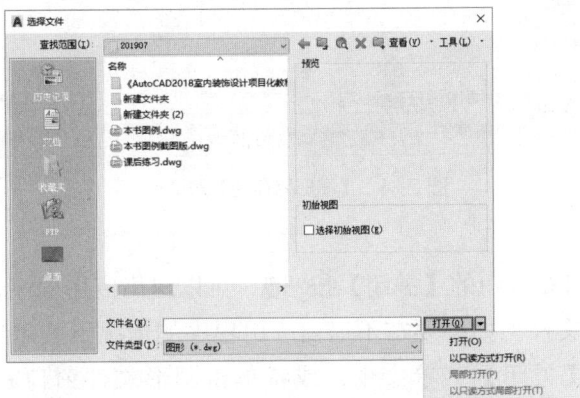

图 2-3　【选择文件】对话框

3. 保存图形文件

（1）功能

与使用其他 Microsoft Windows 应用程序一样，使用 AutoCAD 进行图形绘制后需要保存图形文件以便日后使用。用户可以设置自动保存、备份文件及仅保存选定的对象。AutoCAD 2018 图形文件的扩展名为".dwg"，除非更改保存图形文件所使用的默认文件格式，否则，将使用最新的图形文件格式保存图形。

（2）命令调用

用户可采用以下操作方法之一调用该命令。

- 单击【应用程序】按钮，在弹出的菜单中选择【保存】命令。
- 单击【快速访问工具栏】中的【保存】按钮█。
- 在命令行中输入 SAVE，按【Enter】键执行命令。

- 按【Ctrl+S】组合键保存图形文件。

（3）命令操作

如果当前的图形文件是首次执行【保存】命令，程序将会弹出【图形另存为】对话框，如图 2-4 所示。如果对已经保存的图形文件进行编辑修改后再次进行保存，程序则直接按原有文件的首次保存路径和文件名进行保存，并不再弹出对话框。

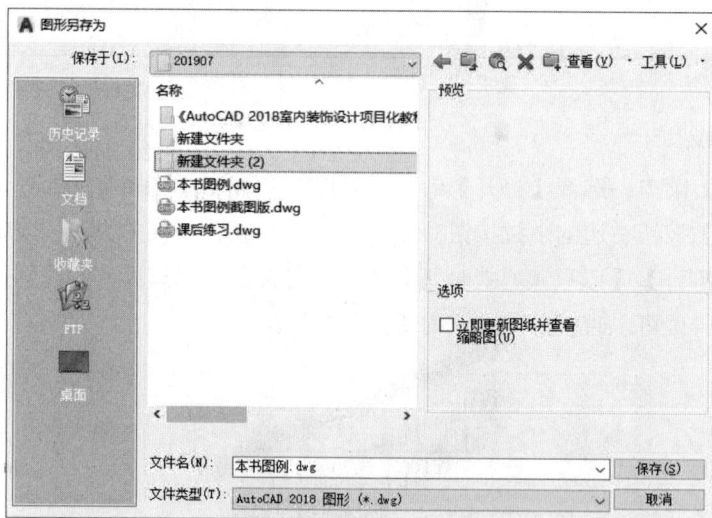

图 2-4 【图形另存为】对话框

4. 关闭图形文件

单击应用程序窗口右上角的【关闭】按钮█，可以退出应用程序，同时系统会自动关闭当前已经保存过的文件。如果要在不退出应用程序的情况下关闭当前编辑好的文件，可以执行【文件】/【关闭】菜单命令，或者单击图形文件窗口右上角的【关闭】按钮■，快速关闭文件。

（二）常用的操作命令

1. 选择图形对象

AutoCAD 软件提供的选择方式包括直接选择、窗口选择、窗交选择、栏选和快速选择等，不同的情况需要使用不同的选择方式，以便快速选择需要的对象。

（1）直接选择

在处于等待命令的情况下，单击对象，即可将其选中。使用直接选择对象，一次只能选择一个实体。

在编辑对象的过程中，当用户选择要编辑的对象时，十字光标将变成一个小正方形框，该小正方形框叫作拾取框。将拾取框移至要编辑的目标上并单击鼠标左键，即可选中目标，如图 2-5 所示。

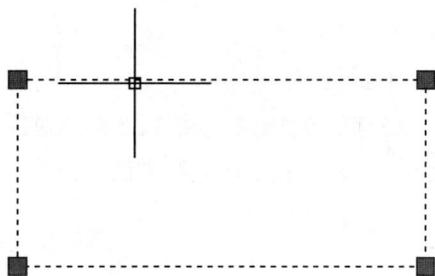

图 2-5　直接选择

（2）窗口选择

窗口选择方式是自左向右拖动出一个图形框，将被选择的对象全部围在图形框内，即可选中对象。在使用窗口选择方式选择目标时，拉出的图形框为实线。在使用该方式时，只有被完全框选在内的对象才能被选中；如果只框选对象的一部分，则无法将其选中，如图 2-6 所示。

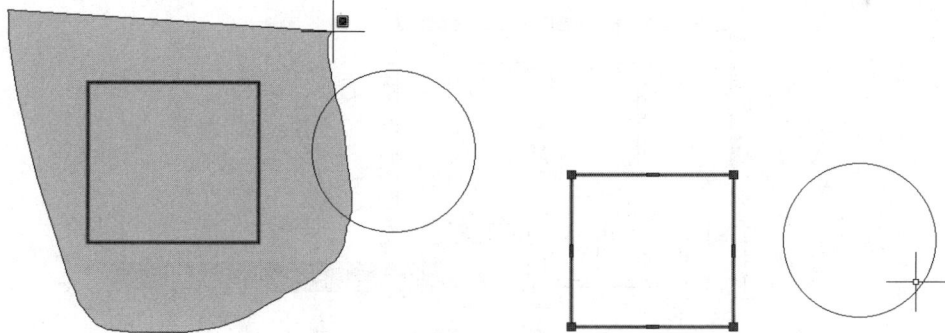

图 2-6　窗口选择

（3）窗交选择

窗交选择的操作方法与窗口选择的操作方法相反，即在绘图区内自右向左拖动出一个图形框。在使用窗交选择方式选择目标时，拉出的图形框呈虚线。通过窗交选择方式，可以将图形框内的图形对象及与图形框边线相接触的图形对象全部选中，如图 2-7 所示。

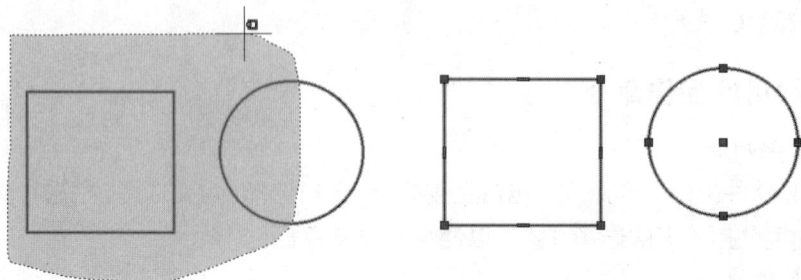

图 2-7　窗交选择

（4）栏选

栏选的操作是指在编辑图形的过程中，当系统提示"选择对象"时，输入 F 并按【Enter】键确定，然后在绘图区绘制任意折线，与这些折线相交的对象都被选中，如图 2-8 所示。

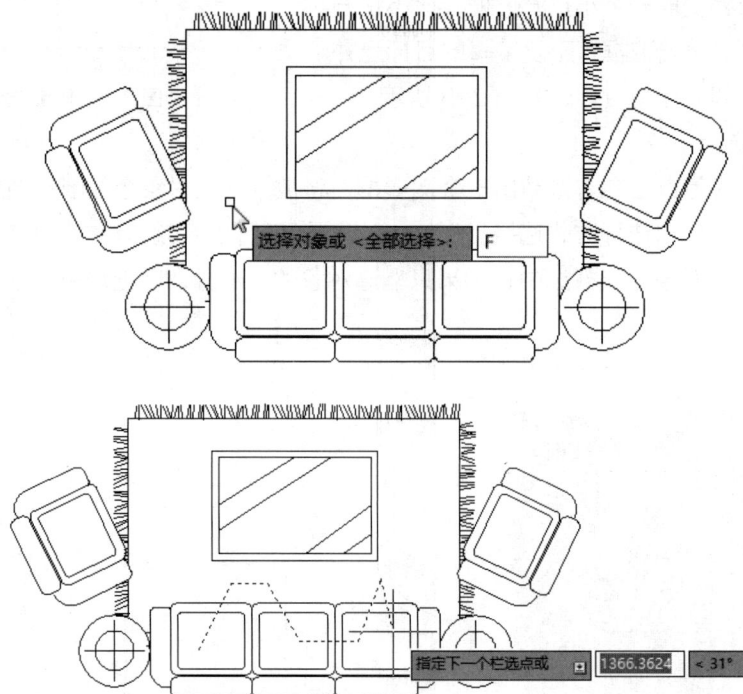

图 2-8　栏选

（5）快速选择

快速选择是一种特殊的选择方式，用户可以根据对象特性或对象类型来将对象包含在选择集中或将对象排除在选择集外。使用【快速选择】功能可以根据指定的过滤条件快速定义选择集。

用户可采用以下操作方法之一调用该命令。

● 在【草图与注释】工作空间的功能区选择【实用工具】面板，单击【快速选择】按钮，如图 2-9 所示。

● 在【AutoCAD 经典】工作空间的菜单栏中打开【工具】菜单，选择【快速选择】命令，如图 2-10 所示。

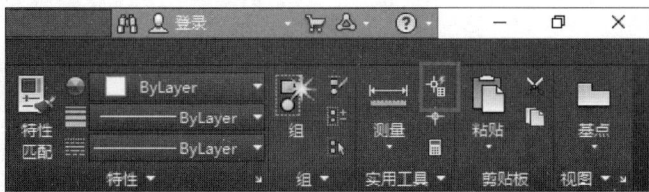

图2-9 【快速选择】按钮

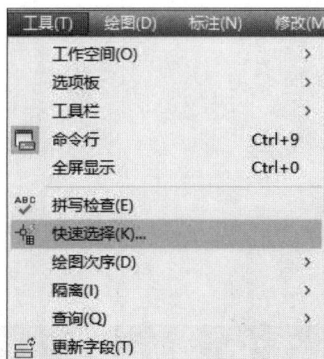

图2-10 【快速选择】命令

● 在命令行中输入 QSELECT 命令，按【Enter】键执行。

说明

执行上述命令，在弹出图 2-11 所示的【快速选择】对话框后，用户可在该对话框中设置指定对象的应用范围、对象类型、特性，以及想指定类型所对应的值等选项，然后单击【确定】按钮，即可完成对象的快速选择。如在【快速选择】对话框中设置【对象类型】为圆，执行命令后即可选中图形中的相应对象。

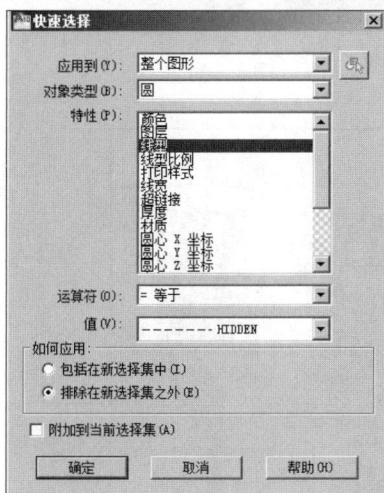

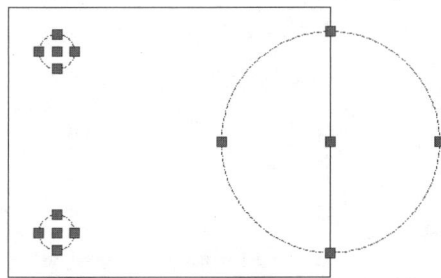

图2-11 快速选择

2. 命令的基本操作

在 AutoCAD 软件中执行命令的方法有很多种，可以根据实际的应用需要和自己的使用习惯进行调用。如可以通过应用程序菜单、快速访问工具栏、功能区面板、右键快捷菜单、动态输入窗口、命令行窗口来调用 AutoCAD 命令。无论使用哪种方式执行命令，AutoCAD 软件都会以同样的方式执行命令，并在命令行窗口中显示命令的执行信息，或弹出相应的对话框，提示用户进行下一步操作，如图 2-12 所示。

（1）在应用程序菜单中输入命令

用户可在应用程序菜单中输入命令，搜索字段显示在应用程序菜单的顶部，如图 2-13 所示。

图 2-12　命令行窗口　　　　　　图 2-13　在应用程序菜单中输入命令

（2）在快速访问工具栏中调用命令

用户可以在快速访问工具栏中选择相应的命令进行操作，还可以根据工作需要或个人习惯，单击下拉按钮，在下拉列表中选择【更多命令…】，弹出【自定义用户界面】对话框，将常用命令添加到快速访问工具栏中，以提高绘图工作效率，如图 2-14 所示。

（a）快速访问工具栏

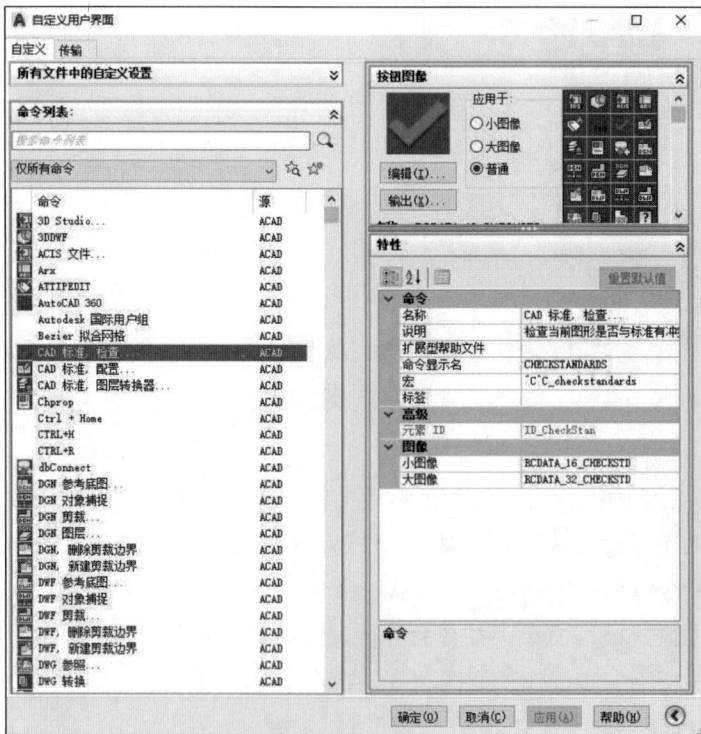

（b）自定义用户界面对话框

图 2-14　在快速访问工具栏中调用命令

（3）在功能区面板上调用命令

功能区由许多面板组成，这些面板被组织到按任务进行标记的选项板中。用户可以根据需要选择不同的选项板进行操作。图 2-15 所示为常用的功能面板组合，其中列出了【绘图】【修改】【注释】【图层】【块】【特性】【组】【实用工具】【剪贴板】【视图】10 个功能面板。

图 2-15　在功能区面板上调用命令

（4）在右键快捷菜单中调用命令

在工作界面中单击鼠标右键，程序将会弹出快捷菜单，快捷菜单的内容将根据鼠标指针所处的位置和系统状态的不同而变化。比如直接在绘图区中单击鼠标右键，将弹出图 2-16 所示的快捷菜单；选中某一图形对象后单击鼠标右键，将弹出相关命令的快捷菜单；在图像窗口区单击鼠标右键，将弹出下一级的快捷菜单。

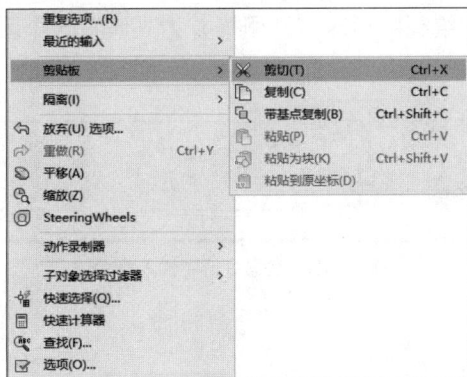

图 2-16　在右键快捷菜单中调用命令

（5）在动态输入窗口中输入命令

动态输入功能在十字光标附近提供了一个命令界面，以帮助用户专注于绘图区域。打开动态输入功能时，工具提示将在十字光标旁边显示信息，该信息会随十字光标移动而动态更新。图 2-17 所示为在动态输入窗口中输入命令绘制矩形的过程。

图 2-17　在动态输入窗口中输入命令

图 2-17　在动态输入窗口中输入命令（续）

（6）在命令行窗口输入命令

用户可以使用键盘在命令行窗口输入命令。有些命令具有缩写的名称，称为快捷命令。例如，除了通过在【绘图】工具栏单击【圆】按钮或快捷命令 C，在命令行中单击鼠标右键或者按【Enter】键还可以重新启动最近使用过的命令。

许多命令可以透明使用，即可以在使用另一个命令时，在命令行中输入这些命令。要以透明的方式使用命令，可单击其工具栏按钮或在当前命令提示下、输入命令之前先输入单引号（'）。如图 2-18 所示，绘制圆形时打开栅格并为其设置一个新的单位间隔，然后继续绘制圆形。

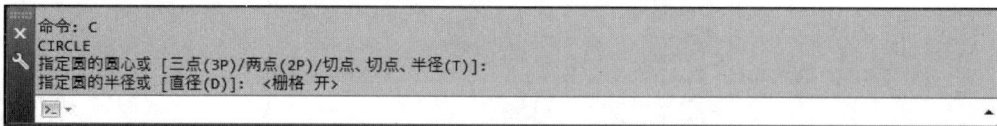

图 2-18　在命令行中输入命令

3. 视图的缩放与移动

（1）视图缩放

视图是按一定比例、观察位置和角度显示图形的区域。在绘图过程中，为了方便绘图，经常要利用缩放视图的命令来观察图形。放大和缩小操作可以改变视图的比例，而不改变图形中对象的绝对大小，类似于使用相机的镜头进行取景。

可采用以下操作方法之一调用该命令。

● 在【AutoCAD 经典】工作空间的菜单栏中打开【视图】菜单，选择【缩放】命令，如图 2-19 所示。

● 在【草图与注释】工作空间的功能区中单击【视图】选项卡，单击【导航栏】按钮，单击【范围缩放】按钮，如图 2-20 所示。

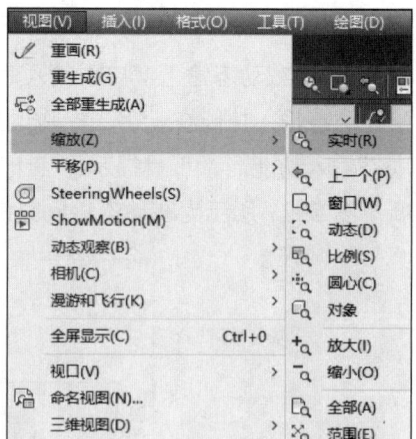

图 2-19　视图缩放菜单命令

图 2-20　缩放工具按钮

● 在【AutoCAD经典】工作空间的工具栏空白处单击鼠标右键，打开【AutoCAD】菜单，选择【缩放】命令，在弹出的工具栏中选择相应的按钮即可实现视图缩放，如图2-21所示。

图 2-21　视图缩放工具栏

● 在命令行输入 ZOOM，按【Enter】键执行命令。

执行该命令，提示行提示操作示例如下。

命令：ZOOM

指定窗口的角点，输入比例因子（nX 或 nXP），或者

[全部 (A)/ 中心 (C)/ 动态 (D)/ 范围 (E)/ 上一个 (P)/ 比例 (S)/ 窗口 (W)/ 对象 (O)] < 实时 >:

> 常用的视图缩放操作方式有【全部】【中心】【动态】【范围】【比例】【窗口】【对象】，可通过工具按钮或在命令行中输入不同参数来选取。

（2）视图平移

在绘图过程中，经常要用到平移视图的命令来观察和绘制图形，用户可以通过平移视图来重新确定图形在绘图区中的位置。

可采用以下操作方法之一调用平移命令。

● 在【AutoCAD经典】工作空间的菜单栏中打开【视图】菜单，选择【平移】命令，如图2-22所示。

● 在【草图与注释】工作空间的功能区中单击【视图】选项卡，单击【导航栏】按钮，单击【平移】按钮，如图2-23所示。

● 在命令行输入 Pan，按【Enter】键执行命令。

图 2-22　视图平移命令

图 2-23　平移按钮

（3）鼠标滚轮的应用

在鼠标的左键和右键之间有一个小滚轮，它可以滚动或按下。用户可以使用滚轮在图形中进行缩放和平移，而无须使用任何命令。在默认情况下，缩放比例设为10%，每次转动滚轮都将按10%改变缩放级别。表2-1列出了此程序支持的鼠标滚轮动作。

表 2-1　鼠标滚轮动作

命令	滚轮动作
放大或缩小	转动滚轮：向前，放大；向后，缩小
缩放到图形范围	双击滚轮
平移	按住滚轮并拖动鼠标
平移（操纵杆）	按住【Ctrl】键不放，再按鼠标滚轮并拖动鼠标
显示【对象捕捉】菜单	将 MBUTTONPAN 系统变量设置为 0 并单击滚轮

（三）坐标与坐标系

精确绘图是进行工程设计的重要依据，而精确绘图的关键是给出输入点的坐标。AutoCAD 软件采用了笛卡儿坐标系和极坐标系两种确定坐标的方式。为了便于创建三维模型，AutoCAD 软件还提供了世界坐标系（WCS）和用户坐标系（UCS）来对坐标进行变换。

1. 笛卡儿坐标系和极坐标系

笛卡儿坐标系又称为直角坐标系，是用点的 X、Y 坐标值表示的坐标系，例如，在命令行给出的输入点的坐标的提示下，输入6,4，则表示输入一个 X、Y 的坐标值分别为6和4的点，如图 2-24 所示。

极坐标系是用长度和角度表示的坐标系，只能用来表示二维点。在平面内取一个定点并将其作为极点，引出的射线被称为极轴，再选定一个长度单位和角度的正方向（通常取逆时针方向）。对于平面内任何一点 P，用 l 表示线段的长度，极点与点 P 的连线和水平轴正方向之间的夹角称为极角 α。如图 2-25 所示，点 P 到极点的距离为8，极角 α 为30°，则点 P 的二维极坐标表示为 8 ＜ 30。

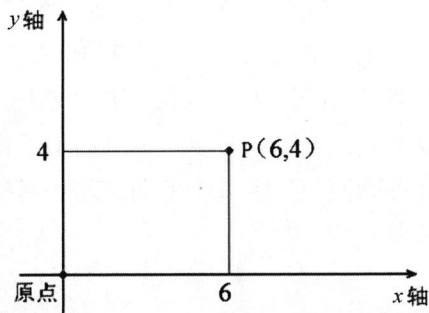

图 2-24　笛卡儿坐标系

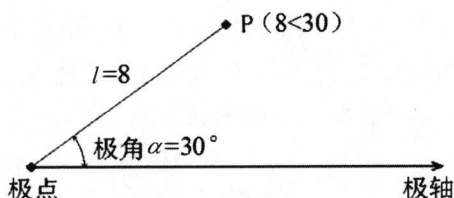

图 2-25　极坐标系

2. 世界坐标系和用户坐标系

世界坐标系由 3 个相互垂直并相交的坐标轴 X、Y 和 Z 组成。世界坐标系在默认情况下，X 轴正方向水平向右，Y 轴正方向垂直向上，Z 轴正方向垂直于屏幕向外，坐标原点在绘图区的左下角。在绘图和编辑图形的过程中，世界坐标系是默认的坐标系统，其坐标原点和坐标轴方向都不会改变。

用户坐标系是 AutoCAD 软件允许建立的用户自定义的坐标系，如图 2-26 所示。用户坐标系的原点可以放在任意位置上，坐标系也可以倾斜任意角度。由于绝大多数二维绘图命令只在 XY 或与 XY 平行的平面内有效，在绘制三维图形时，经常要建立和改变用户坐标系来绘制不同基本面上的平面图形。移动用户坐标系可以使处理图形的特定部分变得更加容易。旋转用户坐标系可以帮助用户在三维或旋转视图中指定点。用户可以任意定义用户坐标系的坐标原点，也可以使用户坐标系与世界坐标系相重合。

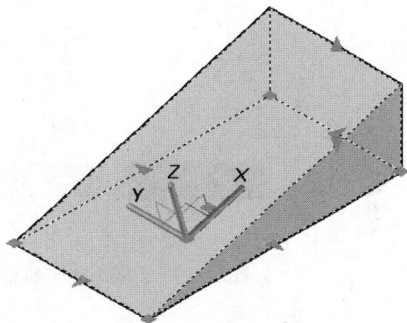

图 2-26　用户坐标系

3. 坐标输入

在命令行提示输入点的坐标时，可以使用鼠标单击指定点，也可以在命令提示下输入坐标值。打开动态输入时，还可以在十字光标旁边的工具提示中输入坐标值。

（1）绝对坐标输入

绝对坐标是以左下角的原点（0，0，0）为基点来定义所有的点。绘图区内任何一点均可用（X，Y，Z）来表示，可以通过输入 X，Y，Z（中间用逗号间隔）坐标值来定义点的位置。例如，绘制一条直线段 AB，端点坐标分别为 A(100,100) 和 B(200,100)，即可绘制一条长度为 100 的水平线段。

输入坐标时，请注意 (X, Y) 中间的逗号是在英文状态下输入的。

（2）相对坐标输入

在绘图过程中，有时需要直接通过点与点之间的相对位移来绘制图形，而不想指定每个点的绝对坐标，这时就可以使用相对坐标。所谓相对坐标，就是某点与相对点的相对位移值，在 AutoCAD 软件中相对坐标用"@"标识。使用相对坐标时可以使用笛卡儿坐标系，也可以使用极坐标系，用户可以根据具体情况而定。例如，绘制一条长度为 100 的水平直线段 AB，可以在工作界面上单击任意指定点 A，再输入相对直角坐标 @(100,0) 或者相对极坐标 @(100 < 0) 设定点 B 的坐标。

> 输入相对坐标符号"@"时，需要在键盘上同时按【Shift】键和数字键【2】。

（3）动态输入数据

单击状态栏中的【动态输入】按钮，系统将打开动态输入功能，可以在屏幕上动态地输入某些数据。绘制直线时，在十字光标附近会动态地显示【指定第一个点：】及后面的坐标框，如图 2-27 所示；当前显示的是十字光标所在位置，可以输入坐标数据，两个数据之间以逗号隔开。图 2-28 所示为指定第一个点后，系统动态显示直线的长度及角度，可以输入线段的长度值，其输入效果与输入 @ 长度 < 角度相同。

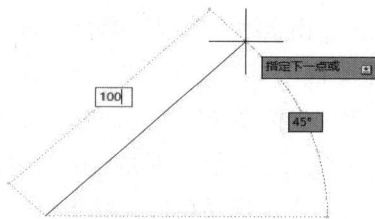

图 2-27　动态输入坐标值　　　　　图 2-28　动态输入长度值

三、任务实施

（一）绘制沙发

沙发是客厅必不可少的家具，是休息、交谈、会客的主要场所。本任务将详细介绍图 2-29 所示的沙发的绘制方法、技巧，使用户可以熟练掌握 AutoCAD 软件的相关绘图命令。

单人沙发的常用尺寸如下：长 800 ～ 950mm、深 850 ～ 900mm，坐垫高 35 ～ 42mm，靠背高 700 ～ 900mm。双人沙发的常用尺寸如下：长 1570 ～ 1720mm、深

微课 02

扫码观看

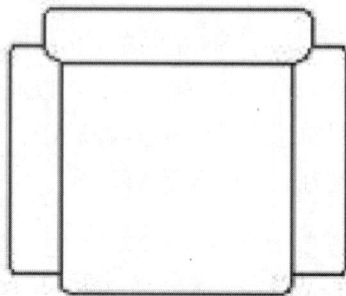

图 2-29　单人沙发

800 ～ 900mm。三人沙发的常用尺寸如下：2280 ～ 2430mm、深 800 ～ 900mm。

　　绘制单人沙发可利用对象捕捉、对象追踪功能捕捉和追踪相关点来精确制图，绘图前可预先开启【极轴】【对象捕捉】【对象追踪】【DYN 动态输入】，设置【对象捕捉】模式为"端点"和"中点"。

　　　　【极轴】【对象捕捉】【对象追踪】【DYN 动态输入】的快捷键分别是【F10】【F3】【F11】【F12】。

1. 用矩形命令绘制坐垫

　　（1）在【AutoCAD 经典】工作空间中，执行【绘图】/【矩形】菜单命令，或在命令行输入快捷命令 REC，按【Enter】键或【空格】键，执行图 2-30 所示的"绘制矩形"命令；命令行提示"指定第一个角点或 [倒角 (C)/ 标高 (E)/ 圆角 (F)/ 厚度 (T)/ 宽度 (W)]："。

　　（2）单击绘图区中心附近的任意一点，命令行提示"指定另一个角点或 [面积 (A)/ 尺寸 (D)/ 旋转 (R)]："，输入 D，按【Enter】键，通过尺寸绘图；命令行提示"指定矩形的长度："，输入 650，按【Enter】键；命令行提示"指定矩形的宽度："，输入 650，按【Enter】键；命令行提示"指定另一个角点或 [面积 (A)/ 尺寸 (D)/ 旋转 (R)]："，单击绘图区的任意空白处结束绘制，完成矩形坐垫的绘制，如图 2-31 所示。

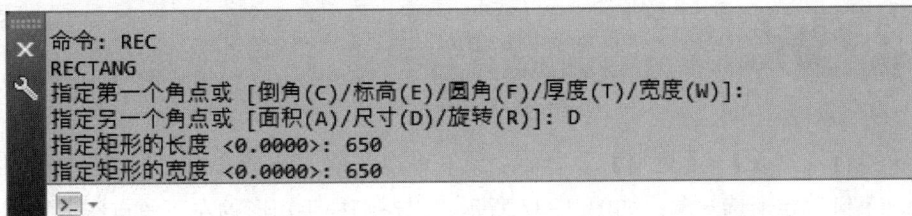

```
命令: REC
RECTANG
指定第一个角点或 [倒角(C)/标高(E)/圆角(F)/厚度(T)/宽度(W)]:
指定另一个角点或 [面积(A)/尺寸(D)/旋转(R)]: D
指定矩形的长度 <0.0000>: 650
指定矩形的宽度 <0.0000>: 650
```

图 2-30　在命令行输入矩形命令

　　　　这里也可以运用两点确定一个矩形，即分别指定左下角点及右上角点的坐标，例如，在绘图区中心附近的任意一点确定左下角点，动态输入右下角点的坐标 (650,650)。

2. 用矩形命令绘制扶手、靠背

　　（1）选择【矩形】命令或者在命令行输入快捷命令 REC，如图 2-32 所示，利用【对象捕捉】功能捕捉矩形的左下角点；如图 2-33 和图 2-34 所示，从左下角端点处利用【对象追踪】功能在命令行输入 50，向上移动 50 确定扶手矩形的一个角点；如图 2-36 所示，在命令行输入 @-150,650，确定扶手矩形的另一个角点；如图 2-35 所示，绘制好 150mm×650mm 的矩形扶手。

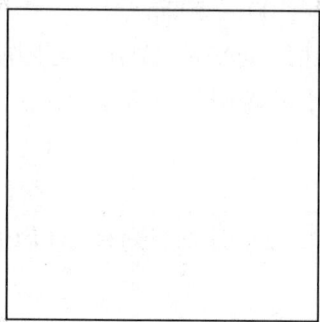

图 2-31　绘制矩形坐垫　图 2-32　捕捉矩形的左下角点　图 2-33　追踪确定扶手的一个角点

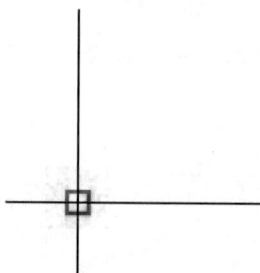

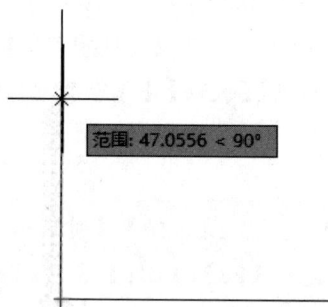

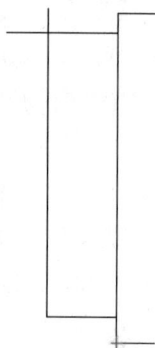

图 2-34　两点确定矩形　　　　　　　图 2-35　完成扶手的绘制

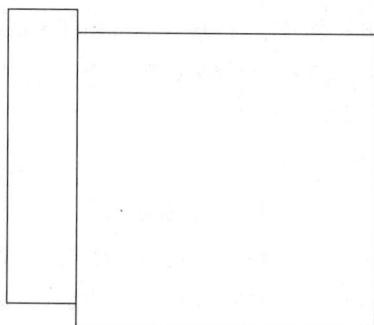

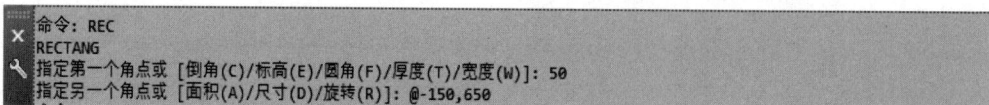

```
命令: REC
RECTANG
指定第一个角点或 [倒角(C)/标高(E)/圆角(F)/厚度(T)/宽度(W)]: 50
指定另一个角点或 [面积(A)/尺寸(D)/旋转(R)]: @-150,650
```

图 2-36　在命令行输入命令

（2）执行【修改】/【复制】菜单命令或在命令行输入快捷命令 CO，选中左侧扶手，按【Enter】键确定所选对象；如图 2-37 所示，以左侧扶手矩形的左下角点作为复制基点；如图 2-38 所示，复制出另一边扶手。

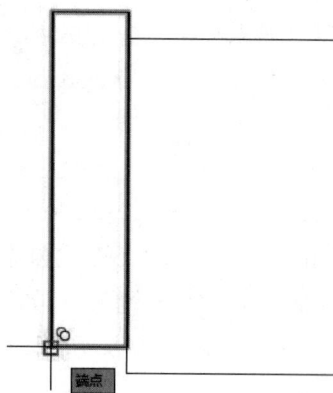

图 2-37　指定复制基点　　　　　　　图 2-38　复制左侧扶手

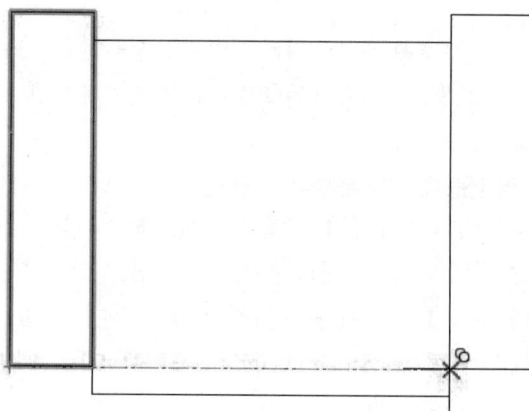

（3）选择【矩形】命令或是在命令行输入快捷命令REC，绘制750mm×150mm的矩形；打开【修改】菜单，选择【移动】命令，或在命令行输入快捷命令M，捕捉靠背矩形的中点，如图2-39所示；将靠背矩形移动至和坐垫中心对齐的位置，如图2-40所示。

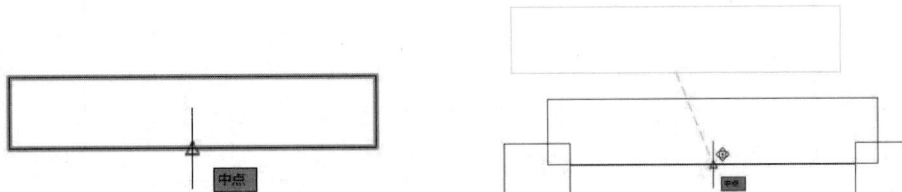

图 2-39　捕捉中点移动靠背

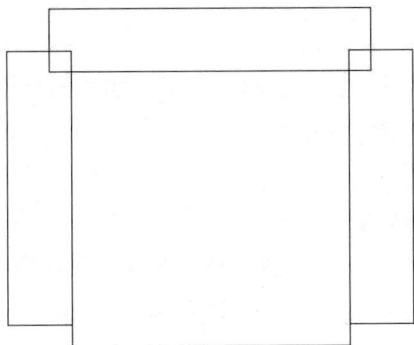

图 2-40　完成靠背的移动

3. 圆角命令

执行【修改】/【圆角】菜单命令或在命令行输入快捷命令F，如图2-41所示。命令行提示"选择第一个对象或 [放弃 (U)/ 多段线 (P)/ 半径 (R)/ 修剪 (T)/ 多个 (M)]"，输入m 可一次设置多个圆角，输入 r 设置半径参数，设置圆角半径为 50，将靠背下方两个角倒圆角；选择【圆角】命令或在命令行输入快捷命令 F，设置多个圆角的半径为 25，将靠背上面两个角、左右扶手外侧的两个角，以及坐垫下方的两个角倒圆角，如图2-42所示。

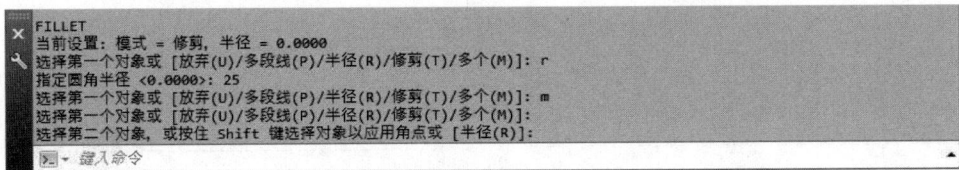

```
FILLET
当前设置: 模式 = 修剪, 半径 = 0.0000
选择第一个对象或 [放弃(U)/多段线(P)/半径(R)/修剪(T)/多个(M)]: r
指定圆角半径 <0.0000>: 25
选择第一个对象或 [放弃(U)/多段线(P)/半径(R)/修剪(T)/多个(M)]: m
选择第一个对象或 [放弃(U)/多段线(P)/半径(R)/修剪(T)/多个(M)]:
选择第二个对象, 或按住 Shift 键选择对象以应用角点或 [半径(R)]:
键入命令
```

图 2-41　在命令行输入命令

4. 修剪命令

执行【修改】/【修剪】菜单命令或者在命令行输入快捷命令 TR，如图2-43所示，首先选中所有与修剪有关的对象，按【Enter】键确定，再选取要修剪的对象，修剪靠背与扶手相交处多余的线条，修剪后的单人沙发如图2-44所示。

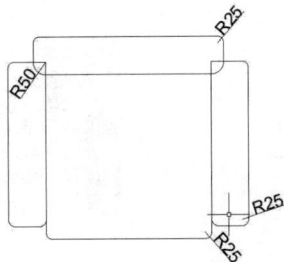

图 2-42　设置圆角

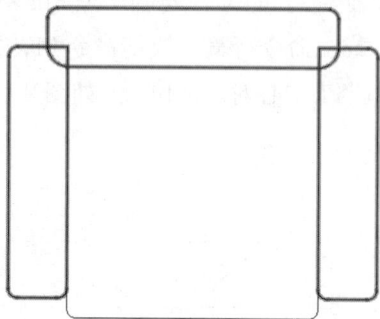

图 2-43 用修剪命令选中需要修剪的对象

图 2-44 修剪相交的多余线条

（二）绘制厨房灶具

燃气灶是放置在厨房中的一种厨卫电器，其组成部分一般包括灶台、炉盘及炉盘开关，本任务将详细介绍燃气灶的绘制方法，并介绍 AutoCAD 软件的相关绘图命令。

1. 用矩形命令绘制燃气灶外形

选择【矩形】命令或者在命令行输入快捷命令 REC，创建燃气灶尺寸为 1100mm×550mm 的矩形外轮廓，如图 2-45 所示。

2. 用偏移命令绘制火眼

（1）根据燃气灶的造型，执行【修改】/【偏移】菜单命令或在命令行输入快捷命令 O，如图 2-47 所示，命令行提示"指定偏移距离或 [通过 (T)/ 删除 (E)/ 图层 (L)] < 通过 >:"，输入 50，表示向内偏移 50，然后绘制一个稍小的矩形，如图 2-46 所示。

扫码观看

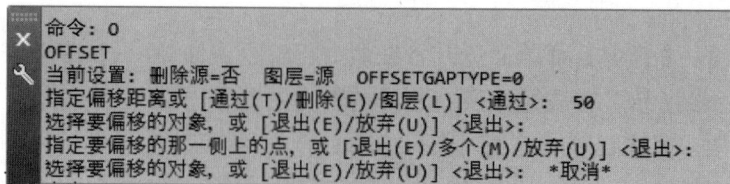

图 2-45 矩形外轮廓

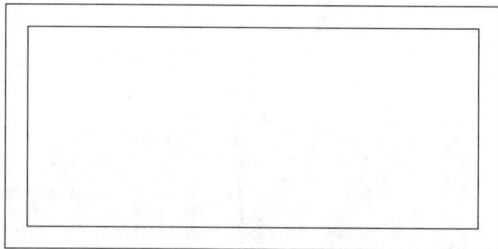

图 2-46 偏移矩形

```
命令: O
OFFSET
当前设置: 删除源=否   图层=源   OFFSETGAPTYPE=0
指定偏移距离或 [通过(T)/删除(E)/图层(L)] <通过>:   50
选择要偏移的对象，或 [退出(E)/放弃(U)] <退出>:
指定要偏移的那一侧上的点，或 [退出(E)/多个(M)/放弃(U)] <退出>:
选择要偏移的对象，或 [退出(E)/放弃(U)] <退出>:  *取消*
```

图 2-47 在命令行输入偏移命令

（2）打开状态栏中的对象捕捉功能，执行【绘图】/【直线】菜单命令或在命令行输入快捷命令 L，连接内轮廓长边的中点，绘制一条辅助线，将其向左、右各偏移 85，得到两条直线，如图 2-48 所示。

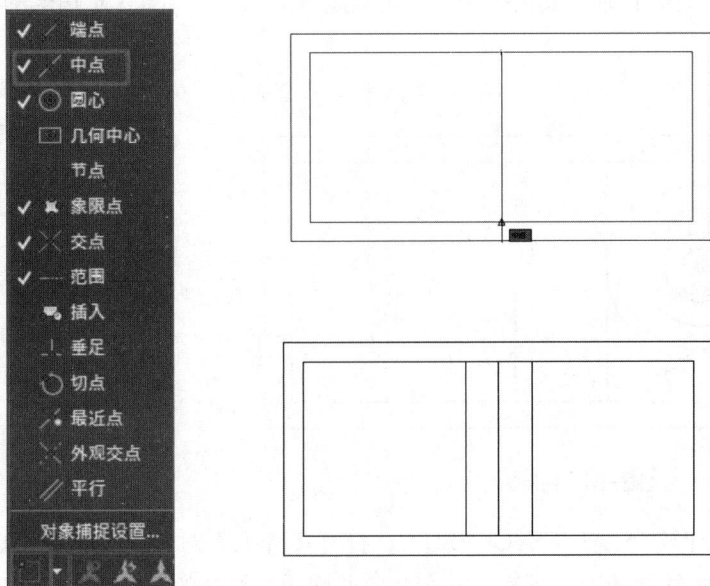

图 2-48　借用辅助线偏移对象

（3）删除中间的辅助线，执行【绘图】/【圆形】菜单命令或在命令行输入快捷命令 C，如图 2-49 所示，命令行提示"圆的圆心或 [三点 (3P)/ 两点 (2P)/ 切点、切点、半径 (T)]: "，输入 2P，即可利用直径上的两点画一个圆；在命令行提示"指定圆直径的第一个端点:"时选择左边直线上靠上方的一点，在命令行提示"指定圆直径的第二个端点:"时输入 350，绘制一个直径为 350 的圆环作为火眼圆形支架的外轮廓，如图 2-50 所示。

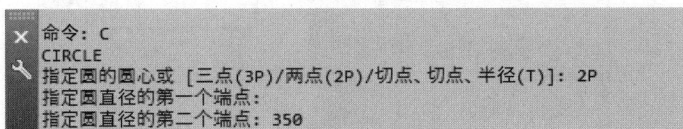

图 2-49　两点确定圆弧

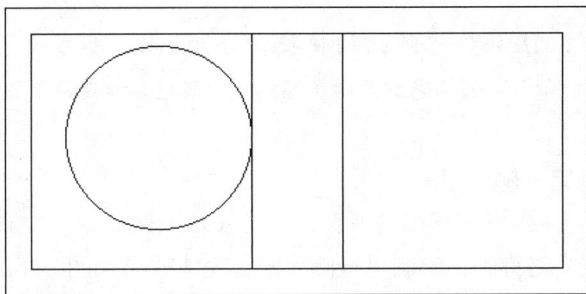

图 2-50　绘制火眼的外轮廓

（4）根据火眼的造型，执行【修改】/【偏移】菜单命令或在命令行输入快捷命令 O，设置不同的偏移距离，得到若干个大小不同的同心圆，如图 2-51 所示。

3. 用阵列命令绘制支架

（1）选择【矩形】命令或在命令行输入快捷命令 REC，在同心圆上绘制一个矩形支架，如图 2-52 所示。

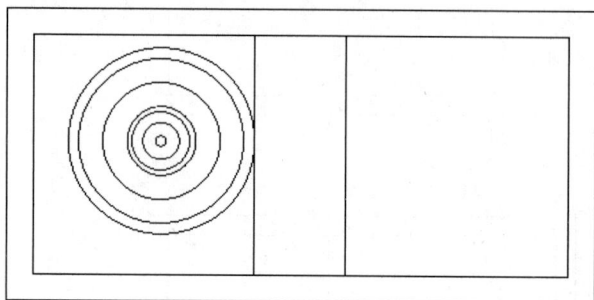

图 2-51　绘制火眼

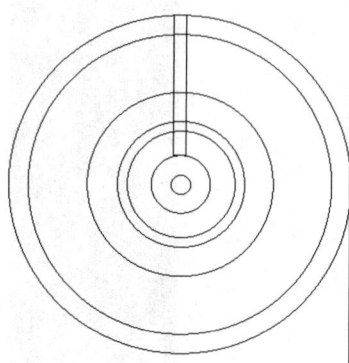

图 2-52　绘制支架

（2）在命令行输入 ARRAYCLASSIC，打开【阵列】对话框，选中【环形阵列】，选择以环形阵列形式复制的矩形支架，并在对象捕捉功能打开的情况下捕捉火眼的中心，设置【项目总数】为 3，【填充角度】为 360，如图 2-53 所示。

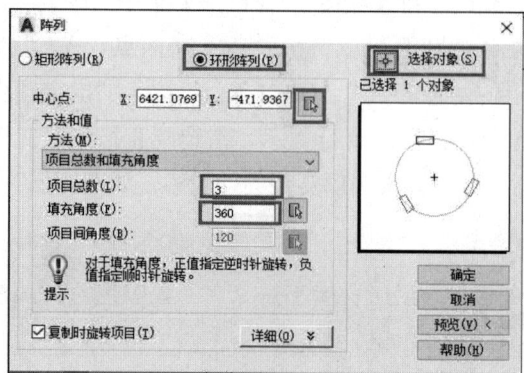

图 2-53　用阵列命令完成单侧火眼平面

　　AutoCAD 2018 软件中阵列的快捷命令为 AR，参数设置较多，推荐使用 ARRAYCLASSIC 命令，因为它打开的是经典的对话框，能使设置效果更为直观。

4. 用镜像命令绘制另一侧火眼

（1）执行【修改】/【镜像】菜单命令或在命令行输入快捷命令 MI，在命令行完成图 2-54 所示的设置，以中心线为对称轴，绘制另一侧火眼，完成效果如图 2-55 所示。

图 2-54 在命令行输入镜像命令

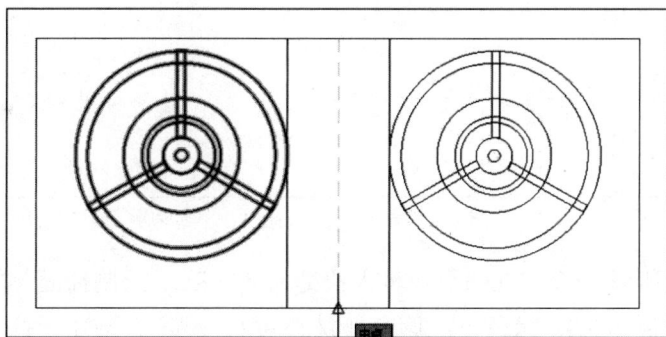

图 2-55 用镜像命令得到另一侧火眼

（2）选择【圆形】命令或在命令行输入命令 C，命令行提示"圆的圆心或 [三点 (3P)/ 两点 (2P)/ 切点、切点、半径 (T)]:"，输入 2P，利用直径上的两点绘制一个直径为 40 的圆形；选择【矩形】命令或在命令行输入快捷命令 REC，在圆形的内部绘制一个矩形，完成燃气灶开关的绘制，如图 2-56 所示。

（3）以燃气灶长边中线为对称轴，选择【镜像】命令或在命令行输入快捷命令 MI，得到另一个开关，从而完成整个煤气灶平面图的绘制，如图 2-57 所示。

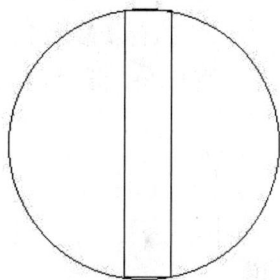

图 2-56 绘制燃气灶的开关

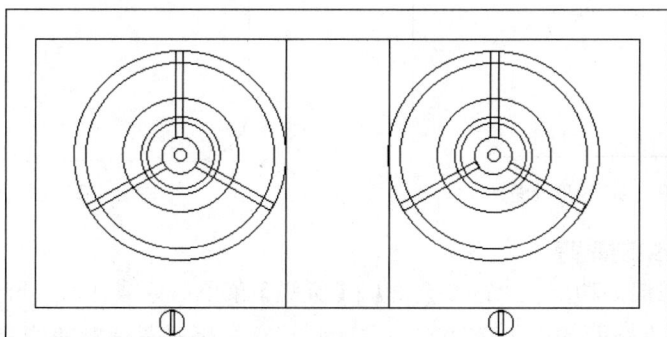

图 2-57 燃气灶平面图

（三）绘制桌椅组合

1. 用矩形命令绘制书桌、椅面

（1）选择【矩形】命令或在命令行输入快捷命令 REC，用两点确定矩形的方法，绘制尺寸为 1400mm×800mm 的书桌，如图 2-58 所示。

微课 04

扫码观看

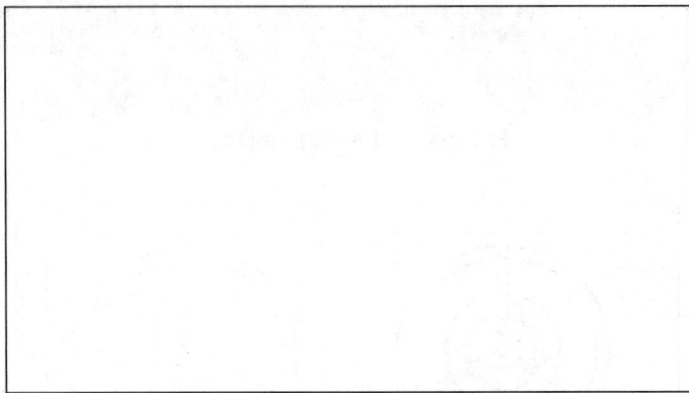

图 2-58　书桌

（2）选择【矩形】命令或在命令行输入快捷命令 REC，绘制椅面，在命令行提示"指定第一个角点或 [倒角 (C)/ 标高 (E)/ 圆角 (F)/ 厚度 (T)/ 宽度 (W)]:"时选择【F】圆角参数，设置圆角半径为 80。在绘图区的任意处单击，命令行提示"指定另一个角点或 [面积 (A)/尺寸 (D)/ 旋转 (R)]: "，输入 @550,550，按【Enter】键，效果如图 2-59 所示。

（3）执行【修改】/【分解】菜单命令或在命令行输入快捷命令 X，将圆角矩形分解，选中后侧圆角，按【Delete】键去除椅背内侧的两条圆弧线，如图 2-60 所示。

图 2-59　矩形椅面

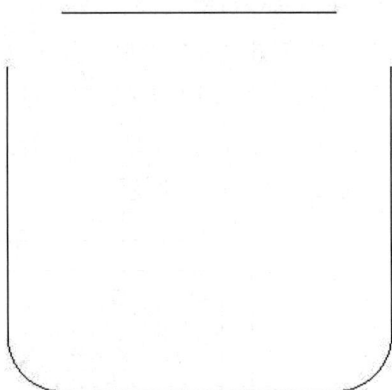

图 2-60　去除圆弧线

2. 用圆弧命令绘制靠背

（1）打开对象捕捉功能，执行【绘图】/【圆弧】菜单命令或在命令行输入快捷命令 A，按图 2-61 所示捕捉椅面的左上角端点、左后侧端点、用对象追踪功能捕捉椅背中点延长线上的一点，利用起点、第二个点、端点 3 点确定圆弧，绘制椅背的内轮廓，再选择【偏移】命令或在命令行输入快捷命令 O，将椅背内轮廓偏移 50，得到椅背外侧的弧线，如图 2-62 所示。

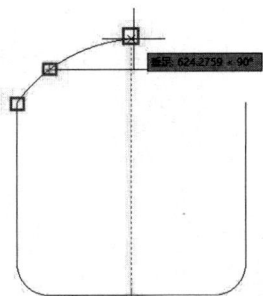

图 2-61 绘制椅背内轮廓　　　　图 2-62 偏移椅背内轮廓

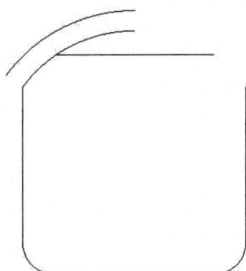

（2）选择【圆弧】命令或在命令行输入快捷命令 A，利用 3 点确定圆弧的方法将椅背末端绘制成圆弧，如图 2-63 所示。

（3）选择【镜像】命令或在命令行输入快捷命令 MI，选取左侧椅背，指定镜像线的第一点、第二点为椅面中线上的两点，命令行提示"要删除源对象吗？[是(Y)/否(N)] < 否 >:"，输入 n，通过镜像命令得到右侧椅背，如图 2-64 所示。

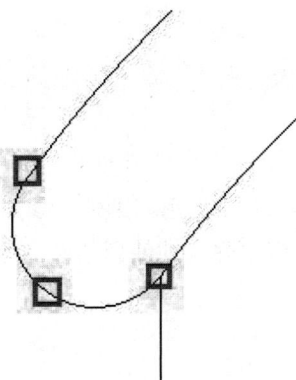

图 2-63 绘制椅背弧线　　　　图 2-64 用镜像命令复制椅背

3. 用镜像命令复制扶手

（1）选择【矩形】命令或在命令行输入快捷命令 REC，选择【F】命令，设置圆角半径为 30，绘制大小为 80mm×300mm 的圆角矩形，如图 2-65 所示。

（2）以座椅的中心线为对称轴，选择【镜像】命令或在命令行输入快捷命令 MI，得到另一侧扶手，从而完成座椅平面图的绘制，如图 2-66 所示。

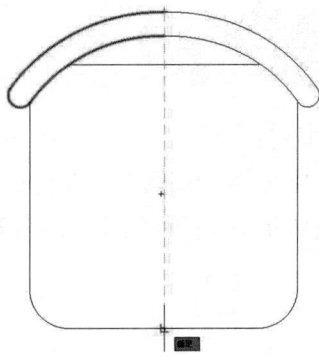

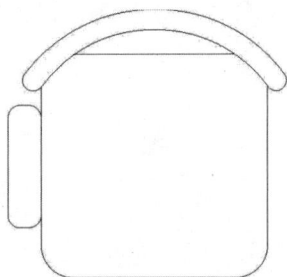

图 2-65 绘制扶手　　　　图 2-66 用镜像命令复制扶手

4. 用移动命令组合桌椅

选择【移动】命令或在命令行输入快捷命令 M，将座椅与书桌进行组合摆放，完成组合桌椅平面图的绘制，如图 2-67 所示。

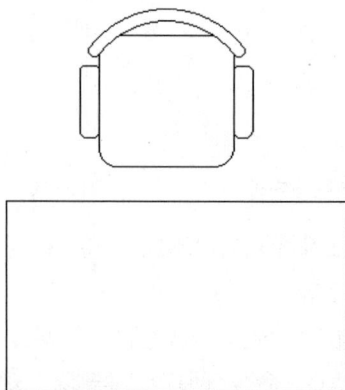

图 2-67　桌椅组合

四、项目小结

本项目以绘制室内装饰设计中经常使用的室内家具模型图为例，讲解了 AutoCAD 2018 中常用到的一些基本绘图命令、修改命令，如直线、矩形、圆弧、修剪、复制、阵列等。通过简单明了的讲解和操作流程的演示，帮助学习者更熟练地使用绘图命令、修改命令来绘制图形。

五、技能活页

（一）知识点拓展

1. 调用 AutoCAD 2018 命令的方法为（　　　　）。

A. 在命令行输入命令名称　　　　　　B. 在命令行输入命令缩写（快捷命令）

C. 选择菜单中的命令　　　　　　　　D. 选择工具栏中的对应按钮

E. 以上选项均可

2. AutoCAD 图形文件的默认后缀名是（　　　　）。

A. .dxf　　　　　　B. .dwg　　　　　　C. .dws　　　　　　D. .dwt

3. 对象捕捉功能用于捕捉（　　　　）。

A. 栅格点

B. 图形对象的特征点

C. 既可捕捉栅格点又可捕捉图形对象的特征点

D. 以上选项都不对

4. 下列坐标表达方式中，属于直角坐标的是（　　　　），属于极坐标的是（　　　　），属于相对直角坐标的是（　　　　），属于相对极坐标的是（　　　　）。

A. 10,20　　　　　　B. 10<20　　　　　　C. @10,20　　　　　　D. @ 10<20

5. 写出下列命令的快捷命令

命令名称	快捷命令	命令名称	快捷命令
启用和关闭正交功能		直线	
启用和关闭对象捕捉功能		圆弧	
启用和关闭动态输入功能		矩形	
终止相关命令操作		圆角	
删除对象		阵列	
撤销上次操作		分解	
退出 AutoCAD		复制	
视图缩放		镜像	
视图平移		偏移	

（二）技能实践

任务三　床与床头柜的组合

1. 目的要求

床是常用的室内家具，双人床的尺寸一般为 2000mm×1500mm、2000mm×1800mm，图 2-68 所示的是尺寸为 2000mm×1500mm 的双人床。本技能实践任务要求学习者通过绘制床、床头柜、床上用品，掌握 AutoCAD 软件的相关工具及命令。

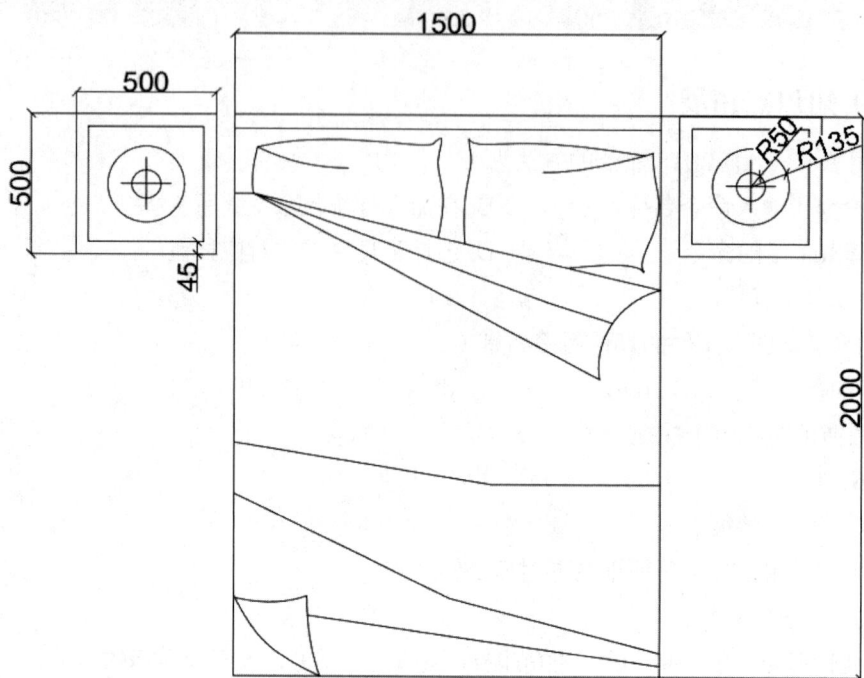

图 2-68　床及床头柜组合

2. 操作提示

（1）床和床头柜的绘制：利用【矩形】命令绘制床的基本图形，利用【矩形】或者【圆】命令绘制床头柜及床头柜上的台灯，利用【镜像】或者【复制】命令完成床头柜的复制。

（2）床上用品的绘制：利用【直线】【圆弧】或者【样条曲线】命令（快捷命令SPL）绘制枕头等床上用品。

（3）尺寸标注暂时忽略。

3.活页笔记

典型工作任务名称：床与床头柜的组合	技能操作解析	操作疑点
1.绘制床和床头柜 （1）利用【直线】或者【矩形】命令绘制床、床头柜外形 方法一：调用【直线】命令绘制。 注意合理使用 ＿＿＿＿＿＿＿＿＿＿（对象捕捉功能快捷键）、 ＿＿＿＿＿＿＿＿＿＿（正交功能快捷键）； 方法二：调用【矩形】命令绘制。 使用矩形命令绘制床和床头柜，输入坐标为 ＿＿＿＿＿＿＿＿＿（床的外轮廓矩形）、＿＿＿＿＿＿＿＿＿（床头柜外轮廓矩形）。 （2）利用【偏移】命令绘制床头柜内轮廓矩形 使用 ＿＿＿＿＿＿＿＿＿＿（【偏移】命令），设置偏移距离为 ＿＿＿＿＿＿＿，向 ＿＿＿＿＿＿＿＿点击，完成偏移复制。 （3）利用【圆】【直线】命令绘制床头柜台灯 灯罩外圆圆心为 ＿＿＿＿＿＿＿＿＿＿ 的一点，圆的半径是 ＿＿＿＿＿＿＿＿＿＿，内圆圆心为 ＿＿＿＿＿＿＿ 的一点， 半径是 ＿＿＿＿＿＿＿＿＿＿。 使用 ＿＿＿＿＿＿＿＿＿（【直线】快捷命令）绘制直线，注意灯罩中的直线命令经过 ＿＿＿＿＿＿＿＿＿＿。 （4）利用【镜像】命令复制床头柜 使用 ＿＿＿＿＿＿＿＿（【镜像】快捷命令），选中床头柜图形，指定镜像线第一点为 ＿＿＿＿＿＿，第二点为 ＿＿＿＿＿＿＿＿，要删除源对象时选择 ＿＿＿＿＿＿＿＿＿（参数），完成床头柜镜像复制	【直线】命令使用时注意打开对象捕捉与正交功能 使用【矩形】命令注意坐标的正确输入（区分动态输入或坐标输入） 注意对圆心的正确捕捉 也可以利用【复制】命令完成床头柜复制，注意打开正交辅助功能，并选择恰当的基点	
2.床上用品的绘制 （1）利用【样条曲线】命令绘制枕头 在命令行输入 SPL（【样条曲线】快捷命令），指定第一点，指定下一点……按照图例完成对枕头形状各点指定，按【Enter】键确定结束绘制。 （2）利用【直线】【圆弧】命令绘制床上用品 使用 ＿＿＿＿＿＿＿＿＿（【直线】快捷命令）绘制床上用品，使用 ＿＿＿＿＿＿＿＿＿（【圆弧】快捷命令）以起点、第二个点、端点3点方式确定绘制弧线，完成床上用品的绘制	注意关闭正交功能，打开对象捕捉功能，捕捉端点 注意对象捕捉功能的运用 可利用【修剪】命令修剪多余线条	
任务完成时间	＿＿＿＿＿＿＿分钟	

4.测评活页

技能活页的成绩评定按学生自评、小组互评、教师评价三阶段进行，并按自评占 30%、小组互评占 20%、教师测评占 50% 作为学生技能活页评价结果。

（1）学生进行自我评价，总结完成任务过程中的成功和不足之处，并将结果填入"学生自评表"。

学生自评表

姓名		学号		班级	
项目	室内家具模型图的绘制		编号		03
任务三	床与床头柜的组合		完成时间		20 分钟
评价点	评价标准			分值	得分
绘图命令的使用	能正确使用【直线】【矩形】【圆弧】【样条曲线】等命令			10	
修改命令的使用	能正确使用【偏移】【镜像】【对象复制】【修剪】等命令			10	
辅助功能的使用	能合理运用对象捕捉、正交、对象追踪功能			10	
工作态度	态度端正，无无故缺勤、迟到、早退现象			10	
工作质量	能按照对象形状、规定尺寸完成技能实践任务			15	
工作效率	能在规定时间完成技能实践任务			15	
协调能力	与小组成员、同学之间能合作交流、协调工作			10	
职业素质	能掌握设计助理岗位制图规范			10	
创新意识	创新思路，灵活操作软件			10	
合计				100	

完成任务心得体会：

（2）学生以小组为单位，对绘制床与床头柜模型组合过程与结果进行互评，将互评结果填入"小组互评表"中。

小组互评表

姓名		学号		班级				
项目		室内家具模型图的绘制		编号			03	
任务三		床与床头柜的组合		完成时间			20分钟	
评价点	分值	评分等级						评价对象（小组成员）			
								组员1姓名	组员2姓名	组员3姓名	组员4姓名
绘图命令使用	10	优	10	良	8	中	7	差	5		
修改命令使用	10	优	10	良	8	中	7	差	5		
辅助功能使用	10	优	10	良	8	中	7	差	5		
工作态度	10	优	10	良	8	中	7	差	5		
工作质量	15	优	15	良	12	中	10	差	7		
工作效率	15	优	15	良	12	中	10	差	7		
协调能力	10	优	10	良	8	中	7	差	5		
职业素质	10	优	10	良	8	中	7	差	5		
创新意识	10	优	10	良	8	中	7	差	5		
合计	100										

组长签名：_____　日期：_____

说明：

1. 以5人为单位组成互评小组，小组内每位成员依据评分点及完成度按相应的评分等级为其他4人打分，取4人的平均分作为学生小组互评成绩。
2. 由互评小组组长负责统计学生自评成绩，并计算汇总小组互评成绩。
3. "小组互评表"中评价点相应评价标准具体参照"学生自评表"。

（3）教师对学生完成技能活页工作过程与工作结果进行评价，并将评价结果填入"教师综合评价表"中。

教师综合评价表

姓名		学号		班级		
项目		室内家具模型图的绘制		编号		03
任务三		床与床头柜的组合		完成时间		20分钟
评价点		评价标准			分值	得分
考勤（10%）		无无故缺勤、迟到、早退现象			10	
工作过程（60%）	绘图命令使用	能正确使用【直线】【矩形】【圆弧】【样条曲线】等命令			15	
	修改命令使用	能正确使用【偏移】【镜像】【对象复制】【修剪】等命令			15	
	辅助功能使用	能合理运用对象捕捉、正交、对象追踪功能			10	
	工作态度	态度端正，完成任务认真、主动			5	
	协调能力	与小组成员、同学之间能合作交流、协调工作			5	
	职业素质	能掌握设计助理岗位制图规范			5	
	创新意识	创新思路，灵活操作软件			5	
项目成果（30%）	工作质量	能按照规范要求完成技能实践任务			10	
	工作效率	能在规定时间完成技能实践任务			10	
	笔记成果	获知相关知识，并正确完成活页笔记			10	
合计					100	
综合评价		自评（30%）	小组互评（20%）	教师评价（50%）	综合得分	

任务四 沙发、茶几的组合

1. 目的要求

沙发、茶几是客厅常用的家具。沙发、茶几的组合图形一般可以调用现成的图块。本技能实践任务意在使学习者通过绘制沙发、茶几、地毯，进一步熟悉并掌握 AutoCAD 软件的相关工具及命令。

2. 操作提示

（1）茶几的绘制：选择【椭圆】命令或者在命令行输入快捷命令 EL，绘制茶几，先指定第一个轴端点，按照茶几的长度指定另一个端点为 1390，指定另一条半轴的长度为 290，如图 2-69 所示。

（2）茶几图案的填充：选择【图案填充】命令或者在命令行输入快捷命令 H，选中茶几填充图形，填充的图例为【AR-RROOF】，角度为 45，比例为 10。

（3）地毯图案填充：选择【图案填充】命令或者在命令行输入快捷命令 H，选中地毯图形，填充的图例为【CROSS】，比例为 20。

（4）填充效果如图 2-70 所示，此图中忽略尺寸标注。

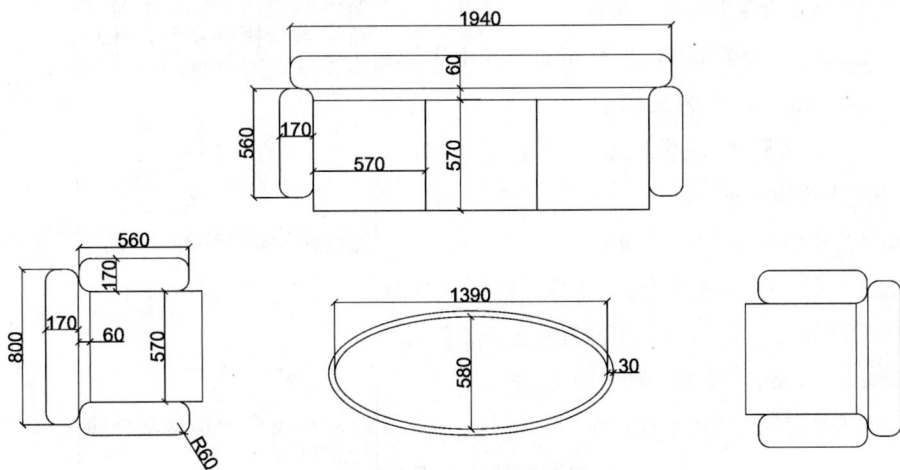

图 2-69 沙发、茶几的组合

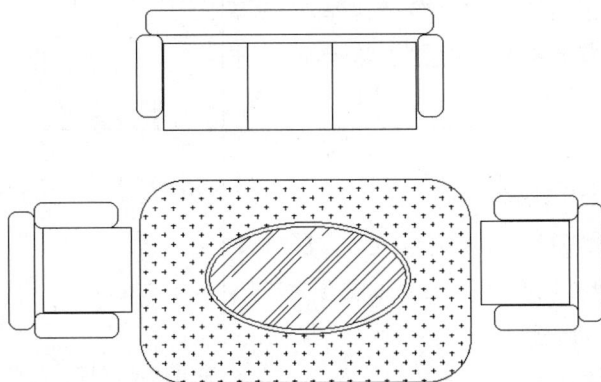

图 2-70 沙发、茶几图案的填充

3. 活页笔记

典型工作任务名称：沙发、茶几的组合	技能操作解析	操作疑点
1. 绘制单人沙发 （1）利用【矩形】命令绘制单人沙发坐垫 在命令行输入相对坐标 ＿＿＿＿＿＿＿ 、或动态输入 ＿＿＿＿＿＿＿＿＿＿ 。	使用【矩形】命令时应注意坐标的正确输入（区分动态输入或坐标输入）	
（2）利用圆角矩形绘制单人沙发扶手 输入 ＿＿＿（【矩形】快捷命令），选择圆角 ＿＿＿（参数），设置圆角半径 ＿＿＿（参数）的值为＿＿＿，打开 ＿＿＿＿＿（对象捕捉功能快捷键），捕捉沙发坐垫下方＿＿＿＿＿＿＿点，打开＿＿＿＿＿（对象追踪功能快捷键），输入距离60，得到圆角矩形的第一点，输入坐标，绘制大小为 560mm×170mm 的圆角矩形的沙发扶手。	注意对象捕捉、对象追踪等功能的合理运用	
（3）利用【镜像】命令复制沙发扶手 使用 ＿＿＿＿＿＿＿＿＿（【镜像】快捷命令），选中沙发扶手，选取镜像线上的第一点为 ＿＿＿＿＿＿＿＿＿，第二点为 ＿＿＿＿＿＿＿＿＿，要删除源对象应选择 ＿＿＿＿＿＿（参数），完成沙发扶手的镜像复制。	也可以利用【复制】命令完成床头柜的复制，注意选择合适的基点并打开正交功能	
（4）利用圆角矩形绘制单人沙发靠背 输入 ＿＿＿＿＿（【矩形】快捷命令），选择圆角 ＿＿＿＿＿（参数），设置圆角半径 ＿＿＿＿＿（参数）的值为＿＿＿，绘制大小为 800mm×170mm 的圆角矩形的沙发靠背。	注意圆角矩形参数的设置	
（5）组合单人沙发靠背、扶手及坐垫 输入 ＿＿＿＿＿（【移动】快捷命令），选中靠背图形，选择靠背的＿＿＿点作为基点，打开＿＿＿＿＿＿（对象追踪功能快捷键），从指定 ＿＿＿＿＿＿＿点（使用第一个点作为位移基点）输入相距60的点作为移动的第二点，将靠背、扶手及坐垫组合	注意利用对象追踪功能进行点的移动	
2. 绘制三人沙发 （1）利用【矩形】命令绘制沙发坐垫 使用【矩形】命令绘制沙发坐垫，输入＿＿＿＿＿＿（【复制】快捷命令），选中沙发坐垫图形，以＿＿＿＿＿的点作为基点，复制三人沙发上的其他两个坐垫。	注意复制时基点的正确选取	
（2）绘制靠背、扶手并组合 以绘制单人沙发的方法来绘制靠背、扶手并将其组合	注意对象捕捉、对象追踪功能的运用	

典型工作任务名称：沙发、茶几的组合	技能操作解析	操作疑点
3. 绘制茶几、地毯 （1）利用【椭圆】命令绘制茶几 输入【EL】（【椭圆】快捷命令），绘制茶几，指定第一个轴端点，按照茶几的长度运用动态输入，指定另一个端点为1390，指定另一条半轴的长度为290。 输入 _____（【偏移】快捷命令），选取椭圆，设置偏移距离为 _____，向 _____ 选择，完成茶几图形的绘制。 （2）利用圆角矩形绘制地毯 选择【矩形】命令，设置圆角，绘制地毯，使茶几在地毯上居中放置	动态输入指定的轴端点，注意另一条轴的长度 对象捕捉功能的适当打开 / 关闭 注意大小合理	
4. 填充茶几、地毯 （1）利用【图案填充】命令填充茶几材质 输入【H】（【图案填充】快捷命令），选择图案为【AR-RROOF】，角度为【45】，比例为【10】，单击【"添加：拾取点】按钮，选中茶几填充图形的内部拾取点，按【Enter】键确定。 （2）利用【图案填充】命令填充地毯材质 输入【H】（【图案填充】快捷命令），选择图案为【CROSS】，比例为【20】，选中地毯图形内部的拾取点，确定填充	注意填充对象的比例、角度 充分利用自动拾取功能选取图形	
5. 组合沙发、茶几 （1）利用【镜像】命令复制单人沙发 输入 _____（【镜像】快捷命令），选取一侧单人沙发，分别以 _____为镜像的第一点、第二点，复制单人沙发。 （2）组合沙发、茶几 输入 _____（【移动】快捷命令），分别以 _____ _____ 作为移动的基点和第二点，将茶几、沙发合理摆放	注意镜像线上两点选择的合理性 注意移动基点、第二点选择的合理性	
任务完成时间	_____ 分钟	

4. 测评活页

技能活页的成绩评定按学生自评、小组互评、教师综合评价三阶段进行，并按自评占30%、小组互评占20%、教师测评占50%作为学生技能活页评价结果。

（1）学生进行自我评价，总结完成任务过程中的成功和不足之处，并将结果填入"学生自评表"。

学生自评表

姓名		学号		班级	
项目	室内家具模型图的绘制		编号		04
任务四	沙发、茶几的组合		完成时间		20分钟
评价点	评价标准			分值	得分
绘图命令的使用	能正确使用【矩形】【椭圆】命令中相关参数			10	
修改命令的使用	能正确调用【偏移】【镜像】【移动】等命令			10	
图案填充命令使用	能正确使用【图案填充】命令，并设置参数			10	
工作态度	态度端正，无无故缺勤、迟到、早退现象			10	
工作质量	能按照对象形状、规定尺寸完成技能实践任务			15	
工作效率	能在规定时间完成技能实践任务			15	
协调能力	与小组成员、同学之间能合作交流、协调工作			10	
职业素质	能掌握设计助理岗位制图规范			10	
创新意识	创新思路，灵活操作软件			10	
合计				100	

完成任务心得体会：

（2）学生以小组为单位，对沙发、茶几家具模型绘制的过程与结果进行互评，将互评结果填入"小组互评表"中。

小组互评表

姓名		学号			班级		
项目	室内家具模型图的绘制			编号		04	
任务四	沙发、茶几的组合			完成时间		20 分钟	
评价点	分值	评分等级				评价对象（小组成员）			
						组员 1 姓名	组员 2 姓名	组员 3 姓名	组员 4 姓名
绘图命令使用	10	优 10	良 8	中 7	差 5				
修改命令使用	10	优 10	良 8	中 7	差 5				
图案填充使用	10	优 10	良 8	中 7	差 5				
工作态度	10	优 10	良 8	中 7	差 5				
工作质量	15	优 15	良 12	中 10	差 7				
工作效率	15	优 15	良 12	中 10	差 7				
协调能力	10	优 10	良 8	中 7	差 5				
职业素质	10	优 10	良 8	中 7	差 5				
创新意识	10	优 10	良 8	中 7	差 5				
合计	100								

组长签名：_____　　日期：_____

说明：

1. 以 5 人为单位组成互评小组，小组内每位成员依据评分点及完成度按相应的评分等级为其他 4 人打分，取 4 人的平均分作为学生小组互评成绩。
2. 由互评小组组长负责统计学生自评成绩，并计算汇总小组互评成绩。
3. "小组互评表"中评价点相应评价标准具体参照"学生自评表"。

（3）教师对学生完成技能活页工作过程与工作结果进行综合评价，并将评价结果填入表"教师综合评价表"中。

教师综合评价表

姓名			学号			班级		
项目			室内家具模型图的绘制			编号		04
任务四			沙发、茶几的组合			完成时间		20 分钟
评价点			评价标准				分值	得分
考勤（10%）			无无故缺勤、迟到、早退现象				10	
工作过程（60%）	绘图命令使用		能正确使用【矩形】【椭圆】命令中相关参数				15	
	修改命令使用		能正确调用【偏移】【镜像】【移动】等命令				15	
	图案填充命令		能正确使用【图案填充】命令，并设置参数				10	
	工作态度		态度端正，完成任务认真、主动				5	
	协调能力		与小组成员、同学之间能合作交流、协调工作				5	
	职业素质		能掌握设计助理岗位制图规范				5	
	创新意识		创新思路，灵活操作软件				5	
项目成果（30%）	工作质量		能按照规范要求完成技能实践任务				10	
	工作效率		能在规定时间完成技能实践任务				10	
	笔记成果		获知相关知识，并正确完成活页笔记				10	
合计							100	
综合评价		自评（30%）		小组互评（20%）		教师评价（50%）		综合得分

项目三

Auto CAD

绘制三室两厅住宅的原始平面图

【能力目标】

通过对本项目及相关任务的学习，具备绘制住宅原始平面图的能力和掌握 AutoCAD 软件的使用技巧。

【知识目标】

1. 掌握图层特性管理器的正确使用方法及线型加载设定方法。
2. 掌握住宅原始平面图中定位轴线的正确绘图顺序。
3. 掌握利用【多线】及【多线编辑】命令绘制墙体的方法。
4. 掌握尺寸标注、文本标注的技巧。

【素质目标】

培养在绘制原始平面图的过程中应具备的科学、严谨、缜密的操作态度。

一、项目导入

运用 AutoCAD 2018 绘制图 3-1 所示的住宅原始平面图，以任务为载体，从绘制轴网及轴号、绘制墙体、绘制门窗、尺寸标注以及标注图名与比例 5 个任务来介绍原始平面图的整个绘制过程。

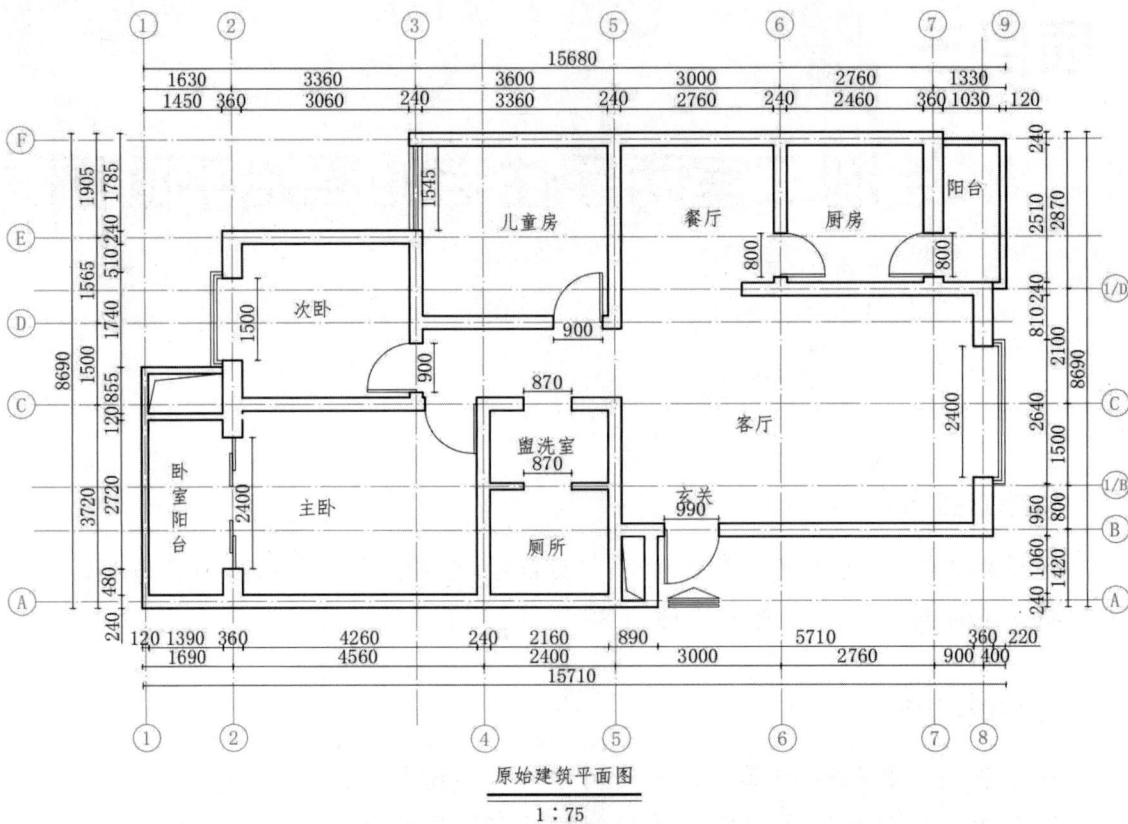

原始建筑平面图
1：75

图 3-1　住宅原始平面图

二、学习情境

（一）室内设计的工作流程

1. 与设计委托方进行前期接触，沟通设计对象的基本情况，了解其设计要求。

2. 现场勘查，查阅原建筑图纸，了解设计对象的基本情况，掌握与设计相关的结构和基础设施状况。

3. 做前期平面设计和构思草图。

4. 与设计委托方确认设计构思、设计理念及平面布局方案。

5. 进入正式设计方案阶段，绘制效果图。

6. 效果图确认后，进入施工图阶段。

7. 完成设计方案的确认工作，取得设计委托方的签字认可。

8. 准备设计方案资料，组织与施工单位的技术交底。

（二）室内现场测量技巧及注意事项

室内设计师与设计委托方沟通之后，就进入量房阶段。设计师要到房屋内进行实地测量，对房屋的各个房间的长、宽、高及门、窗、暖气等的位置进行逐一测量，如图3-2所示。量房过程也是设计师与设计委托方进行现场沟通的过程。设计师可根据实地情况提出一些合理化建议，与设计委托方进行沟通，为以后方案的设计做好前期准备。

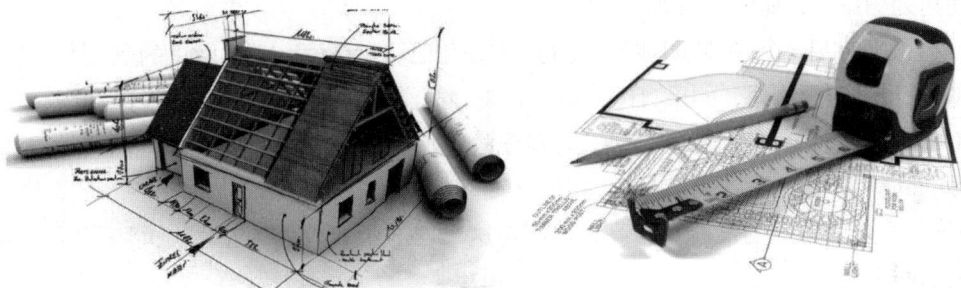

图 3-2　室内现场测量

1. 量房的概念、意义以及标准

量房是设计师工作流程的第二步，通常由设计师与助手进行，是对房型进行具体的测量、记录的过程。

准确量房便于设计师进行合理的设计，可以算出精确的工程量及相应的预算，便于施工队进行严谨的施工，所以说量房的意义是非常重大的。量房的标准是准确、精细、严谨。

2. 量房工具及步骤

量房的工具包括激光测距仪、钢卷尺/皮尺、纸、笔（最好有两种颜色,用于标注特别之处）、数码相机等，如图3-3所示。

不同设计师有不同的量房步骤，但只要能准确地测量出客户房屋的尺寸，就能达到量房的目的。在此，把量房步骤简单地归纳如下。

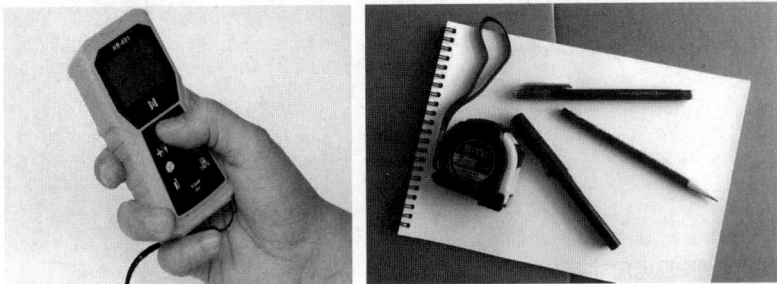

图 3-3　量房的工具

（1）巡视所有的房间，了解基本的房型结构，对于特别之处要予以关注。

（2）在纸上画出大概的平面图形（不讲求尺寸或比例准确，这个平面图只是用于记录具体的尺寸，但要体现出房间与房间之间的前后、左右连接方式）。

（3）从进户门开始，一个房间一个房间地测量，并把测量的每一个数据记录到平面图的相应位置上。

3. 量房的内容

采用正确的方法可以起到事半功倍的效果，很多设计师在第一次量房时，都会因自己的方法不正确或自己的疏忽大意而错量、漏量，到做具体方案时又来回进行多次测量从而浪费大量的精力，所以采用正确的方法准确测量出相关内容至关重要。因此，设计师在量房时应注意把握以下几点。

（1）利用测距仪或者卷尺量出房间的长度、高度（长度要紧贴地面测量，高度要紧贴墙体拐角处测量），如图 3-4 所示。

（2）对通向另一个房间的具体尺寸进行再测量和记录（了解两个房间之间的空间结构关系）。

（3）观察四面墙体，如果有门、窗、开关、插座、管道等，在纸上进行简单示意。

（4）测量门本身的长、宽、高，再测量这个门与所属墙体的左、右间隔尺寸，测量门与顶棚的间隔尺寸。

（5）测量窗本身的长、宽、高，再测量这个窗与所属墙体的左、右间隔尺寸，测量窗与顶棚的间隔尺寸。

（6）按照门窗的测量方式记录开关、插座、管道等的尺寸，厨房、卫生间要特别地注意，如图 3-5 所示。

（7）要注意每个房间顶棚上的横梁尺寸及固定的位置。

（8）按照上述方法，把房屋内所有的房间测量一遍。如果是多层的，为了避免出错，则测量的顺序为一层测量完后再测量另外一层，而且测量房间的顺序要从左到右。

（9）有特殊之处用不同颜色的笔标示清楚。

（10）在全部测量完后，再全面检查一遍，以确保测量的准确度和精细程度。

图 3-4　测量现场尺寸　　　　图 3-5　记录量房数据

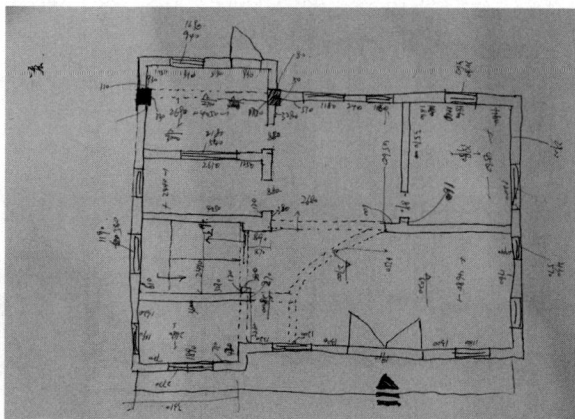

4. 注意事项

（1）了解总电表的容量，计算一下大概使用量以确定其是否够用，如果需要大功率的电表则应提前到供电部门申请改动。

（2）了解煤气、天然气表的大小，同样，若有变动则需要提前到供气部门申请变动。

（3）根据房型图（请注意不是购买的时候拿到的房型图，而是由物业公司提供的准确的建筑房型图），了解承重墙的具体位置。

（4）了解进户水管的位置及进户后的水管是几分管。

（5）了解下水管道的位置和坐便器的坑位。

（三）制图中的基本设置

1. 图层特性管理器的使用与设置

为了提高 AutoCAD 软件的绘图质量和速度，在绘图之前应该根据所绘图形对象的要求对图层进行创建与管理。

（1）图层的概念

图层是 AutoCAD 软件的一个重要工具，对图形文件中的各种对象的分类管理和综合控制起着重要的作用。图层就像没有厚度的透明的纸，在不同图层上可以绘制不同的对象，将这些透明图层上的对象叠加起来，就可以得到最终的图形。可以为每一个对象设置不同的图层，并设定相应的线型、颜色和状态等属性，从而提高绘制复杂图形的效率和准确度。

（2）图层特性管理器的设置

绘图时应养成设置图层的习惯，并根据需要在相应的图层内画图。创建图层主要包括设置图层的名称、设置图层的颜色、设置图层的线型及设置图层的线宽等，如图 3-6 所示。

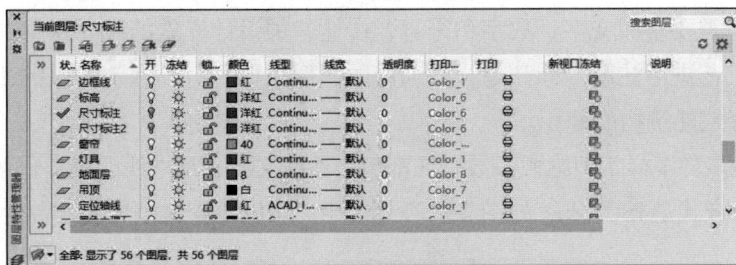

图 3-6　图层特性管理器

　　图层特性管理器的快捷命令是 LA，也可以单击【图层】面板中的【图层特性】按钮，打开【图层特性管理器】对话框。

2. 轴网及轴号的设置

在绘图时，轴网是一个很重要的部分，能够辅助墙体绘制及进行一些结构的对齐和尺寸的标注，通过轴网上的尺寸标注可以了解图纸的具体比例。一般情况下，设计师习惯先创建轴网，然后绘制建筑图纸，这样有利于提高效率。轴网由水平定位轴线与垂直定位轴线组成，一般可以先绘制单条定位轴线，然后利用【复制】或者【偏移】命令，形成整体的轴网，如图 3-7 所示。

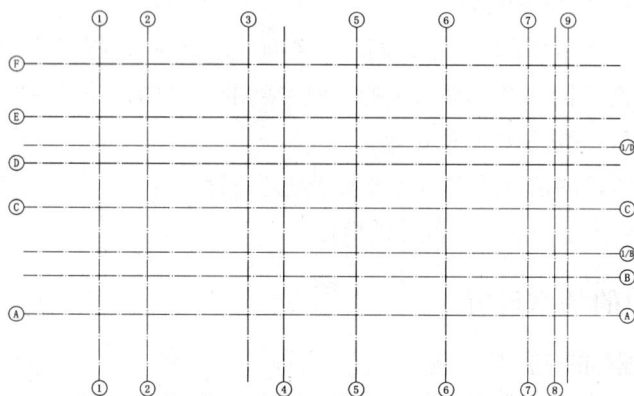

图 3-7　轴网及轴号

轴号是定义轴线的编号，轴号用阿拉伯数字或英文字母外加圆圈表示。轴号的直径一般为 8mm，在详图中为 10mm。在建筑构造与识图中，定位轴线编号时，26 个英文字母只能用 23 个，其中 O、I、Z 不能用，因为它们会与阿拉伯数字中的 0、1、2 混淆。

> 注意定位轴线一般为非连续线型，如果由于线性比例关系，非连续线型显示不清晰，则这时可以修改线性比例属性，使绘制完的图线显示为非连续线。

3. 尺寸与文本的标注

在 AutoCAD 软件中绘图时，通常可以分为 4 个阶段：绘图、注释、查看和打印。在注释阶段，设计者需要添加文字、数字和符号，传达有关设计元素的尺寸和材料等信息，或者对施工或制造工艺进行注解。标注是一种通用的图形注释，可以展示对象的测量值，如墙的长度、柱的直径或建筑物的面积。

标注的类型多种多样，但绝大多数标注都包含标注文字、尺寸线、尺寸界线和箭头，系统提供的缺省尺寸样式是 ISO-25，如图 3-8 所示，用户可以改变这个样式或者生成自己的样式。

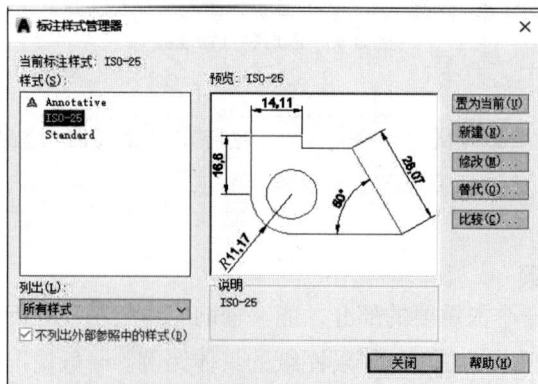

图 3-8　标注样式管理器

　　文字标注是完整的工程图纸上不可缺少的一部分，可以为设计提供许多附加的信息，比如标题栏的建立、技术要求的说明和注释等。它可以对图形不便于表达的内容加以说明，使图形的含义更加清晰，从而使设计及施工人员对图形的设计要求一目了然。

　　在 AutoCAD 软件中有两类文字对象，一类是单行文字，另一类是多行文字，它们分别由【DTEXT】和【MTEXT】命令来创建。一般来说，一些比较简短的文字项目，如标题栏信息、尺寸标注说明等，常常采用单行文字；而带有段落格式的信息，如工程概况、设计说明等，则常使用多行文字。

三、任务实施

　　运用 AutoCAD 软件绘制住宅原始平面图，以它作为学习任务的载体，通过对实际项目的绘制学习 AutoCAD 软件的常用的绘图及修改命令。图 3-9 所示为量房后手绘的室内原始平面图。本任务利用 AutoCAD 软件把此原始平面图绘制出来。

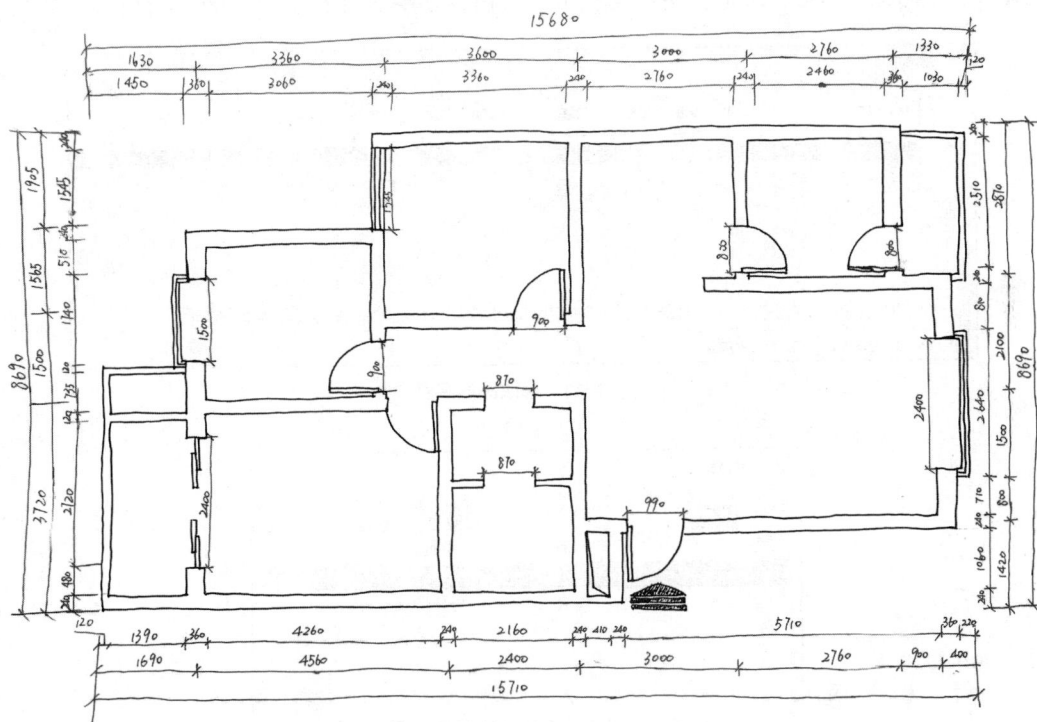

图 3-9　手绘原始平面图

微课 05

扫码观看

（一）利用图层管理器设置相应图层

　　（1）在【AutoCAD 经典】工作空间中，执行【格式】/【图层…】菜单命令或者在命令行输入快捷命令 LA，进入【图层特性管理器】，单击【新建图层】按钮或按【Alt+N】组合键，新建图层如图 3-10 所示。

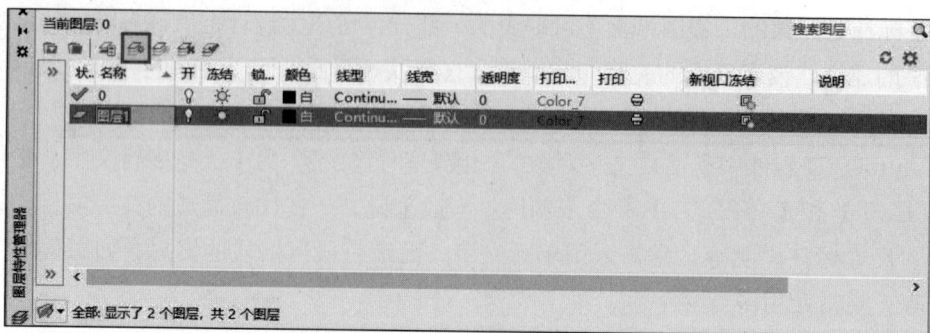

图 3-10　新建图层

（2）图 3-11 所示为双击图层名将新建图层的名称"图层 1"改为"定位轴线"，颜色设定为红色。要将线型设置为单点长画线，但在设置中看到可选择的线型只有"Continuous"（连续实线），可以单击图层特性管理器中的"线型"，打开【选择线型】对话框，单击对话框下方的【加载】按钮，弹出【加载或重载线型】对话框，选择"ACAD-IS004W100"（单点长画线）选项，单击【确定】按钮，在【选择线型】对话框中，选择刚刚加载的"ACAD-ISO04W100"选项，单击【确定】按钮，如图 3-12 所示，退出对话框。

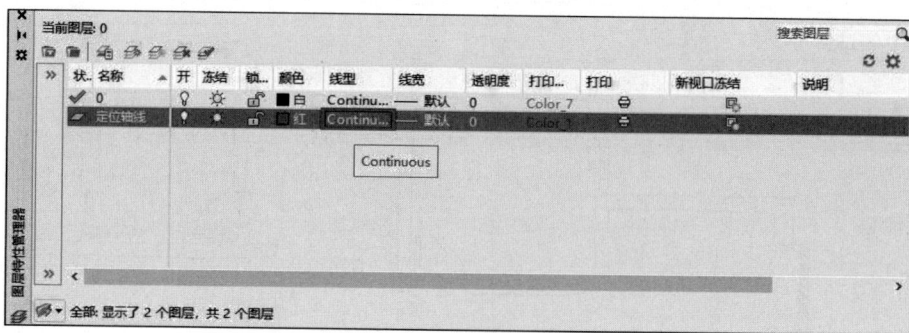

图 3-11　修改图层名称

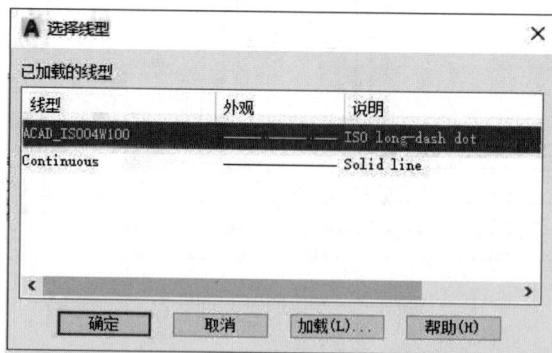

图 3-12　【选择线型】对话框

（3）此时，在【图层特性管理器】中可以看到新建的【定位轴线】图层已经设置完毕，双击定位轴线图层中的状态图标，将图标转变为绿色对钩（注意：绿色对钩表示置为当前图层）或按【Alt+C】组合键，将其置为当前，如图 3-13 所示。

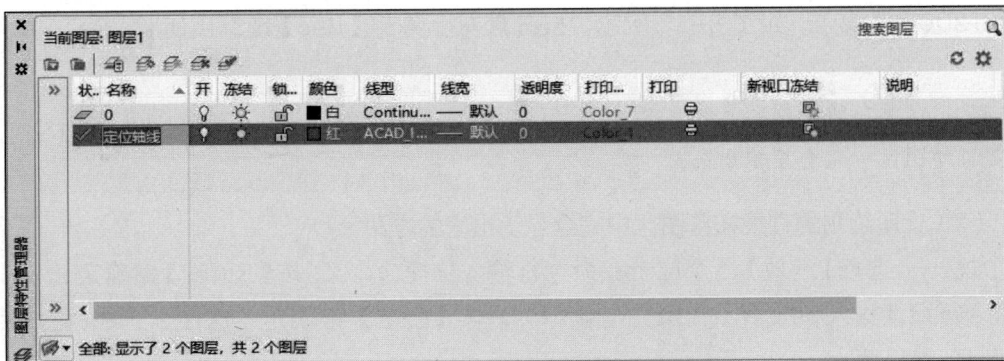

图 3-13 将【定位轴线】图层置为当前

注意   在【图层特性管理器】面板中看到此时处于【定位轴线】图层，在此图层中，绘制的任何图形都将由红色的单点长画线构成。

（4）依次新建【墙体】【门窗】【文本标注】【尺寸标注】等其他图层，并分别设置为不同的颜色、线宽，所有这些新建图层的线型都设置为 Continuous，如图 3-14 所示。

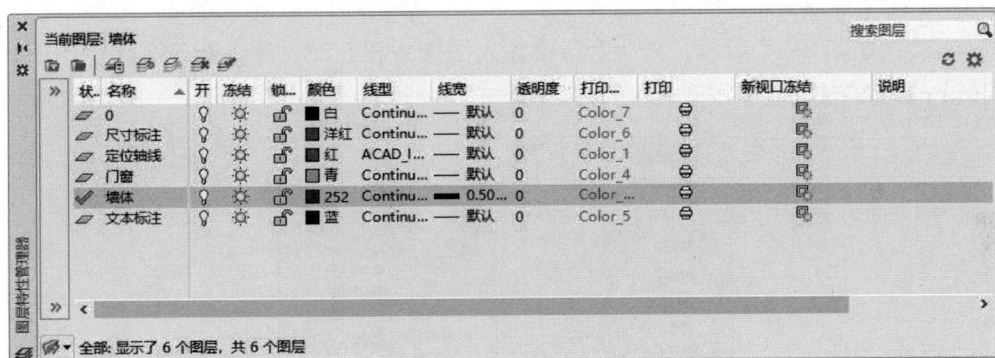

图 3-14 创建其他图层

（二）绘制轴网及轴号

1. 绘制垂直方向轴网

（1）绘制垂直方向定位轴线

在图 3-9 所示的手绘原始平面图中可以看到，垂直方向第一根定位轴线长为 8690，为了方便后面添加轴号及尺寸标注，此处预留空间，将线的长度设定为 12000。

选择【直线】命令或者在命令行输入快捷命令 L，在命令行提示"选择鼠标左键指定第一个点"时按【F8】快捷键（注意：【F8】表示<正交：开 / 关>），可在命令行中看到"<正交开>"，从而使直线仅能在水平或者垂直方向绘制。输入数据 12000，按【Enter】键确定，会看到图中有

微课 06

扫码观看

一条 12000 的线条，如图 3-15 所示。按键盘左上角的【Esc】键退出所有命令。

> 现在所绘制的直线只能局部出现在绘图区中，如何能让所绘制的直线在绘图区中完全显示出来？

（2）让所绘制的直线在绘图区中完全显示出来的方法

方法一：选择【缩放】命令或者在命令行输入快捷命令 Z，按【Enter】键确定，在命令行继续输入参数 A（代表完全显示），按【空格】键确定。这样，直线就全部出现在界面上。

方法二：双击鼠标滚轮，也可以让直线在绘图区中完全显示。

> 现在绘图区中的定位轴线还是显示为连续线型，怎样让线型显示为所设置的单点长画线？

图 3-15

（3）要在全视图中看到单点长画线，需要改变线型比例

方法一：在绘图区选中定位轴线，单击鼠标右键，选择【特性】命令，打开【特性】面板，将【线型比例】设置为"30"，如图 3-16 所示，按【Enter】键确认。关闭面板，会发现定位轴线已经显示为单点长画线。

方法二：如图 3-17 所示，在命令行中输入快捷命令 LTS，输入新线型比例因子 30，按【Enter】键确认，改变线型显示的效果。

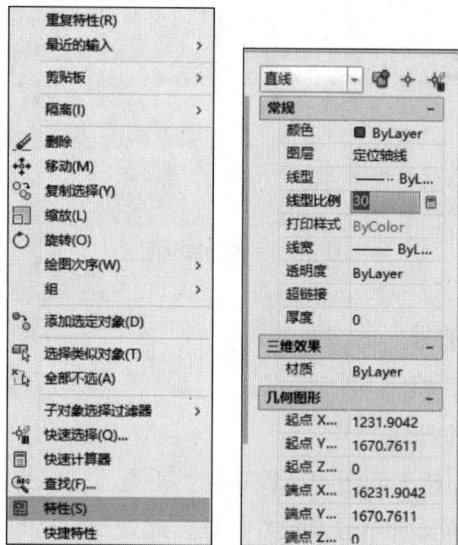

图 3-16　特性面板

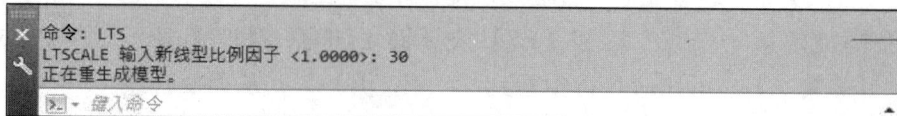

图 3-17　线型比例命令

（4）偏移复制垂直方向轴线

选定绘制的垂直方向定位轴线，执行【修改】/【偏移】菜单命令或者在命令行输入快捷命令 O，输入距离为 1630，按【Enter】键，然后输入偏移距离的数值，选中偏移的对象，向右单击，如图 3-18 所示，完成偏移复制，按【Esc】键退出。

> 两条定位轴线间的距离真的是 1630 吗？有什么样的方法可以验证。

图 3-18　偏移垂直方向轴线

查询距离方法一：单击实用工具功能区中【测量】下拉菜单的【距离】选项。按键盘上的对象捕捉【F3】快捷键，打开对象捕捉功能，捕捉两条定位轴线的端点或者交点，单击鼠标右键，命令行中会出现两条定位轴线间的距离，如图 3-19 所示。

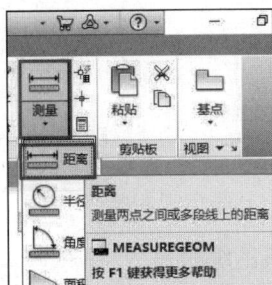

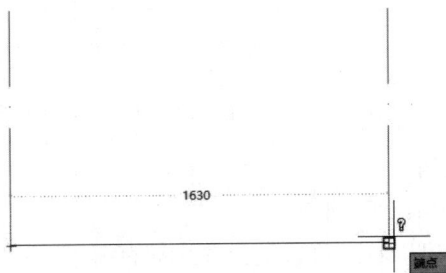

图 3-19　查询距离按钮

查询距离方法二：在命令行输入查询距离快捷命令 DI，同样运用对象捕捉功能，捕捉两条定位轴线的端点，了解定位轴线之间的距离，如图 3-20 所示。

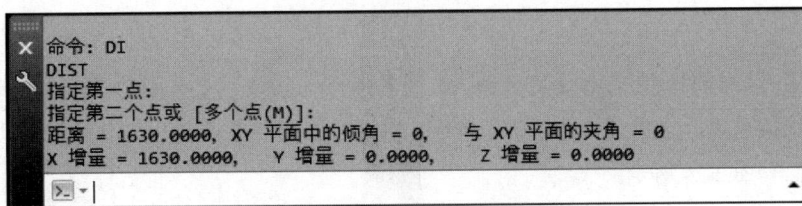

```
命令: DI
DIST
指定第一点:
指定第二个点或 [多个点(M)]:
距离 = 1630.0000, XY 平面中的倾角 = 0,   与 XY 平面的夹角 = 0
X 增量 = 1630.0000,   Y 增量 = 0.0000,     Z 增量 = 0.0000
```

图 3-20　在命令行输入查询命令

（5）偏移复制完成垂直方向轴网

选择【偏移】命令，选中第二条轴线，输入偏移距离的数值，偏移复制第二条轴线得到第三条定位轴线。按此方法，进行其他定位轴线的绘制。按照从左到右的顺序依次绘制垂直定位轴线 1~9，如图 3-21 所示。

2. 绘制水平方向轴网

（1）绘制水平方向定位轴线

绘制第一条水平方向定位轴线，要求长度横跨

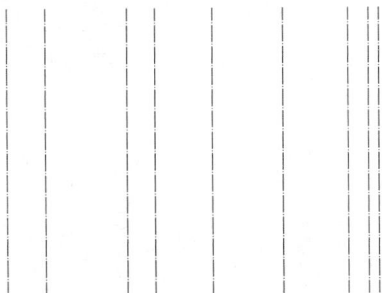

图 3-21　偏移复制垂直方向定位轴线

整个房间，以方便后面的构图。如图 3-9 所示，第一条水平方向定位轴线 A，图中长度为 15710，而在绘制时可以设置长度为 20000（此处将长度值扩大目的是为后面尺寸标注留下空间）。不同情况下有不同的长度设置，需要随机应变。

与垂直定位轴线的绘制一样，选择【直线】命令或者在命令行输入快捷命令 L，选择合适的一点，按【F8】快捷键，打开正交功能，输入数值，完成第一条水平方向定位轴线的绘制。

（2）偏移水平方向定位轴线

选择【偏移】命令，选定水平方向定位轴线，选择定位轴线端点，输入偏移距离的数值，进行偏移复制。依此类推，完成其他水平定位轴线的绘制，如图 3-22 所示。

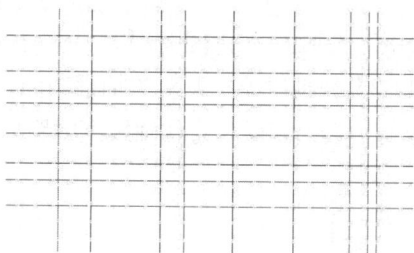

图 3-22　偏移复制水平方向定位轴线

3. 绘制轴号

（1）绘制轴号的轴圈

在图纸中可以看到每条定位轴线都有编号，定位轴线的编号是为了确定建筑物的具体位置而编制的。

执行【绘图】/【圆】菜单命令或者在命令行输入快捷命令 C，在命令行输入 2P，指定轴线一侧端点为圆的直径端点，输入数值 800 作为圆的直径，按【Enter】键确认，完成圆的绘制，如图 3-23 所示。

微课 07

扫码观看

现在的轴圈线型是与【定位轴线】图层保持一致的，可以选中对象，单击鼠标右键打开快捷菜单，选择【快捷特性】命令，在【快捷特性】面板中单独将线型设置为"连续"，如图 3-24 所示。

图 3-23　绘制轴号的轴圈

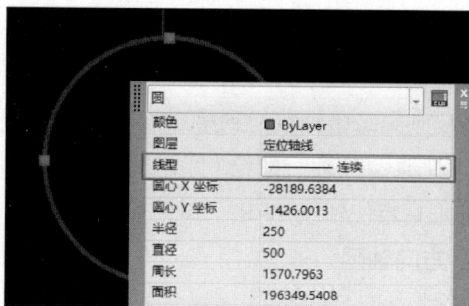

图 3-24　修改对象线型属性

（2）输入轴号

执行【单行文字】命令或者在命令行输入快捷命令DT，选择参数"对正（J）"，利用对象捕捉功能将文字正中（MC）对正到圆的圆心，指定文字高度为500，文字旋转角度为0，如图3-25所示。在出现的文本框中输入字母1，按【Enter】键确认，如图3-26所示。

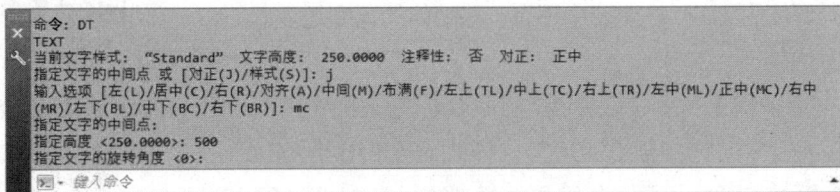

命令: DT
TEXT
当前文字样式: "Standard" 文字高度: 250.0000 注释性: 否 对正: 正中
指定文字的中间点 或 [对正(J)/样式(S)]: j
输入选项 [左(L)/居中(C)/右(R)/对齐(A)/中间(M)/布满(F)/左上(TL)/中上(TC)/右上(TR)/左中(ML)/正中(MC)/右中(MR)/左下(BL)/中下(BC)/右下(BR)]: mc
指定文字的中间点:
指定高度 <250.0000>: 500
指定文字的旋转角度 <0>:

图3-25　在命令行输入单行文字命令

图3-26　输入轴号

（3）复制轴号到轴网上的相应位置

执行【复制】命令或者输入快捷命令CO，利用对象捕捉功能捕捉圆的象限点作为复制的基点，捕捉圆的右侧象限点与水平方向轴线左侧端点对齐，圆的左侧象限点与水平方向轴线右侧端点对齐，圆的下方象限点与垂直方向轴线上方的端点对齐，圆的上方象限点与垂直方向轴线下方的端点对齐，将绘制好的轴号复制到轴网上的相应位置，如图3-27所示。

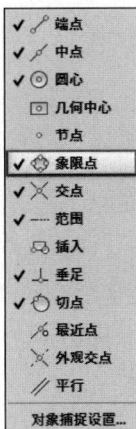

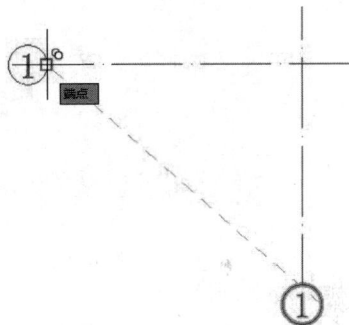

（4）修改轴圈中的文字

双击轴圈中的文字，把复制而来的轴圈中的数字编号改成正确的编号，注意观察图中编号的规则，如图3-28所示。

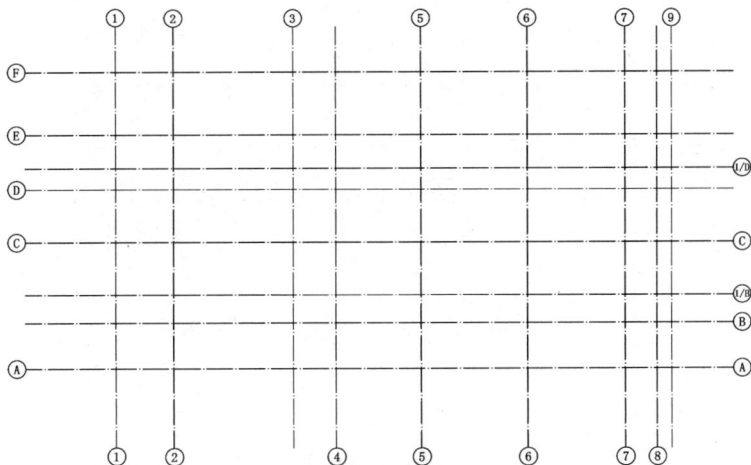

图3-27　复制轴号

图3-28　修改轴号

（三）利用多线命令绘制墙体

1. 绘制墙体

（1）绘制前的准备

微课 08

扫码观看

将设置好的【墙体】图层置为当前，在图 3-9 中，可以看到有粗墙体和细墙体。在建筑构造与识图中，粗墙体一般默认为厚度为 240 的墙体，细墙体作为非承重墙，其厚度为 120。在本图中还有一些墙体的厚度是 360。

（2）设置多线

执行【绘图】/【多线】菜单命令或者在命令行输入快捷命令 ML，【多线】命令的默认设置为"对正 = 上""比例 = 20.00""样式 = STANDARD"，这时绘制的多线是由两条平行直线构成的，其中上方一条线与轴线对齐，同时两条线之间的距离为 20。

利用多线这一属性，可以绘制不同厚度的墙体。一般墙体为沿定位轴线居中对称的形式，因而在【多线】命令中可以设置对正参数"对正（J）"为居中对正"无（Z）"，"比例（S）"分别为 120、240 和 360，如图 3-29 所示。

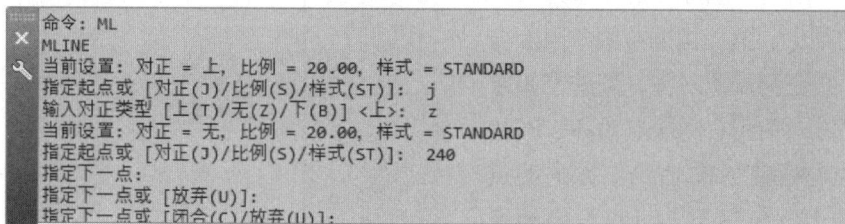

图 3-29　设置多线

（3）绘制墙体

使用宽度为 240 的多线来绘制墙体，从轴线 A 与 1 号轴线的交叉点出发，绘制到 5 号轴线所在位置，根据图 3-9 从轴线 A 与 2 号轴线的交叉点出发，绘制另一侧墙体。依据图 3-9，选择相应宽度的多线，完成整个墙体的基本绘制，如图 3-30 所示。

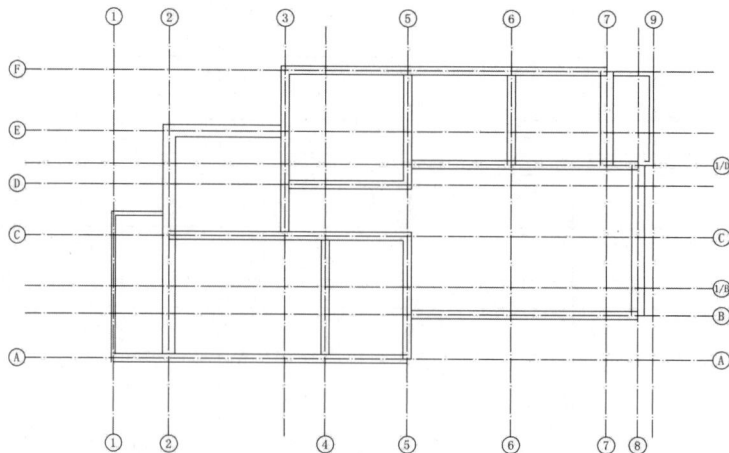

图 3-30　利用多线命令绘制基本墙体

利用【多线】命令绘制时一般是由轴线出发，居中对齐轴线"无"，但也有部分墙体在绘制中选择"上"或者"下"等其他对正轴线的方式。

2. 利用【多线编辑】命令修改墙体

微课 09

扫码观看

在命令行输入【MLEDIT】命令，进入图 3-31 所示的【多线编辑工具】对话框，常用的多线编辑工具分别是【十字打开】【T 形打开】【T 形闭合】【角点结合】，分别用于编辑交叉的多线和相交的多线。

其使用方法为在【多线编辑工具】对话框中单击【角点结合】按钮，单击两条相关的多线，就会发现该多线已完成相交处的修改操作，如图 3-32 所示。其他按钮的操作相同，如 T 形打开操作，同样是在单击【T 形打开】按钮后选择相关多线，如图 3-33 所示。

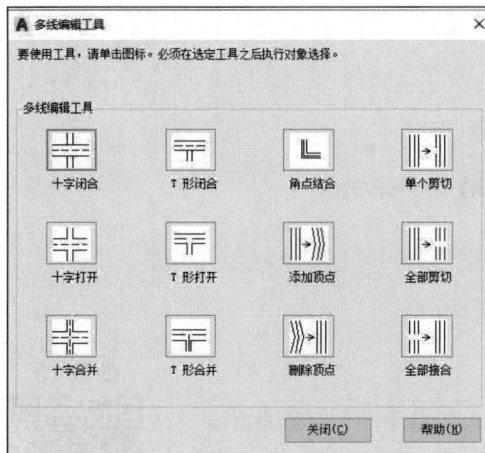

图 3-31 【多线编辑工具】对话框

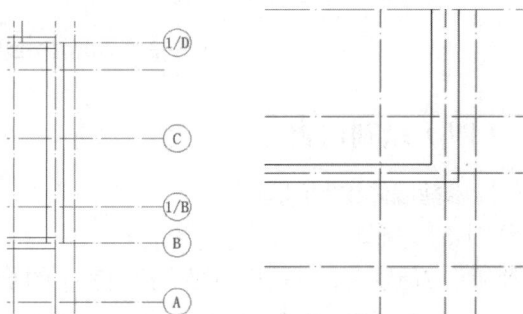

图 3-32 【角点结合】操作

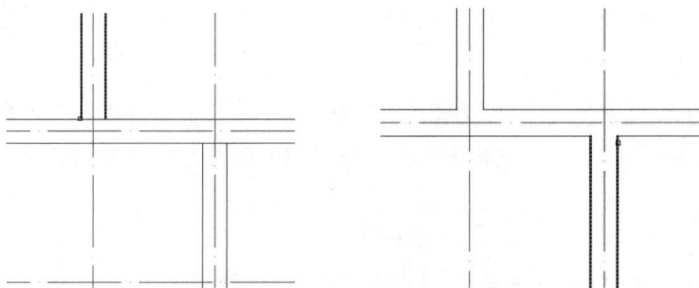

图 3-33 【T 形打开】操作

【多线编辑】命令执行的前提是在多线状态下，如墙体为直线命令绘制的或者多线已分解为一般直线，则命令不可执行。

利用【多线编辑】命令完成墙体的编辑操作，如图 3-34 所示。

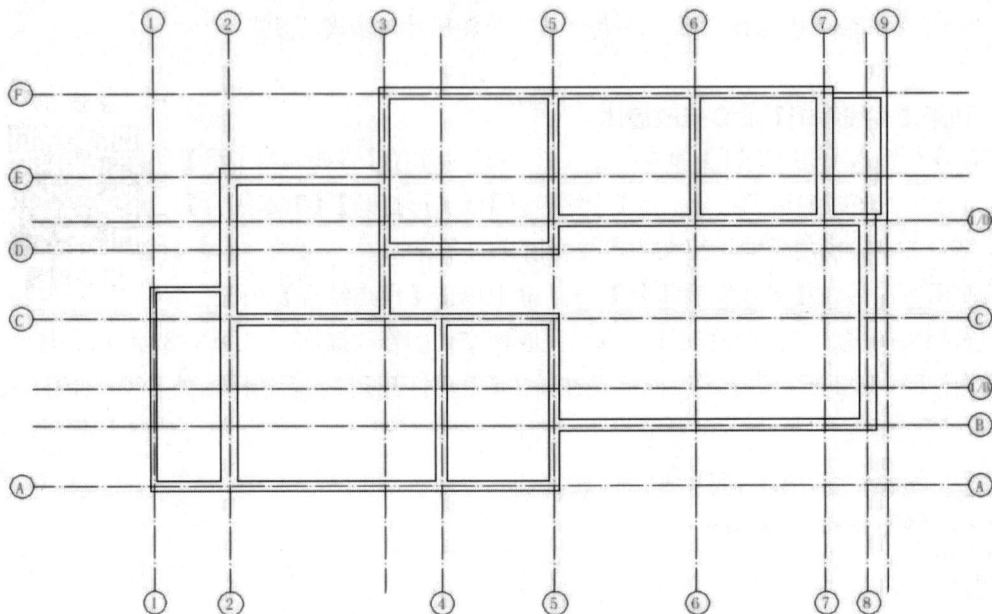

图 3-34　利用【多线编辑】命令修改墙体

（四）绘制门窗

1.修剪墙体绘制门洞

（1）隐藏图层

为了方便修剪，可以将图层下拉列表中的【定位轴线】图层隐藏起来。在图层下拉列表中可以看到有【0】【定位轴线】【墙体】等图层，图层的前面都有一个亮着的灯泡，单击灯泡图标即可关闭定位轴线的图层的显示状态（隐藏显示所在图层），如图 3-35 所示。

微课 10

扫码观看

（2）选择方式

选择对象的方式一是窗交选择：单击墙体左下角，向右上角拖动，将会看到绿色的图框。如图 3-36 所示，在右上角单击一下就会选定绿色图框所接触的所有墙体线。

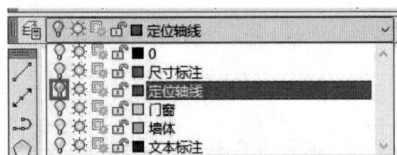

图 3-35　隐藏定位轴线图层

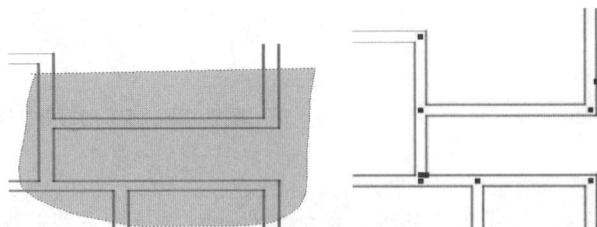

图 3-36　绿色图框接触及选中的线

选择对象的方式二是窗口选择：单击墙体右上角，向左下角拖动，将会看到图框的颜色是蓝色的，而不是绿色。单击左下角，图框消失，部分墙体线没有被选中，如图 3-37 所示。

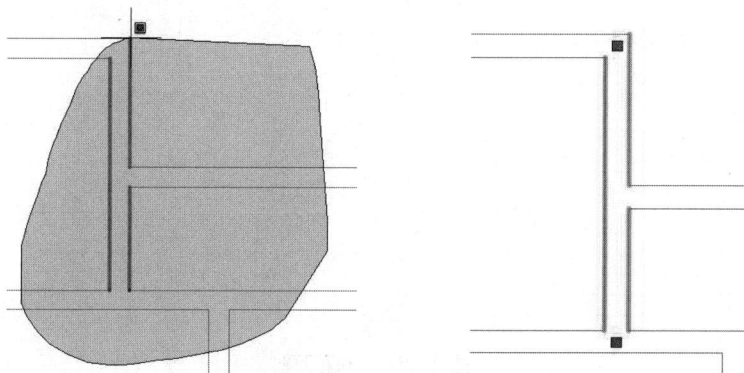

图 3-37　蓝色图框接触及选中的线

从左下角到右上角是绿色虚线图框，只要接触到的对象就会全部被选中，适合大范围选择，从右上角到左下角是蓝色实线图框，只有全部被图框框中的对象才会被选中。

（3）绘制门洞

绘制门洞时，从入户门开始绘制。入户门的门洞宽度一般设置为 900，卧室门的一般设置为 850，卫生间的一般设置为 650。依然以图 3-9 为例图进行绘制。从图中可以看到门洞的宽度都差不多，所以不必拘泥于规格的限制，可根据实际量房结果来绘制。

根据实际情况可知，门不是紧靠在墙上的，而是有一个门垛，厚度一般设置为 100。运用对象捕捉、对象追踪功能在离墙体 100 的位置绘制直线，将门垛线向上偏移复制，输入数值 900，绘制成门洞宽度，如图 3-38 所示。

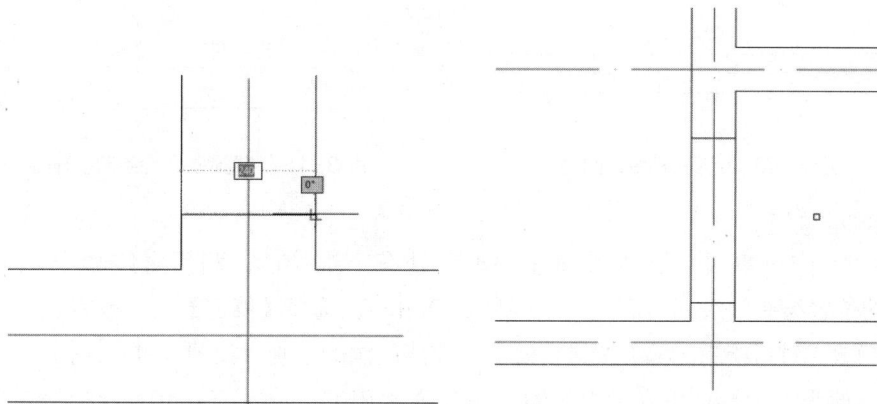

图 3-38　绘制门洞线

选择【修剪】命令或者在命令行输入快捷命令 TR，选中相关线条后修剪多余的线条，完成门洞的绘制，如图 3-39 所示。

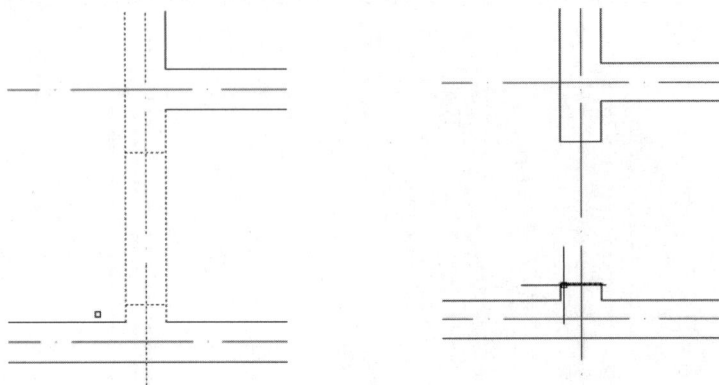

图 3-39　修剪门洞

2. 绘制平开门

将【门窗】图层置为当前，选择【矩形】命令或者在命令行输入快捷命令 REC，捕捉门垛中点为第一个点，动态输入具体矩形坐标为 (900,40)，按【Enter】键确认，完成一个长900mm、宽 40mm 的门的绘制，如图 3-40 所示。

选择【圆弧】命令或者在命令行输入快捷命令 A，用 3 点确定圆弧的方法绘制门，捕捉门的右上角的位置为第一个点，捕捉上门洞的中轴线为第二个点，捕捉上门洞的左端点为第三个点，完成圆弧的绘制，如图 3-41 所示。

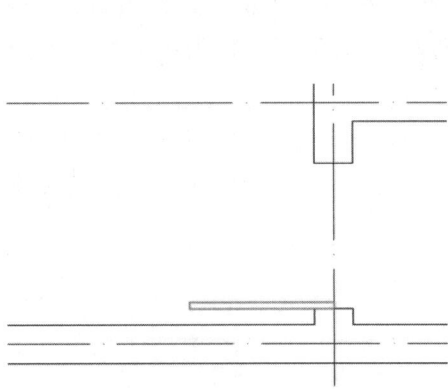

图 3-40　用矩形命令绘制门　　　　图 3-41　利用圆弧命令绘制平开门

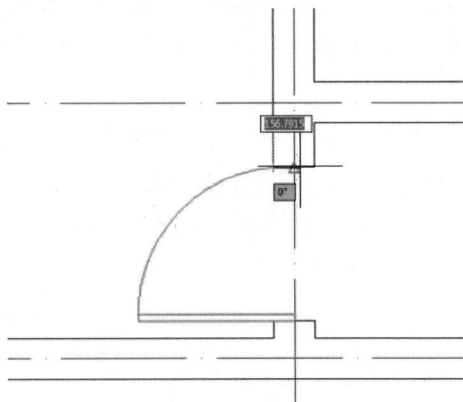

3. 绘制推拉门

在图 3-9 中可以看到在主卧通往外阳台处有个推拉门，利用直线命令在离墙体线480mm 的位置绘制门线，将门线向上偏移 2400mm，选择【修剪】命令或者在命令行输入快捷命令 TR，对新绘制的墙体线进行修剪，完成门洞的绘制，如图 3-42 所示。

选择【矩形】命令或者在命令行输入快捷命令 REC，输入 600,40，绘制长、宽分别为600mm、40mm 的矩形，按【Enter】键确认；选择【镜像】命令或者在命令行输入快捷命令 MI，镜像复制绘制的矩形；选中复制的矩形，选择【移动】命令或者在命令行输入快捷命令 M，将其移动到合适位置，完成下方推拉门的绘制，如图 3-43 所示。

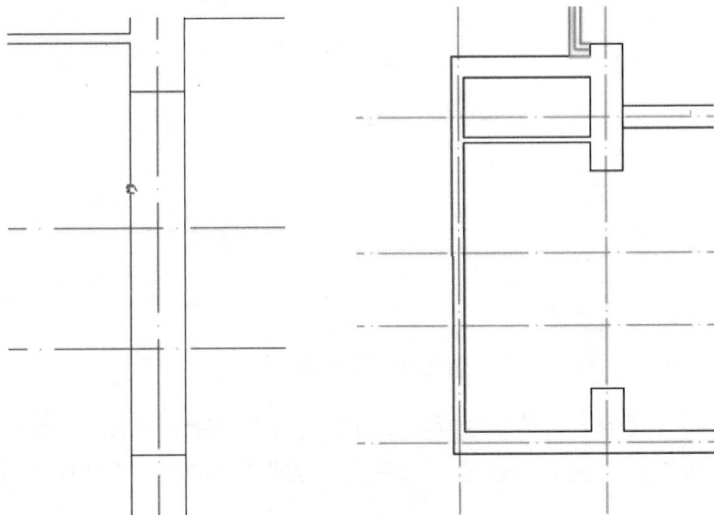

图 3-42 修剪推拉门门洞

绘制门洞线，选择【镜像】命令或者在命令行输入快捷命令 MI，选中门洞线中点，镜像复制下方推拉门，不删除原对象，完成推拉门的镜像复制，删除门洞线，如图 3-44 所示。

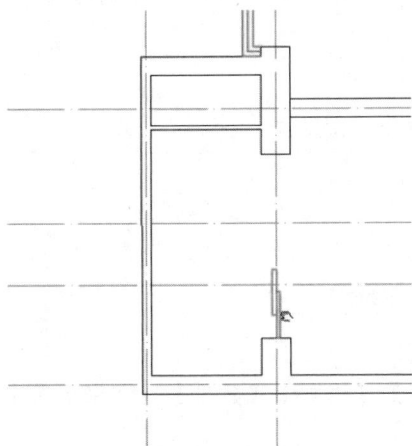

图 3-43 绘制下方推拉门

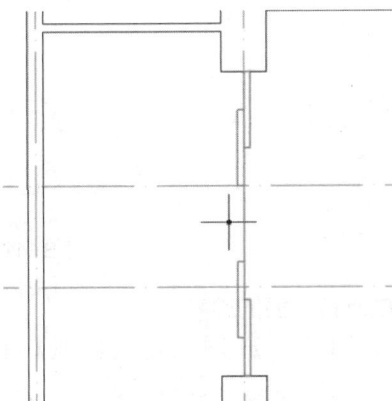

图 3-44 镜像复制推拉门

4. 绘制飘窗

离下方墙体线 830mm 处用【直线】命令或者在命令行输入快捷命令 L 绘制窗线，选择【偏移】命令或者在命令行输入快捷命令 O，向上偏移的距离为 2400mm，修剪完成窗洞的绘制，如图 3-45 所示。

将门窗图层置为当前，选择【直线】命令或者在命令行输入快捷命令 L，在窗洞两侧绘制长度为 100mm 的直线，连接直线，选择【偏移】命令或者在命令行输入快捷命令 O，将直线偏移 50mm，完成飘窗线的雏形，如图 3-46 所示。

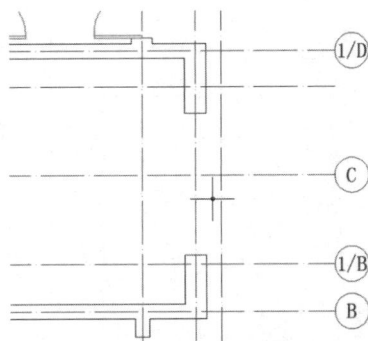

图 3-45 绘制窗洞

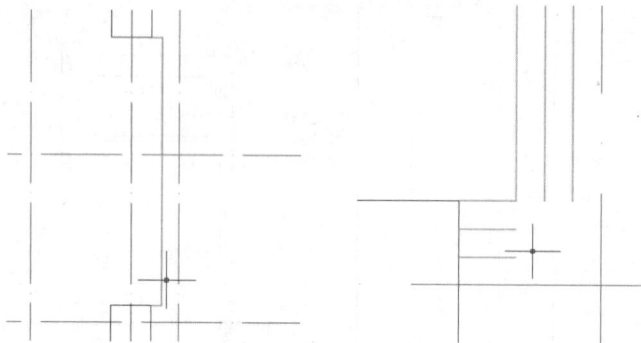

图 3-46　绘制飘窗线

执行【修改】/【延伸】菜单命令或者在命令行输入快捷命令 EX，选中相关窗线，选择"边"延伸的参数"E"，进入隐含延伸的模式，完成飘窗的绘制，如图 3-47 所示。

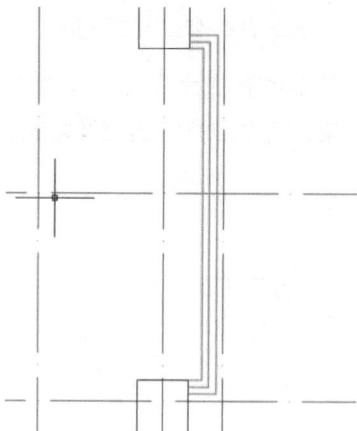

图 3-47　完成飘窗绘制

5. 完成所有门窗的绘制

综合运用【直线】【矩形】【圆弧】【偏移】【修剪】【延伸】【镜像】等命令，完成所有门窗的绘制，如图 3-48 所示。

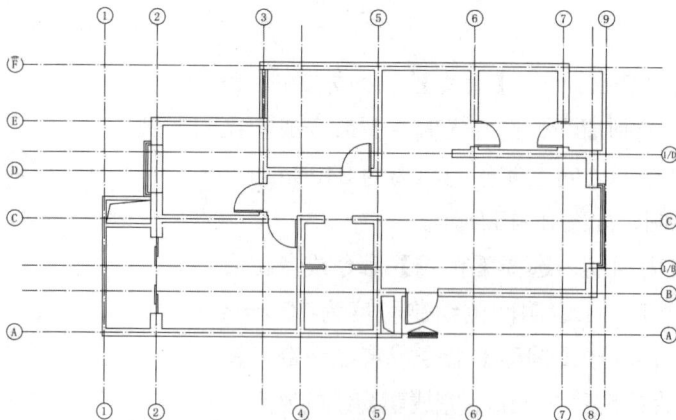

图 3-48　完成门窗的绘制

（五）尺寸标注

1. 文本标注

（1）多行文字标注

执行【绘图】/【多行文字】菜单命令或者在命令行输入快捷命令MT，在绘图区上单击拉出文本框，在文本框输入文字"儿童房"，全选文字后设置文字的高度为 250、字体为仿宋，如图 3-49 所示。

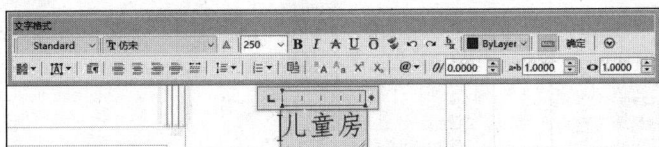

图 3-49 多行文字输入

（2）复制并编辑文字

选择【复制】命令或者在命令行输入快捷命令 CO，将"儿童房"文字复制到其他室内空间，双击文字，修改文字内容，完成室内空间各处的文字标注，如图 3-50 所示。

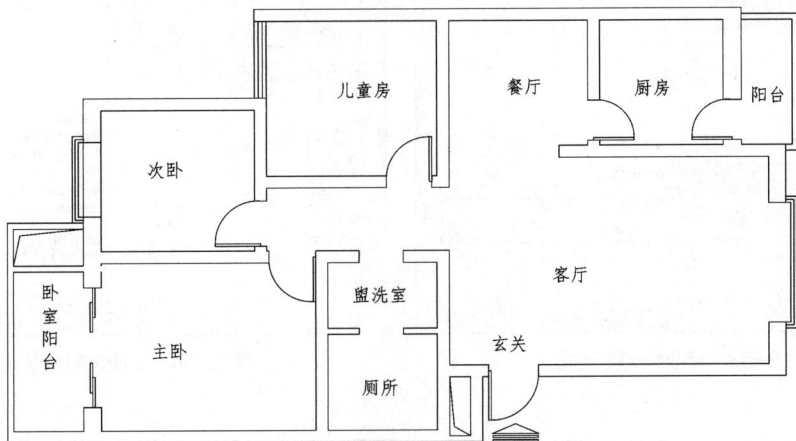

图 3-50 室内空间文本标注

（3）设置标注样式

执行【标注】/【标注样式...】菜单命令或者在命令行输入快捷命令 D，如图 3-51 所示，打开【标注样式管理器】对话框。如图 3-52 所示，单击【修改】按钮，弹出【修改标注样式：ISO-25】对话框。在【线】选项卡中将【固定长度的尺寸界线】的【长度】设置为 5，将【起点偏移量】【超出尺寸线】保持默认值不变，如图 3-53 所示。

在【符号和箭头】选项卡中，将【箭头】中的【第一个】设置成"建筑标记"，【第二个】设置成"建筑标记"，将【圆心标记】设置成"无"，如图 3-54 所示。在【调整】选项卡中，将【使用全局比例】设置成 30，如图 3-55 所示。在【主单位】选项卡中，将【线性标注】中的【精度】设置为"0"，如图 3-56 所示。单击【确定】按钮退出【修改标注样式：ISO-25】对话框，单击【关闭】按钮退出【标注样式管理器】对话框。

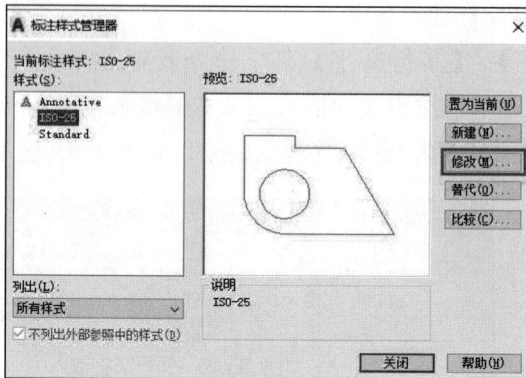

图 3-51　标注样式　　　　　　图 3-52　【标注样式管理器】对话框

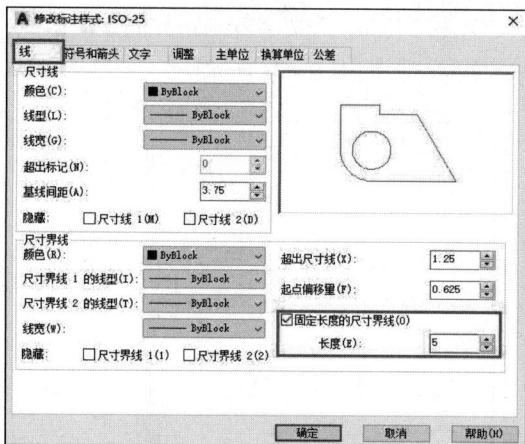

图 3-53　修改线的标注样式

图 3-54　修改符号和箭头

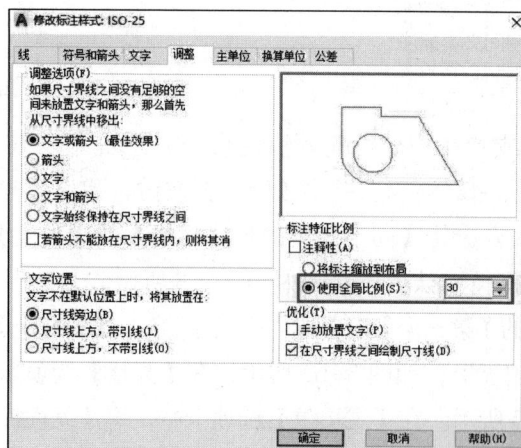

图 3-55　修改全局比例

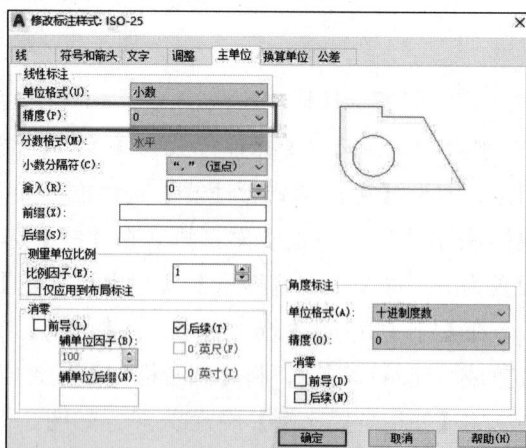

图 3-56　修改线性标注精度

2. 线性标注与连续标注

（1）线性标注

执行【标注】/【线性】菜单命令或者在命令行输入快捷命令 DLI，打开对象捕捉功能，捕捉轴线或者对象上的某个点，完成标注，如图 3-57 所示。

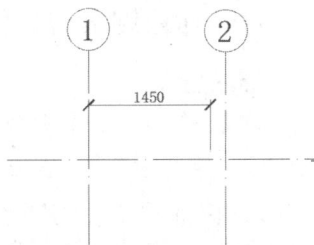

微课 12

扫码观看

图 3-57　线性标注

（2）连续标注

在线性标注后，可以使用【连续标注】命令标注后续同一水平线或者垂直线上的其他尺寸，执行【标注】/【连续】菜单命令或在命令行输入快捷命令 DCO，打开对象捕捉功能，捕捉上一个标注点，完成同一水平线上的其他尺寸标注，如图 3-58 所示。

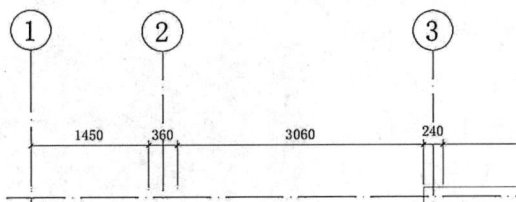

图 3-58　连续标注

（3）尺寸标注

综合利用【线性】【连续】命令，完成室内空间的标注，要求标注准确、清晰，如图 3-59 所示。

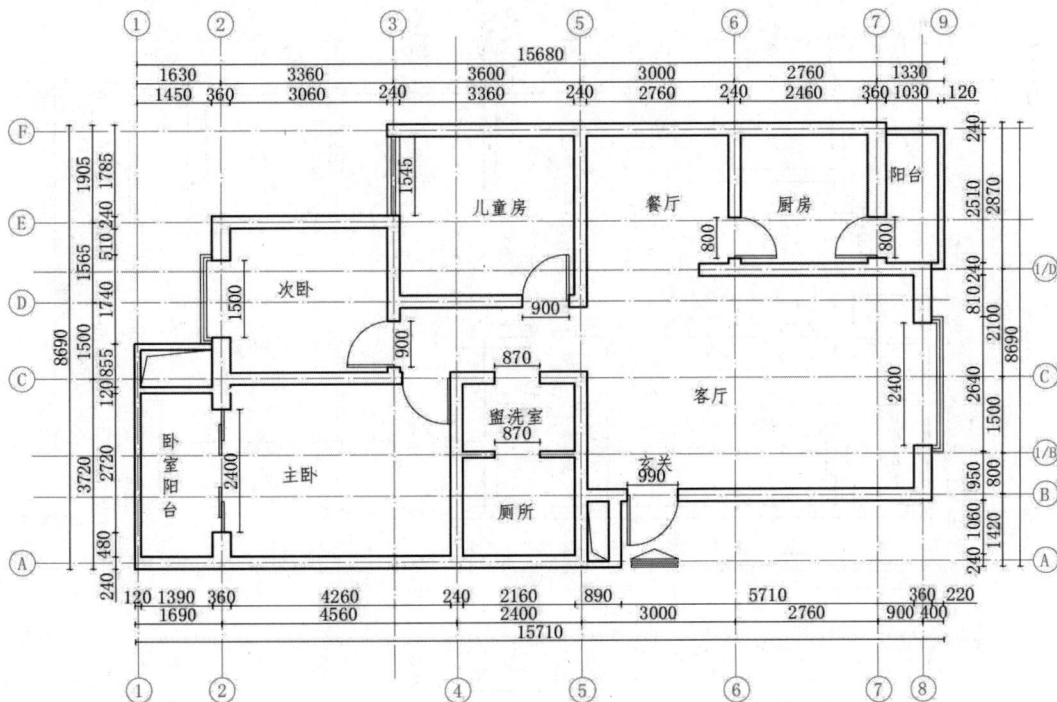

图 3-59　尺寸标注

（六）标注图名与比例

1. 标注图名

选择【多行文字】命令或者在命令行输入快捷命令 MT，输入图名"原始建筑平面图"，将其选中，字体设置为仿宋，文字高度设置为 200，单击图名并选择【移动】命令或者在命令行输入快捷命令 M，将图名移动至图的正下方。

2. 标注比例数字

选择【多行文字】命令或者在命令行输入快捷命令 MT，输入比例"1:75"，将其选定，文字高度设置为 200，字体为仿宋，将其移动到合适位置。

3. 绘制图名线

执行【绘图】/【多段线】菜单命令或者在命令行输入快捷命令 PL，在图名下绘制一条有宽度的直线，两边各超出图名半个字符左右，指定多段线左边的起点，设置宽度【W】参数，设置起点宽度为 20，终点宽度为 20，在绘图区单击指定下一个点，按【Enter】键确认。在直线下方绘制另一条多段线，将宽度【W】设为 0，按【Enter】键确认，如图 3-60 所示。

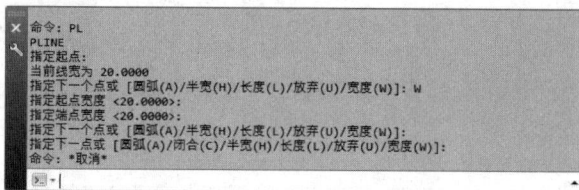

```
命令: PL
PLINE
指定起点:
当前线宽为 20.0000
指定下一个点或 [圆弧(A)/半宽(H)/长度(L)/放弃(U)/宽度(W)]: W
指定起点宽度 <20.0000>:
指定端点宽度 <20.0000>:
指定下一个点或 [圆弧(A)/半宽(H)/长度(L)/放弃(U)/宽度(W)]:
指定下一个点或 [圆弧(A)/闭合(C)/半宽(H)/长度(L)/放弃(U)/宽度(W)]:
命令: *取消*
```

图 3-60　利用多段线绘制图名线

此时，室内建筑原始平面图绘制完成，如图 3-61 所示。

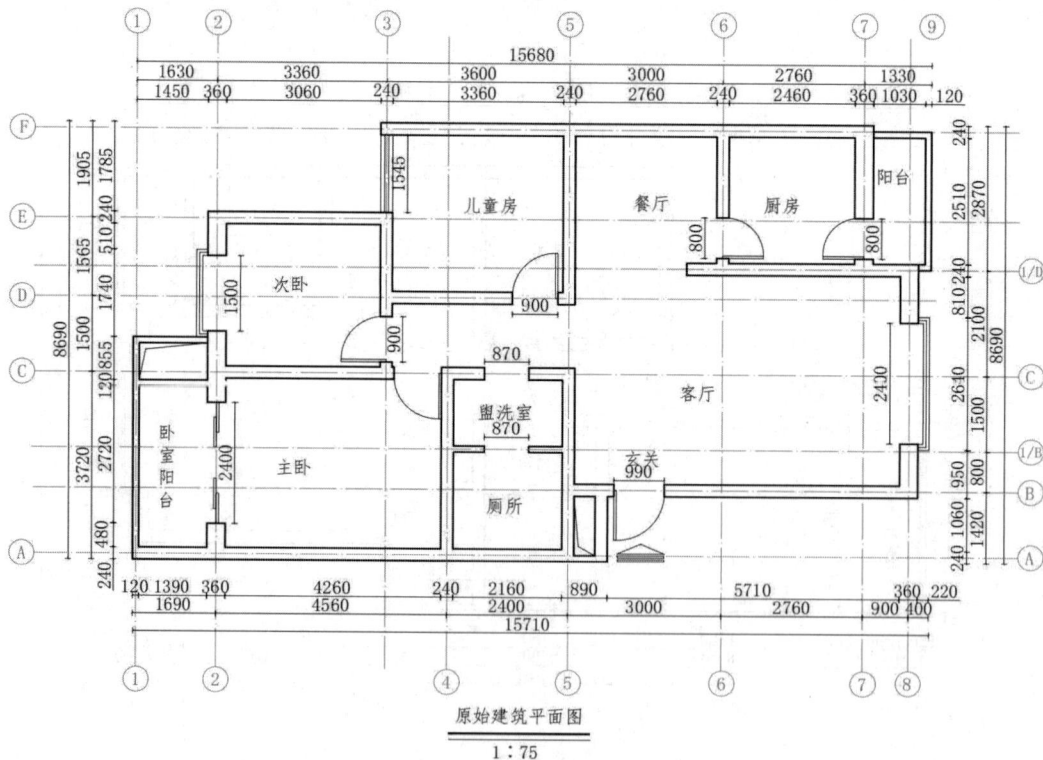

原始建筑平面图

1:75

图 3-61　室内原始建筑平面图

四、项目小结

　　本项目用一个完整的实例，分别从绘制轴网及轴号、绘制墙体、绘制门窗、尺寸标注以及标注图名与比例这5个任务讲解实际工作中完整原始建筑平面图的绘制程序、步骤和方法。在学习制作的过程中，本项目将经常使用的绘图命令与修改命令融合在项目案例中，从而介绍经常使用的直线、复制、偏移、多线、多线编辑、修剪、删除、移动、矩形、圆弧、旋转、镜像、对象捕捉、圆、正交、多行文字、标注样式修改、线性标注、快速标注等命令。

五、技能活页

（一）知识点拓展

1. 新建图层的方法为（   ）。

A. 在命令行输入 LAYER

B. 在命令行输入快捷命令 LA

C.【图层】面板 /【图层特性】按钮

D. 执行【格式】/【图层…】菜单命令

E. 以上均可

2. 复制对象时可能改变复制对象大小的命令是（   ），只能复制一次被选对象的复制命令为（   ）。

A. 复制   B. 阵列   C. 镜像   D. 偏移

3. 用多线命令绘制轴线为墙的中心线的墙时，对正方式就为（   ）。

A. 无   B. 上对正   C. 下对正   D. 以上都是

4. 可以有宽度的线为（   ）。

A. 构造线   B. 多段线   C. 直线   D. 样条曲线

5. 用阵列命令复制对象时，行数和列数的计算应（   ）被阵列本身。

A. 不包括

B. 包括

C. 包括行，不包括列

D. 包括列，不包括行

6. 写出下列命令的快捷命令

命令名称	快捷命令	命令名称	快捷命令
复制		多线	
镜像		编辑多线	
偏移		多段线	
阵列		单行文字	
移动		多行文字	
修剪		文字样式	
延伸		标注样式	
分解		线性标注	
线型比例		连续标注	

（二）技能实践

任务五　绘制室内空间原始结构图（见图 3-62）

1. 目的要求

室内空间原始结构图是设计师对房屋结构进行实地测量之后，根据测量数据放样出的平面图纸，其中包括房屋整体结构、空间结构、门、窗户的位置及尺寸等。本技能实践任务要求学习者能够识读室内空间原始结构图，并在实践运用中掌握 AutoCAD 二维绘图的基本绘图和编辑命令，以及绘制平面图的技巧。

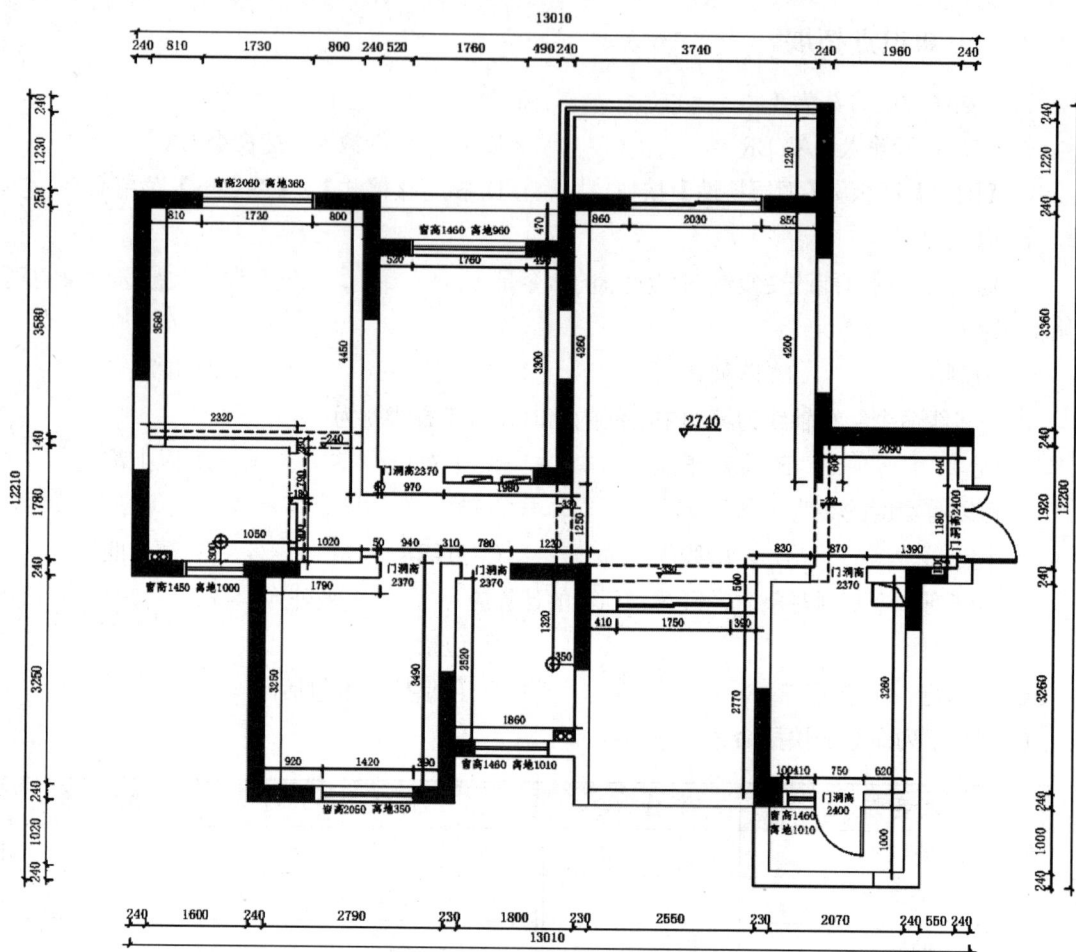

原始结构图1∶100

图 3-62　室内空间原始结构图

2. 操作提示

（1）正确设置图层、线型、色彩、线宽。

（2）正确绘制定位轴线、轴号。

（3）使用【多线】【多线编辑】命令绘制墙体。

（4）使用【直线】【圆弧】命令绘制房梁、门窗。

（5）使用文字、尺寸标注命令完成相关标注。

（6）标注图名与比例。

3. 活页笔记

典型工作任务名称：绘制室内空间原始结构图	技能操作解析	操作疑点
1. 设置图层 （1）利用图层特性管理器新建图层 输入 ＿＿＿＿＿＿＿＿＿＿＿＿（图层特性管理器快捷键），新建 ＿＿＿＿＿＿＿＿＿ 、 ＿＿＿＿＿＿＿＿＿ 、 ＿＿＿＿＿＿＿ 、 ＿＿＿＿＿＿＿＿ 、 ＿＿＿＿＿＿＿＿＿ 等相关图层。	设置不同图层有助于减少错误、提高效率	
（2）利用图层特性管理器设置属性 设置不同图层的线型、线宽、颜色等属性，将＿＿＿＿＿＿（图层名）设置为当前图层	掌握图层特性管理器的属性设置的技巧	
2. 绘制轴网、轴号 （1）绘制定位轴线 使用 ＿＿＿＿＿＿＿＿＿（【直线】快捷命令）绘制水平、垂直轴线，偏移复制形成轴网。	仔细观察图纸，注意轴线所对应的尺寸	
（2）设置线型比例 使用 ＿＿＿＿＿＿＿＿（【线型比例】快捷命令）将非连续轴线的线型比例设为＿＿＿＿＿＿＿＿＿。	注意线型比例的不同修改方法	
（3）绘制轴号 使用 ＿＿＿＿＿＿＿＿＿（【圆】快捷命令）的 ＿＿＿＿＿＿＿＿＿（参数）绘制轴圈，改变轴圈的线型属性。 使用【ST】（【文字样式】快捷命令），设置字体为仿宋，并置为当前，使用＿＿＿＿＿＿＿＿＿＿（【单行文字】快捷命令），设置 ＿＿＿＿＿＿＿＿（参数）、 ＿＿＿＿＿＿＿＿＿（参数）及文字高度、角度，添加轴号。	注意更改轴圈的线型属性 注意轴号的居中设置	
（4）复制、修改轴号 使用＿＿＿＿＿＿（【复制】快捷命令），选取 ＿＿＿＿＿＿＿作为基点，将轴号复制到合适位置，双击修改编号	复制轴号时注意不同位置的基点选择	
3. 绘制墙体 （1）利用【多线】命令绘制墙体 使用 ＿＿＿＿＿＿（【多线】快捷命令），设置 ＿＿＿＿＿＿＿（参数）、 ＿＿＿＿＿＿＿＿（参数），如图 3-62 所示绘制宽度为 ＿＿＿＿＿＿＿的墙体。	注意承重墙与非承重墙的差别	
（2）利用【多线编辑】命令修改墙体 使用＿＿＿＿＿＿＿＿＿（【多线编辑】快捷命令）选取 ＿＿＿＿＿＿＿ 、 ＿＿＿＿＿＿＿ 等命令，按多线的不同走向修改墙体，填充承重墙体	填充图案选择实色填充	

续表

典型工作任务名称：绘制室内空间原始结构图	技能操作解析	操作疑点
4. 绘制房梁、门窗 （1）隐藏图层 使用 _____（【图层】快捷命令）打开图层特性管理器，隐藏轴线图层。 （2）绘制房梁 使用_____（【分解】快捷命令）、_____（【修剪】快捷命令）分解、修剪墙体，绘制房梁，并修改房梁的线型属性，改为虚线线型。 （3）绘制门窗 使用【直线】【修剪】命令修剪墙体，使用【矩形】【圆弧】【镜像】【偏移】命令绘制进户门、阳台门、移门、窗户。 （4）绘制管道、配电箱 使用【直线】【矩形】【圆】命令绘制管道、配电箱	了解隐藏图层的方法，注意掌握修改图层属性的方法 注意修改对象特性的不同方法（特性工具栏、特性快捷菜单） 注意相关命令的合理调用 注意相应设施管道的配置	
5. 尺寸标注 （1）设置标注样式 使用 _____（【标注样式管理器】快捷命令），打开标注样式管理器，新建标注样式，对相关选项卡进行设置。 （2）标注原始平面图尺寸 使用 _____（【线性】快捷命令）、_____（【连续】快捷命令）标注相关尺寸	掌握标注样式选项卡的设置技巧 注意尺寸标注的合理性与规范性	
6. 文本标注 （1）标注相关尺寸 使用 _____（【多行文字】快捷命令）标注窗与门洞的相关尺寸。 （2）标高标注 使用直线绘制标高符号，并运用多行文字标注标高数值	注意对多行文字文本框大小的设置 运用相对坐标绘制标高符号	
任务完成时间	_____ 分钟	

4.测评活页

每个学生完成技能活页的成绩评定按学生自评、小组互评、教师综合评价三阶段进行，并按自评占30%、小组互评占20%、教师测评占50%作为学生技能活页评价结果。

（1）学生进行自我评价，总结完成任务过程中的成功和不足之处，并将结果填入"学生自评表"。

学生自评表

姓名		学号		班级		
项目	绘制三室两厅住宅的原始平面图		编号		05	
任务五	绘制室内空间原始结构图		完成时间		60分钟	
评价点	评价标准				分值	得分
图层属性设置	能正确设置图层及对象属性				10	
定位轴线绘制	能合理运用【直线】命令绘制定位轴线形成轴网				10	
多线绘制墙体	能正确调用【多线】【多线编辑】等命令				10	
尺寸文本标注	能精确规范地进行尺寸、文本标注				10	
工作态度	态度端正，无无故缺勤、迟到、早退现象				10	
工作质量	能按照规定尺寸完成平面图的绘制，图形完整				20	
工作效率	能在规定时间完成技能实践任务				10	
协调能力	与小组成员、同学之间能合作交流、协调工作				5	
职业素质	能掌握设计助理岗位制图规范				5	
创新意识	创新思路，灵活操作软件				10	
合计					100	

完成任务心得体会：

（2）学生以小组为单位，对绘制室内空间原始结构图过程与结果进行互评，将互评结果填入"小组互评表"中。

小组互评表

姓名		学号				班级			
项目	绘制三室两厅住宅的原始平面图					编号		05	
任务五	绘制室内空间原始结构图					完成时间		60分钟	
评价点	分值	评分等级				评价对象（小组成员）			
						组员1姓名	组员2姓名	组员3姓名	组员4姓名
图层属性设置	10	优 10	良 8	中 7	差 5				
定位轴线绘制	10	优 10	良 8	中 7	差 5				
多线绘制墙体	10	优 10	良 8	中 7	差 5				
尺寸文本标注	10	优 10	良 8	中 7	差 5				
工作态度	10	优 10	良 8	中 7	差 5				
工作质量	20	优 20	良 16	中 14	差 10				
工作效率	10	优 10	良 8	中 7	差 5				
协调能力	5	优 5	良 4	中 3	差 2				
职业素质	5	优 5	良 4	中 3	差 2				
创新意识	10	优 10	良 8	中 7	差 5				
合计	100								

组长签名：_____ 日期：_____

说明：
1. 以5人为单位组成互评小组，小组内每位成员依据评分点及完成度按相应的评分等级为其他4人打分，取4人的平均分作为学生小组互评成绩。
2. 由互评小组组长负责统计学生自评成绩，并计算汇总小组互评成绩。
3. "小组互评表"中评价点相应评价标准具体参照"学生自评表"。

（3）教师对学生完成技能活页工作过程与工作结果进行评价，并将评价结果填入"教师综合评价表"中。

教师综合评价表

姓名			学号		班级	
项目			绘制三室两厅住宅的原始平面图		编号	05
任务五			绘制室内空间原始结构图	完成时间	60 分钟	
评价点			评价标准		分值	得分
考勤（10%）			无无故缺勤、迟到、早退现象		10	
工作过程（60%）	图层属性设置		能正确设置图层及对象属性		10	
	定位轴线绘制		能合理运用【直线】命令绘制定位轴线形成轴网		10	
	多线绘制墙体		能正确调用【多线】【多线编辑】等命令		10	
	尺寸文本标注		能精确规范地进行尺寸、文本标注		10	
	工作态度		态度端正，完成任务认真、主动		5	
	协调能力		与小组成员、同学之间能合作交流、协调工作		5	
	职业素质		能掌握设计助理岗位制图规范		5	
	创新意识		创新思路，灵活操作软件		5	
项目成果（30%）	工作质量		能按照规定尺寸完成平面图的绘制，图形完整		10	
	工作效率		能在规定时间完成技能实践任务		10	
	笔记成果		获知相关知识，并正确完成活页笔记		10	
合计					100	
综合评价	自评（30%）		小组互评（20%）	教师评价（50%）	综合得分	

项目四 **Auto CAD**

绘制三室两厅住宅的其他施工图纸

【能力目标】

通过对本项目及相关任务的学习，具备绘制装饰施工图的能力，并掌握利用 AutoCAD 软件绘图的技巧。

【知识目标】

1. 了解装饰施工图的正确绘图顺序。
2. 掌握图案填充命令、图块命令的使用技巧。
3. 掌握标高的绘制方法及尺寸标注的技巧。

【素质目标】

培养在绘制装饰施工图的过程中应具备的科学、严谨、缜密的操作态度。

一、项目导入

项目三介绍了住宅原始平面图的绘制方法，本项目将介绍如何利用 AutoCAD 2018 进行其他施工图的绘制。本项目以三室两厅住宅原始平面图（见图 4-1）为例，从墙体拆改图、平面布置图、地面铺装图、顶棚布置图等任务来介绍其他施工图的绘制过程。

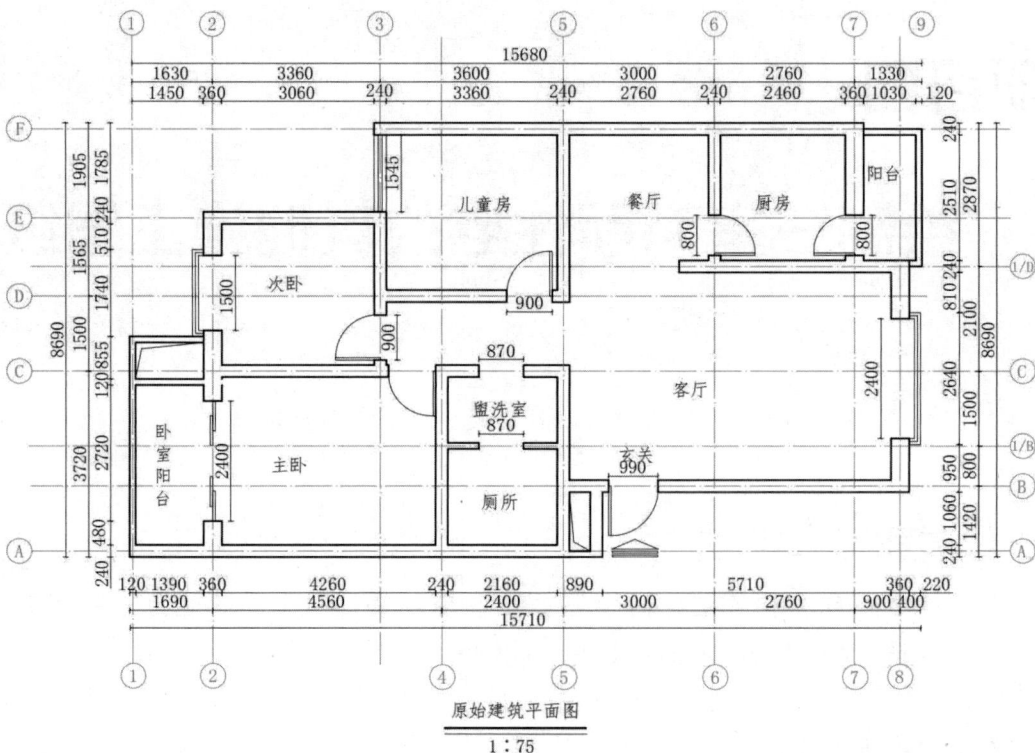

图 4-1　住宅原始平面图

二、学习情境

（一）装饰施工图的主要内容及画法

室内设计的主要工作是在建筑主体内组织空间、布置家具、装修地面、墙面和顶棚等界面，确定照明方式及灯具的位置，以及布置花草、装饰品等景物和陈设。室内设计中最常见的设计项目之一就是住宅装饰施工图的绘制，它是初学者快速入门的切入点，也是学习 AutoCAD 软件经常用到的案例。

装饰施工图是用于表达建筑物室内外装饰美化要求的施工图样。图纸内容一般有平面布置图、顶棚布置图、装饰立面图、装饰剖面图和节点详图等。装饰施工图与建筑施工图的图示方法、尺寸标注、图例代号等基本相同。因此，其制图与表达应遵守现行建筑制图标准的规定，它既反映了墙、地、顶棚 3 个界面的装饰构造、造型处理和装饰做法，又表示了家具、织物、陈设、绿化等的布置。

（二）图块的定义与调用

在室内设计中，经常会遇到需要绘制大量相同或相似图形的情况，如家具、灯具等。AutoCAD 软件提供了图块功能，用户按需要的比例和角度进行设置，即可将该图块插入图中的任意位置。运用 AutoCAD 软件的图块功能，不仅可以提高制图的效率，还可以缩小文件的大小，节省计算机的资源空间。

1. 图块的定义

图块可以是一个对象或多个对象的集合，也可以由绘制在几个图层上的若干对象组成，图块中保存了图层的信息。定义一个新的图块有以下 3 种方式。

（1）在命令行输入【BLOCK】命令或者快捷命令 B。

（2）在【绘图】菜单中选择【块】/【创建…】命令。

（3）单击【块】面板中的【创建】按钮 。

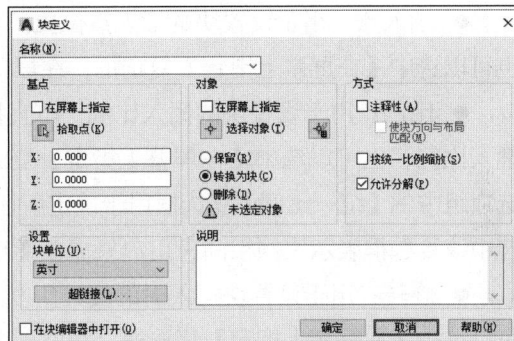

图 4-2 块定义对话框

通过以上方式，可以打开【块定义】对话框，如图 4-2 所示，这里创建的图块是仅在本图形中存在和使用的内部图块。

● 名称：输入块的名称，便于后期查找和编辑。

● 基点：设置块插入的基点位置，为以后将块插入图形中提供参照点。

> 基点可以任意指定，但为了后期在图形中能一步到位插入块，建议选择对于组成块对象有特定意义的点，如中点、端点、圆心等。

● 对象：设置组成块的对象，单击【选择对象】按钮，可切换到绘图区，选择组成块的各对象；单击【快速选择】按钮，可以在弹出的【快速选择】对话框中设置所选择对象的过滤条件；选中【保留】单选框，创建块后仍在绘图区上保留组成块的各对象；选中【转换为块】单选框，将组成块的各对象保留并转换成块；选中【删除】单选框，创建块后将删除绘图区中组成块的原对象。

● 方式：设置组成块的对象的显示方式，【按统一比例缩放】复选框，用于设置对象是否按统一的比例进行缩放；【允许分解】复选框，用于设置对象是否允许被分解。

● 设置：设置块的基本属性。

● 说明：用来输入当前块的说明部分。

在【块定义】对话框中设置完成后，单击【确定】按钮即可完成创建块的操作。

2. 图块的插入

图块的重复使用是通过插入图块的方式实现的。图块的插入，就是将已经定义的图块插入当前的图形文件中。不仅可以在当前文件中反复插入在当前图形中创建的图块，还可以将另一个文件中的图形以插入图块的形式插入当前图形中。插入图块有以下 3 种方式。

（1）在命令行输入【INSERT】命令或者快捷命令 I。

（2）在【插入】菜单中选择【块】命令。

（3）单击【块】面板中的【插入】按钮。

通过以上方式，可以打开【插入】对话框，如图 4-3 所示。

● 名称：用于选择块或图形的名称。

● 插入点：用于设置块的插入点位置。可直接在【X】【Y】【Z】文本框中输入坐标，也可以选中【在屏幕上指定】复选框，在屏幕上指定插入点的位置。

● 比例：用于设置块的插入比例。可直接在【X】【Y】【Z】文本框中输入 3 个方向的插入比例，也可以选中【在屏幕上指定】复选框，在屏幕上指定 3 个方向的比例；此外，该选项组中的【统一比例】复选框用于确定所插入块在 X、Y、Z 3 个方向的插入比例是否相同，选中该复选框表示比例相同，用户只需在【X】文本框中输入比例值即可。

● 旋转：用于设置块插入时的旋转角度。可以直接在【角度】文本框中输入角度值，也可以选中【在屏幕上指定】复选框，在屏幕上指定旋转角度。

● 分解：选中该复选框，可以将插入的块分解成组成块的各基本对象。

在【插入】对话框中设置完毕后，单击【确定】按钮即可完成插入块的操作。

3. 图块的存储

在 AutoCAD 软件中，可以在命令行中输入 WBLOCK 命令或快捷命令 W，打开【写块】对话框，将块名、块的存储路径设置完毕后，单击【确定】按钮，即可完成存储块的操作，如图 4-4 所示。

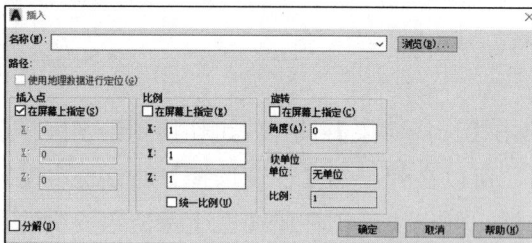

图 4-3　插入对话框

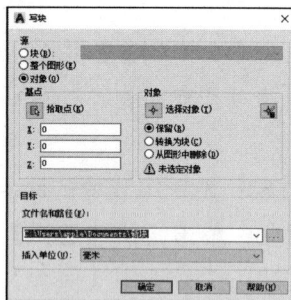

图 4-4　写块对话框

这里创建的是外部图块，用户可以在该图形文件或其他文件进行调用，外部图块将表现为一个 DWG 文件。

（三）图案填充命令

在许多装饰施工图中有一些区域必须用特定的图案来填充，比如装饰施工图中的地面图案、建筑装饰剖面等。图案填充是指使用线条或图案来填充闭合的区域，从而使该区域具有特殊的意义，如在剖面图中，图案填充可以帮助绘图者清楚表示每一个部件的材料类型及装配关系。

1. 图案填充命令

在进行图案填充之前，首先需要选择填充图案的图形区域，然后可以通过以下 3 种操作方法执行【图案填充】命令。

（1）打开【绘图】菜单，选择【图案填充】命令。

（2）单击【绘图】工具面板中的【图案填充】按钮。

（3）在命令行输入【HATCH】命令或者快捷命令 H。

执行【图案填充】命令，将打开【图案填充创建】功能区，在该功能区中可以设置填充的边界和填充的图案等参数，如图 4-5 所示。

图 4-5　图案填充创建工具栏

执行【图案填充】命令后，根据提示输入 T 并确定，可以启用设置选项，在打开的【图案填充和渐变色】对话框中进行参数设置，该对话框包括【图案填充】和【渐变色】两个选项卡，如图 4-6 所示。

2. 图案填充参数设置

在【图案填充】选项卡中单击对话框右下角的【更多选项】按钮，可以展开隐藏的选项内容，如图 4-7 所示。

图 4-6　图案填充和渐变色对话框

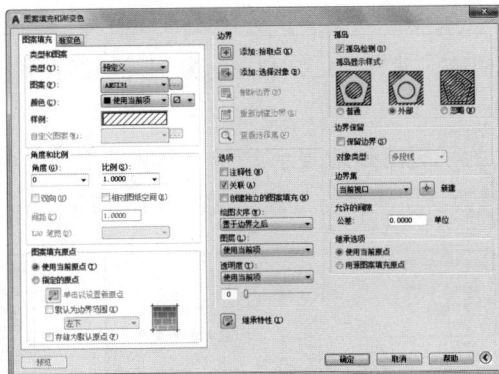

图 4-7　展开隐藏的设置选项

● 角度：设置填充图案的倾斜角度。

● 比例：设置填充图案的疏密程度，使用【用户定义】图案类型时，该选项不可用。

● 相对图纸空间：使用该选项，可以做到相对图纸空间单位缩放填充图案，以适合于布局的比例显示填充图案，该选项仅适用于图纸布局。

● 间距：使用【用户定义】图案类型，也就是使用当前线型进行区域填充时，设置填充图案中的直线间距。

● ISO 笔宽：使用 ISO 标准的填充图案时，基于选定笔宽缩放 ISO 填充图案。

三、任务实施

（一）绘制三室两厅住宅的墙体拆改图

（1）本三室两厅项目的户型较为合理，因而对墙体部分的改造并不多，主要集中在将盥洗室的部分墙体拆除改造为收纳柜，为盥洗室、厕所中间移门新建部分墙体两方面。利用【图层】命令将【定位轴线】图层锁定，将原始建筑平面图整体图形选中，选择【复制】命令或在命令行输入快捷命令 CO，按照间隔有序的要求向右进行复制，修改图名为墙体拆改图。

在"墙体拆改图"中，选择【直线】命令或在命令行输入快捷命令 L，如图 4-8 所示绘制左侧长度为 170 的墙体，用对象捕捉功能捕捉垂足，完成墙体的拆除部分矩形的绘制。

图 4-8　利用直线命令绘制拆除墙体

（2）为了更清楚地表示此部分为拆除墙体，可以选中绘制的矩形，填充【ZIGZAG】材质，并设置比例为 5，完成拆除墙体的填充，如图 4-9 所示。

> 在选择材质的时候，可以在材质下拉列表中输入材质英文名称的首字母，迅速找到相关联的材质。如本例中输入 Z 能快速找到【ZIGZAG】材质。

（3）在墙体拆改图中，选择【直线】命令或在命令行输入快捷命令 L，绘制右侧长度为 190 的墙体，捕捉垂足，利用对象追踪功能找到直线的第二个点，捕捉端点，完成墙体的新建。

（4）为了更清楚地表示此部分为新建墙体，将其填充为【AR-CONC】混凝土材质，填充过后修改材质比例为 0.5，如图 4-10 所示。

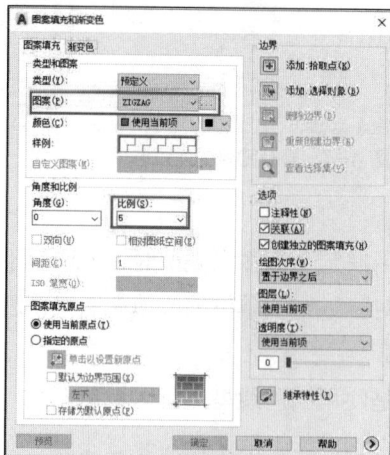

图 4-9　填充拆除墙体材质　　图 4-10　填充新建墙体材质

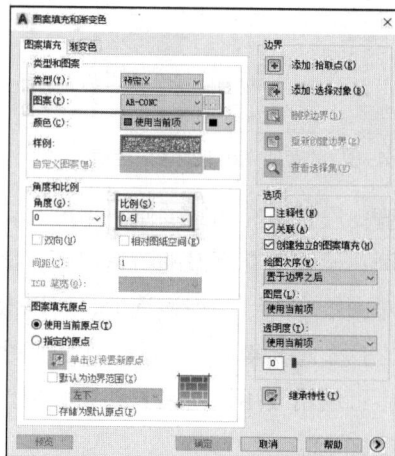

（5）为了方便后期施工，可以标注一下此处墙体的尺寸，如图 4-11 所示，完成墙体拆改图。

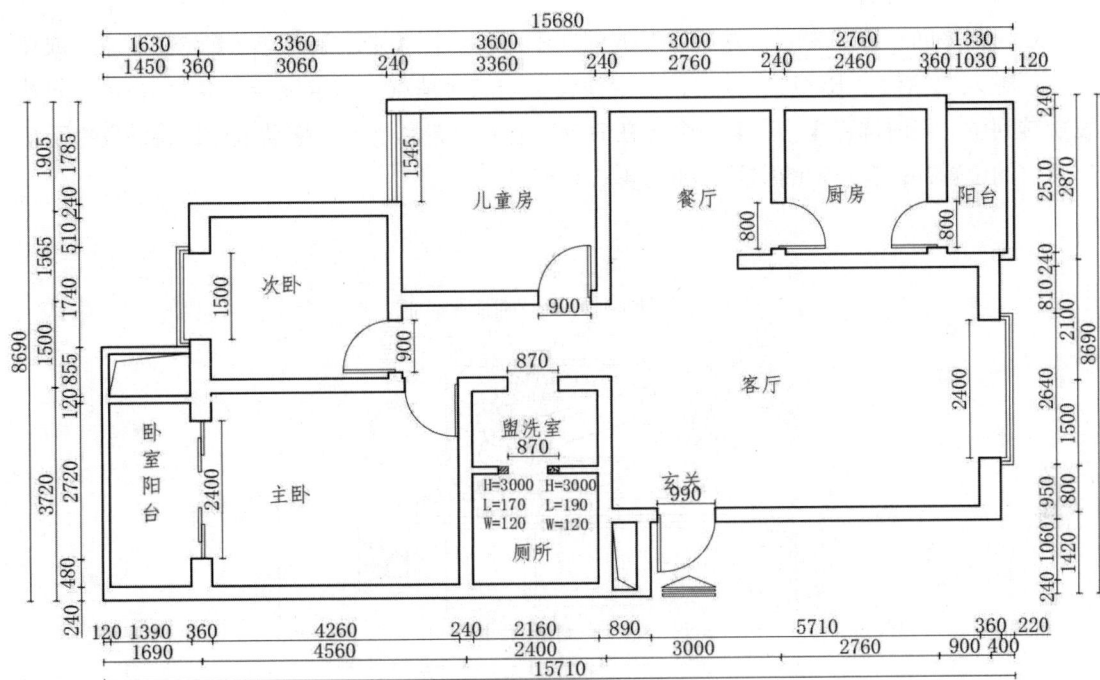

墙体拆改图
1：75

图 4-11　标注墙体尺寸

（二）绘制三室两厅住宅的平面布置图

1. 绘制客厅的平面布置图

（1）复制墙体拆改图，并将图名修改为平面布置图。

（2）如图 4-12 所示打开 CAD 图库，图库里有一些常用的平面的、立面的家居模型，可以在里面选取需要的、适合的模型进行布置。

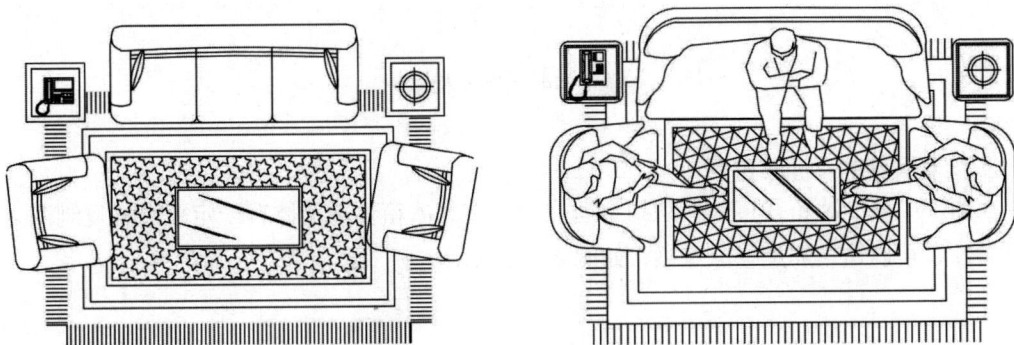

微课 14

扫码观看

图 4-12　CAD 图库

选中需要的家具，右击打开快捷菜单，在【剪贴板】命令的下一级菜单中选择【复制】命令或按【Ctrl+C】组合键，切换到平面布置图，在需要插入模型的地方选择【粘贴】命令或按【Ctrl+V】组合键。

复制到平面布置图中后，发现沙发的朝向不对，执行【修改】菜单／【旋转】命令或在命令行输入快捷命令 RO 选中沙发，指定沙发上一点为基点，指定旋转角度为 180°，将沙发旋转到位。同时选择【移动】命令或在命令行输入快捷命令 M，拖动鼠标，将沙发拖至稍微靠墙的位置并留有一定的空间，如图 4-13 所示。

客厅

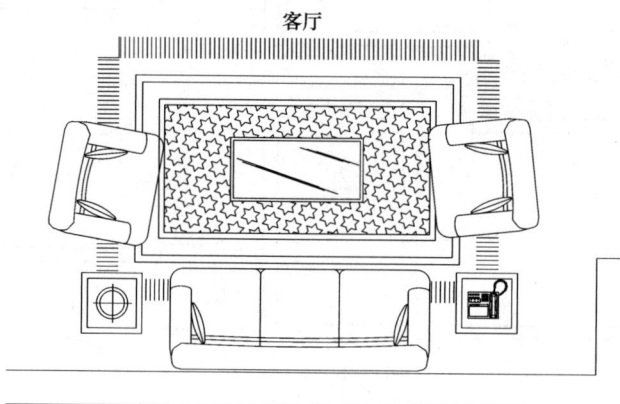

图 4-13　将沙发放置在合适的位置

（3）在图库选中电视模型，选择【复制】命令或者按【Ctrl+C】组合键，将其置入平面布置图，选择【粘贴】命令或者按【Ctrl+V】组合键，选择【旋转】命令或者在命令行输入快捷命令 RO，旋转到需要的方向后，选择【移动】命令或者在命令行输入快捷命令 M，将其移动到合适的位置。选择【矩形】命令或者在命令行输入快捷命令 REC，绘制电视机柜体，尺寸为长 3000mm、宽 460mm，如图 4-14 所示。

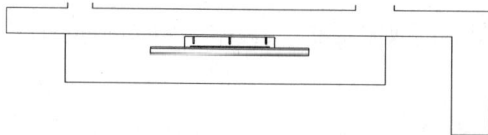

图 4-14　电视机柜体

2. 绘制餐厅的平面布置图

在图库中复制冰箱并将其移动到合适位置，注意冰箱要离墙体有一定距离；复制四人餐桌到餐厅，可以适当加点绿植点缀，如图 4-15 所示。

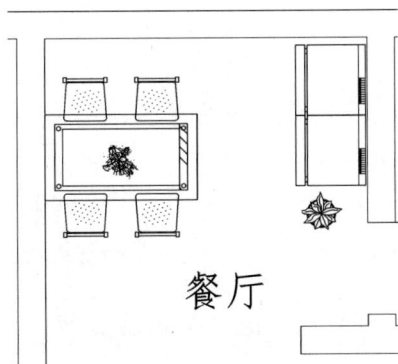

图 4-15　餐厅的平面布置图

3. 绘制厨房的平面布置图

（1）选择【直线】命令或者在命令行输入快捷命令 L，在厨房两侧墙体之间绘制橱柜，从左侧墙体出发绘制长度为 600mm 的直线，从直线的端点绘制与左侧墙体平行的直线，从右侧墙体出发绘制长度为 550mm 的直线，从直线的端点绘制与右侧墙体平行的直线，选择【直线】命令或者在命令行输入快捷命令 L，从左侧墙体上端的点往下 600mm 的位置出发绘制与上面墙体平行的直线，如图 4-16 所示。

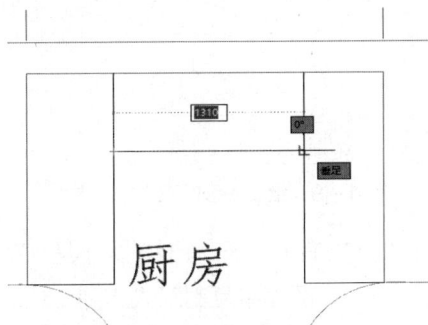

图 4-16　绘制厨房的橱柜

（2）选择【圆角】命令或者在命令行输入快捷命令 F，设置圆角半径 R 为 45，设置多个圆角 M，单击选择橱柜直线，完成圆角处理，如图 4-17 所示。

图 4-17　橱柜的圆角处理

（3）在图库中选择合适的灶台、水盆、橱柜进行复制、粘贴，并移动到合适的位置，如图 4-18 所示。

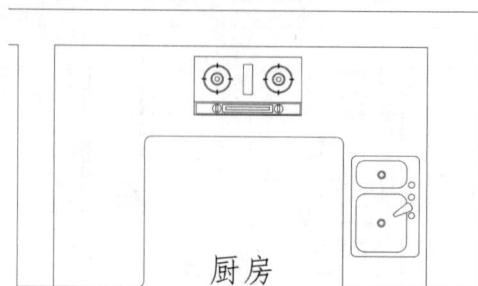

图 4-18　绘制其他厨具

4. 绘制主卧、次卧的平面布置图

（1）在图库中复制双人床到主卧，注意调整图例的方向，根据卧室的宽度绘制衣柜，并将图例置入合适的位置，如图 4-19 所示。

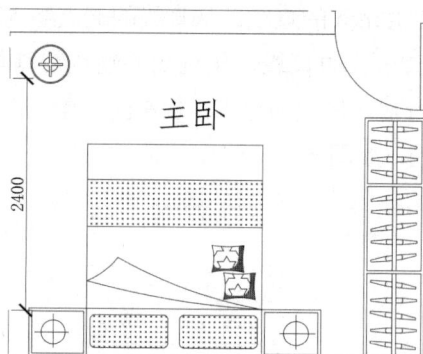

图 4-19　绘制主卧的双人床、衣柜

（2）绘制次卧时要注意，门的上方有个柜子，柜体的大小是 500×560，可以利用【直线】命令或者【矩形】命令绘制衣柜，同时，在图库中复制双人床到合适的位置，如图 4-20 所示。

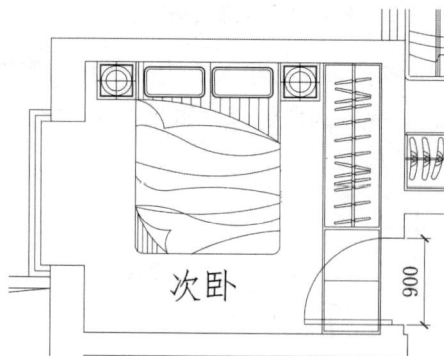

图 4-20　绘制次卧的双人床、衣柜

5. 绘制卫生间的平面布置图

卫生间的格局是干湿分离。在上方盥洗室的左侧墙体布置储物柜，选择【直线】命令或者【矩形】命令绘制储物柜，从图库中插入洗脸池图形。在下方厕所部分分别插入抽水马桶、淋浴喷头、地漏、毛巾架等图形，选择【矩形】命令或在命令行输入快捷命令 REC，设置圆角

半径为 60，以圆角矩形的方式绘制热水器图形，完成卫生间的平面布置图，如图 4-21 所示。

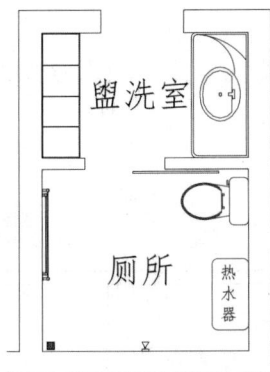

图 4-21 卫生间的平面布置图

6. 绘制其他空间的平面布置图

利用同样的方法，从图库中复制衣柜、单人床、书桌及绿植图例到儿童房，复制洗衣机、水池图例到阳台，复制绿植、书桌图例到卧室阳台。全部布置完成后，可以对颜色和位置进行微调，以达到更美观的效果，完成平面布置图的绘制，如图 4-22 所示。

> 在家具摆放中，要适时按【F3】/【F8】快捷键打开/关闭对象捕捉、正交功能以方便布置构图。

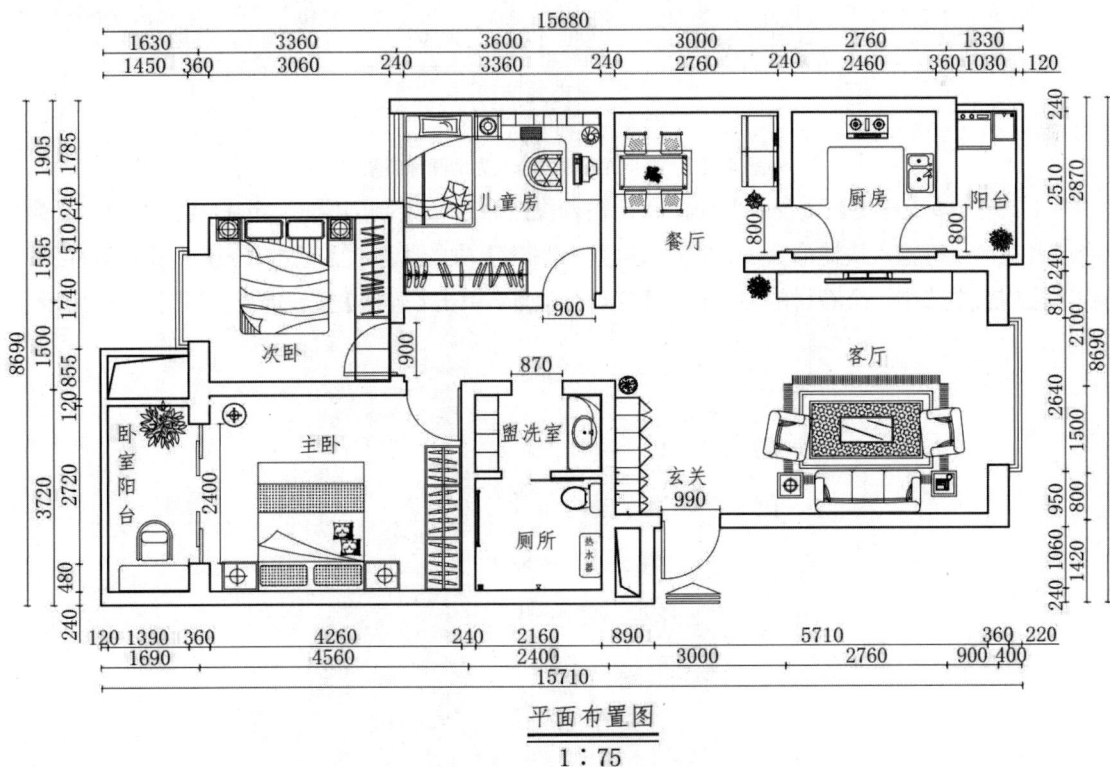

平面布置图
1：75

图 4-22 平面布置图

（三）绘制三室两厅住宅的地面铺装图

1. 绘制地面门槛石

（1）复制平面布置图并修改图名为地面铺装图，把拆改墙体修改到位，删除部分空间标注，如图 4-23 所示。

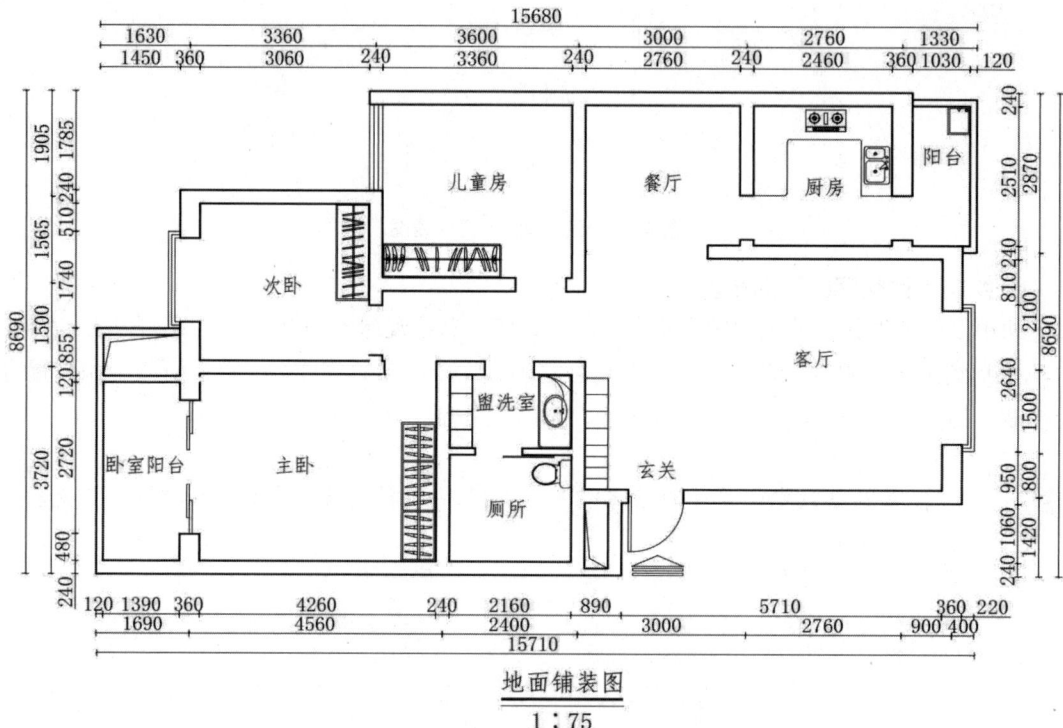

地面铺装图
1∶75

图 4-23 将平面布置图修改为地面铺装图

（2）选择【直线】命令或者在命令行输入快捷命令 L 绘制门槛石，选择【图案填充】命令或者在命令行输入快捷命令 H，选择【类型和图案】中的【图案】后的【...】按钮打开样例，在下拉列表中选中一个石材的图案样例【GRAVEL】，单击【确定】按钮退出，如图 4-24 所示。

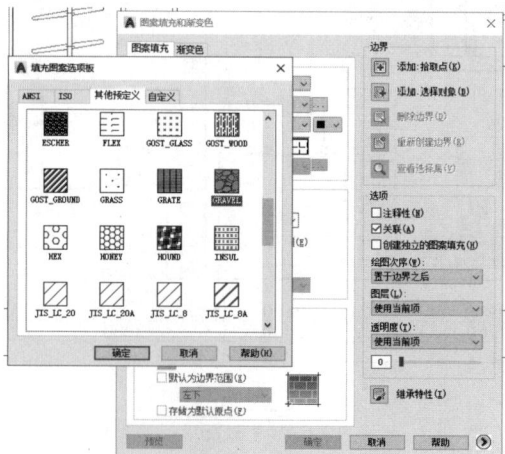

图 4-24 图案样例【GRAVEL】

> **注意** 在铺装过程中会用到【填充】命令，填充前，要注意室内空间是否闭合。室内空间一定是要闭合的，不然填充时会遇到不小的麻烦。

（3）单击【边界】中的【添加：拾取点】按钮，在图中，单击选中要拾取的范围。在 AutoCAD 2018 中，鼠标指针所到之处会自动演示填充后的范围和图形，如图 4-25 和图 4-26 所示。

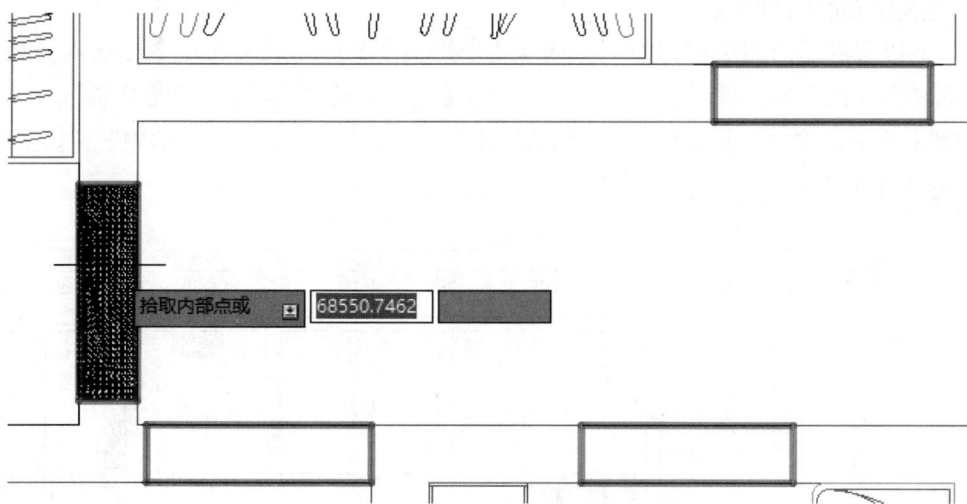

图 4-25　拾取内部点

> **注意** 填充后的图形之所以和所选的样例不一样，呈全黑色，是因为比例太小。

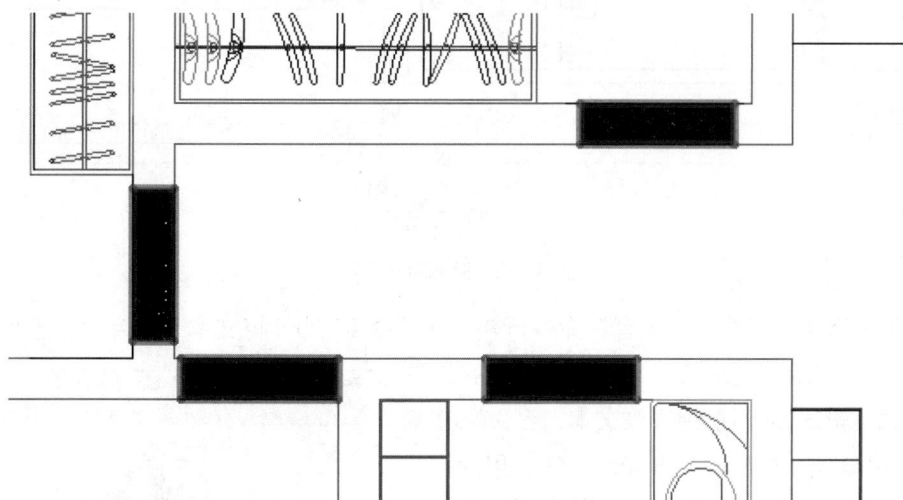

图 4-26　内部填充的比例太小

（4）单击选中要拾取的范围后，按【Esc】键确认，出现【图案填充和渐变色】文本框，

微课 16

扫码观看

将【角度和比例】中的【比例】设置为"10"，完成图案的填充，如图 4-27 所示。

（5）单击【确定】按钮，可以看到已经填充完毕的门槛石，如图 4-28 所示。

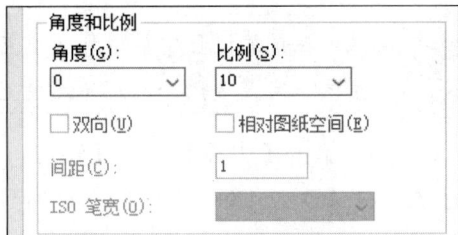

图 4-27 修改填充比例

2. 绘制卧室的地面铺装图

（1）将文本标注图层置为当前，选择【多行文字】命令或者在命令行输入快捷命令 MT，在主卧中间区域，拉出文本框，在弹出的【文字格式编辑器】对话框中输入文本"主卧实木地板"，选中文本并将其大小设置为 150，文本对齐方式设置为"居中"，如图 4-29 所示，单击【确定】按钮。

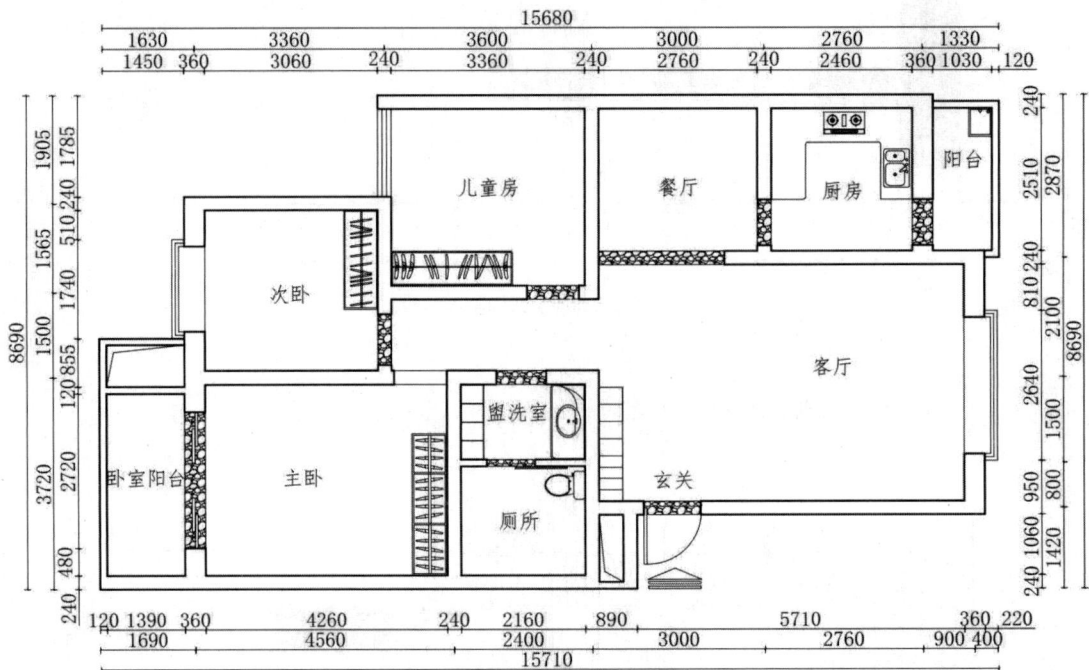

地面铺装图

1:75

图 4-28 完成图案填充

（2）选择【复制】命令或者在命令行输入快捷命令 CO，将文本"主卧实木地板"复制到其他需要标注文本的地方。双击文本，在弹出的【文字格式编辑器】对话框中修改文本内容，单击【确定】按钮完成地面材质的文本修改，然后用同样的方法完成整个住宅地面材质的文本标注，如图 4-30 所示。

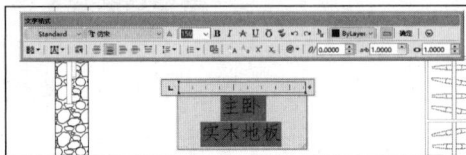

图 4-29 文字标注材质

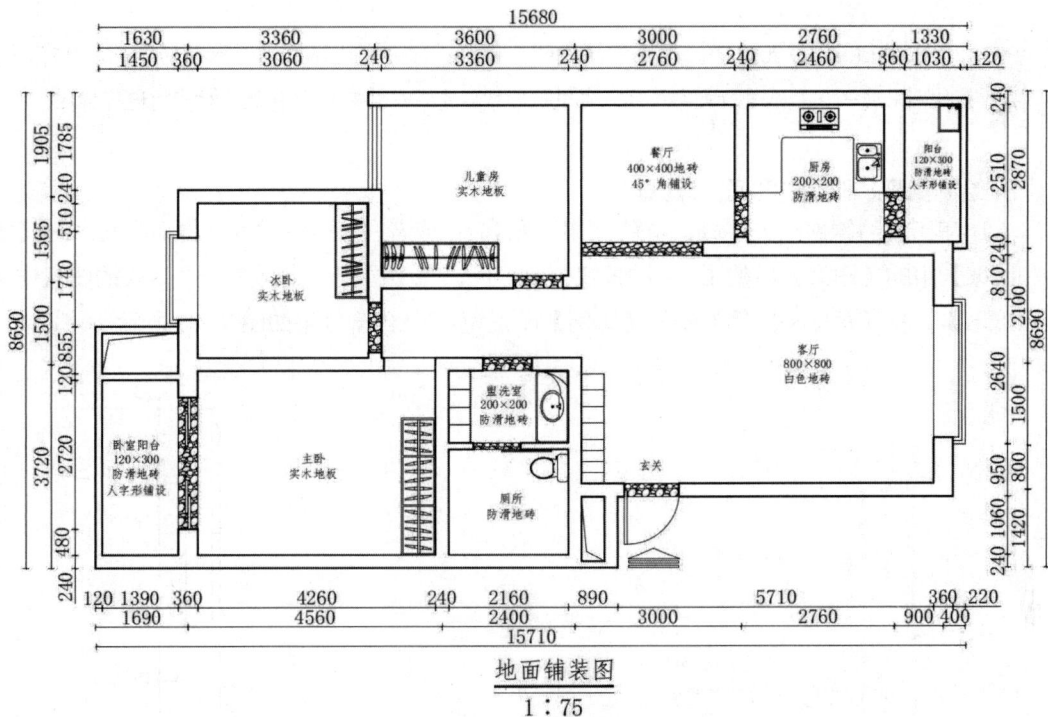

图 4-30　完成住宅地面材质标注

（3）选择卧室相关区域，选择【图案填充】命令或者在命令行输入快捷命令 H，单击【类型和图案】中的【图案】后的【…】按钮打开样例，在下拉列表中选中一个石材的图案样例【DOLMIT】，如图 4-31 所示；将【角度和比例】中的【比例】设置为 10，单击【确定】按钮完成地面材质的填充，如图 4-32 所示。

微课 17

扫码观看

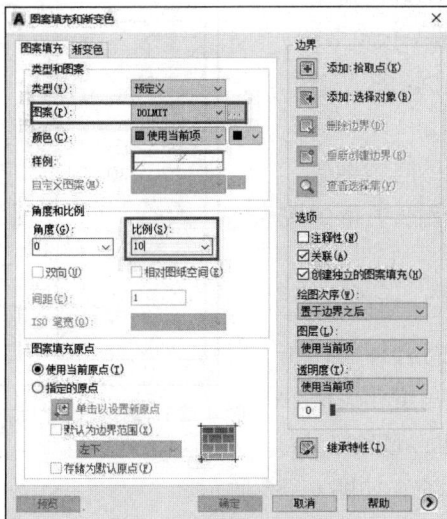

图 4-31　选择地面材质

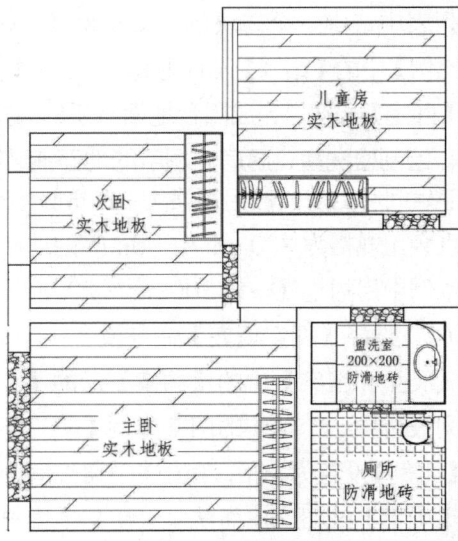

图 4-32　填充地面材质

在 AutoCAD 2018 中，对图案填充的轮廓边界部分有边界自动选取的功能，用户可以有效利用这一点，先进行文字标注，再进行图案填充，这样可以更有效地对空间进行标注。

3. 绘制飘窗、阳台的地面铺装图

（1）单击前后飘窗相关区域，选择【图案填充】命令或者在命令行输入快捷命令 H，单击【类型和图案】中的【图案】后的【...】的按钮打开样例，在下拉列表中选中一个砖块的图案样例【BRICK】，将【角度和比例】中的【比例】设置为 30，预览效果如图 4-33 所示。

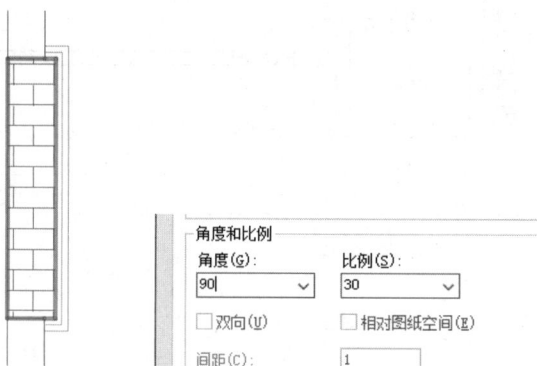

图 4-33　填充飘窗材质　　　　　　　　图 4-34　修改图案填充角度

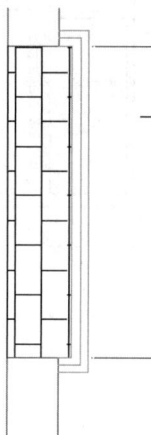

（2）此时发现砖的填充角度与要求不符，按【Esc】键回到【图案填充】对话框，将【角度】设置为 90，如图 4-34 所示，单击【确定】按钮，完成飘窗材质填充。

（3）选择【图案填充】命令或者在命令行输入快捷命令 H，单击【类型和图案】中的【图案】后的【...】按钮打开样例，在下拉列表中选中一个砖块的图案样例【AR-HBONE】，将【角度和比例】中的【比例】设置为 2，单击选中阳台区域，预览效果，单击【确定】按钮，完成阳台地面材质的填充，如图 4-35 所示。

4. 绘制盥洗室、厨房、厕所的地面铺装图

卫生间和厨房一般用规格为 600mm×600mm 的防滑地砖，有的也会用规格为 300mm×300mm 的地砖，也会用长方形的地砖。本例中用的是规格为 200mm×200mm 的地砖。

（1）选择【图案填充】命令或者在命令行输入快捷命令 H，单击【类型和图案】中的【图案】后的【...】按钮打开样例，在下拉列表选中一个地砖的图案样例【NET】，将【角度和比例】中的【比例】设置为 100，单击选中盥洗室、厨房地面，预览效果，单击【确定】按钮完成盥洗室、厨房地面材质的填充，如图 4-36 所示。

图 4-35　填充阳台地面材质

（2）单击【图案填充】命令或者在命令行输入快捷命令 H，单击【类型和图案】中的【图

案】后的【...】按钮打开样例，在下拉列中表选中一个地砖的图案样例【ANGLE】，将【角度和比例】中的【比例】设置为20，单击选中厕所地面，预览效果，单击【确定】按钮完成厕所地面材质的填充，如图4-36所示。

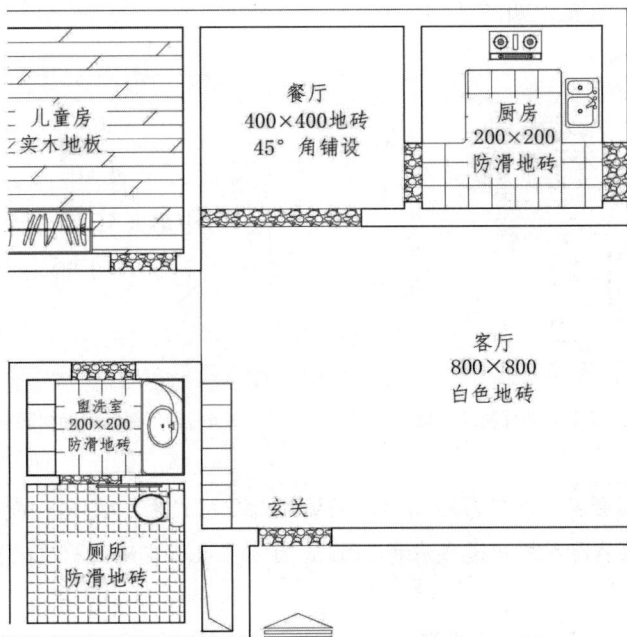

图4-36　完成盥洗室、厨房、厕所地面材质的填充

5. 绘制餐厅的地面铺装图

（1）选择【图案填充】命令或者在命令行输入快捷命令H，单击【类型和图案】中的【图案】后的【...】按钮打开样例，在下拉列表中选中一个地砖的图案样例【NET】，将【角度和比例】中的【角度】设置为45、【比例】设置为100，如图4-37所示。单击选中餐厅地面，预览效果，单击【确定】按钮，完成餐厅地面材质的填充，如图4-38所示。

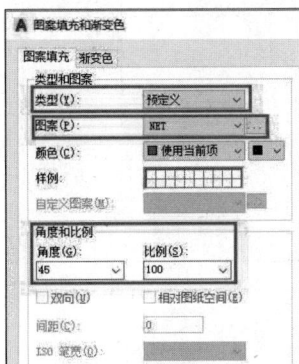

图4-37　预定义的地面材质设置

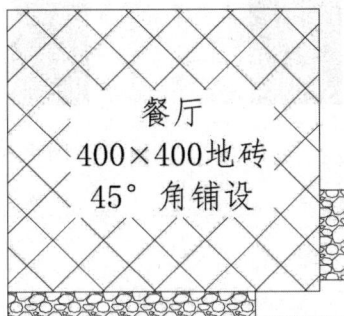

图4-38　餐厅地面材质的填充

如果要求填充材质比较精确，就可以使用将【类型和图案】中的【类型】设置为"用户定义"的方式，来设置填充材质的大小。

（2）餐厅材质的填充可以用"用户定义"的方式，首先将【类型和图案】中的【类型】设置为用户定义，将【角度和比例】中的【角度】设置为45，选中【双向】复选框，将【间距】设置为400，如图4-39所示，单击选中餐厅地面，预览效果，单击【确定】按钮，完成餐厅地面材质的填充，如图4-40所示。

图4-39　用户定义的地面材质设置

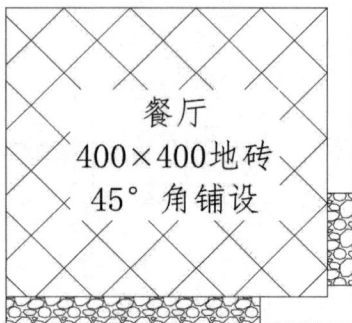

图4-40　餐厅地面材质的填充

注意　仔细观察会发现在餐厅地面材质的填充过程中产生了较多不完整的砖形，这样既不美观又会在实际施工中造成浪费，因此，可以在此设定地面材质的【图案填充原点】。

（3）在前面设定的图案填充参数的基础上，选中填充图案并右击打开快捷菜单，选择【设定原点】命令，选择左上角端点为原点，如图4-41所示。与刚才的填充效果作比较，可以发现设定原点后要整体美观许多，如图4-42所示。

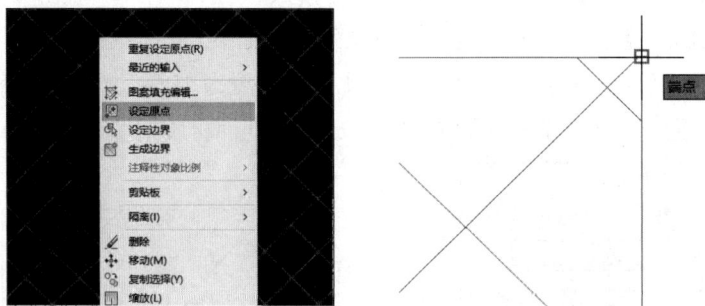

图4-41　设定原点

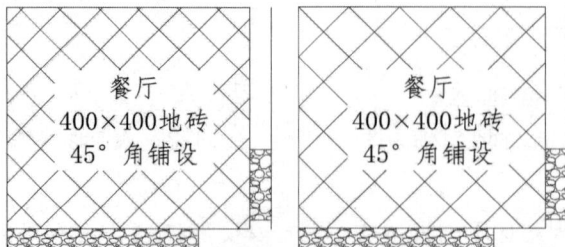

图4-42　不同填充方式的效果比较

6. 绘制客厅的地面铺装图

（1）选择【直线】命令或在命令行输入快捷命令 L，捕捉墙体两侧的端点，画一条直线，将起居室与走廊隔开，以方便填充不同的地面材质，如图 4-43 所示。

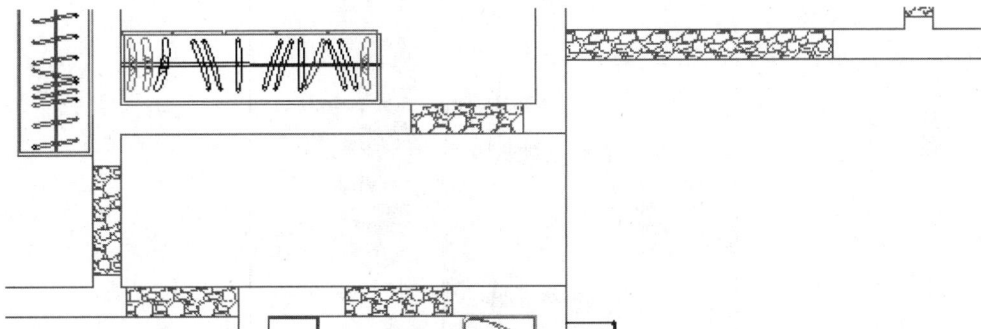

图 4-43　绘制填充边界线

（2）用同样的方法填充材质，首先将【类型和图案】中的【类型】设置为用户定义，将【角度和比例】中的【角度】设置为 0，选中【双向】复选框，将【间距】设置为 800，设置地面材质的【图案填充原点】，选择【指定的原点】，设置【默认为边界范围】为左下，单击【边界】中的【添加：拾取点】按钮，在图中选中客厅内需要填充地面材质的地方，单击【确定】按钮，完成客厅地面材质的填充，如图 4-44 所示。

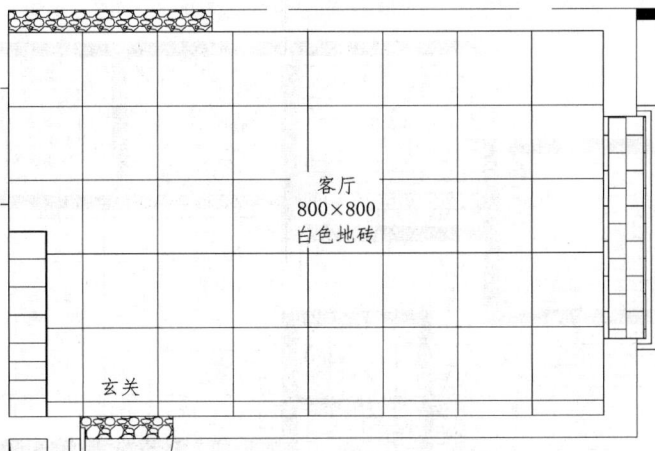

图 4-44　客厅地面材质的填充

7. 绘制墙体围合空间

选中墙体图层并将其置为当前图层，选择【图案填充】命令或者在命令行输入快捷命令 H，将【类型和图案】中的【类型】设为"预定义"，单击【图案】后的【…】按钮打开样例，在下拉列表中选中图案样例"SOLID"，如图 4-45 所示。选中所有墙体，单击【确定】按钮，完成墙体材质的填充，如图 4-46 所示。

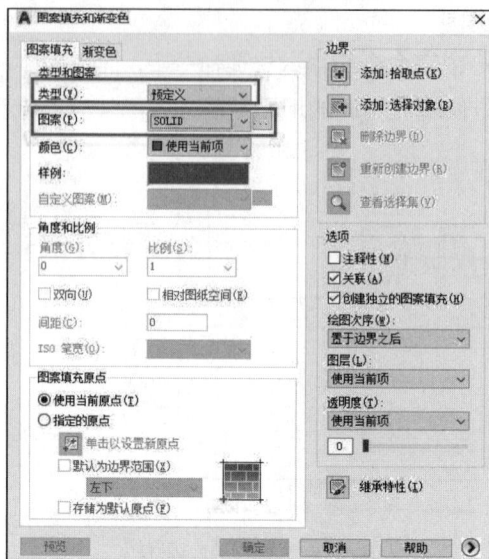

图 4-45　墙体材质的参数设置

8. 绘制走廊拼花材质

本例中的走廊地面是由大理石拼花而成的，可以从图库中复制拼花图例，并复制 3 个同类的拼花图形，粘贴并移动到合适的位置，完成走廊材质的填充。至此便完成了地面铺装图的全部绘制，如图 4-47 所示。

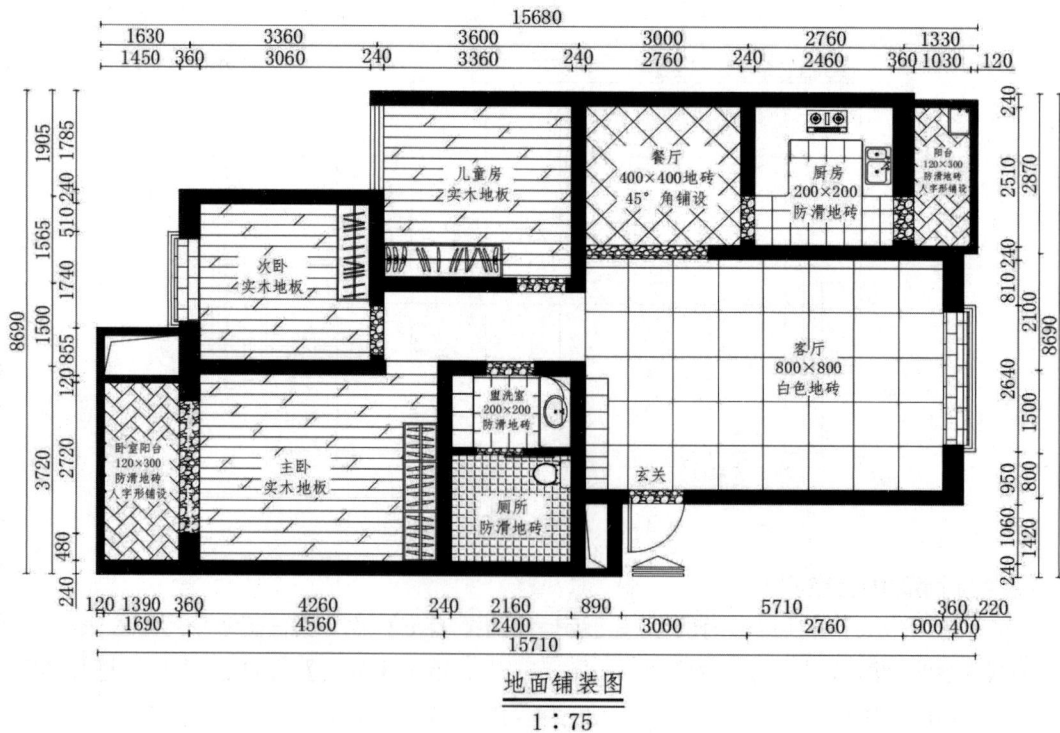

地面铺装图

1 : 75

图 4-46　墙体材质的填充

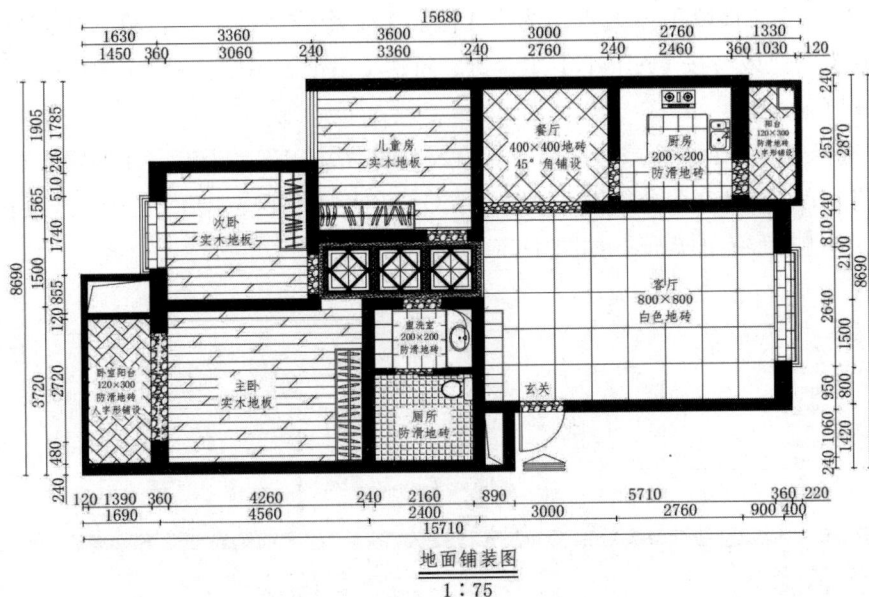

图 4-47 完成地面铺装图的绘制

（四）绘制三室两厅住宅的顶棚布置图

1. 绘制客厅与餐厅吊顶

（1）本例中的顶棚吊顶以平顶为主，在布置顶棚时应主要考虑中央空调、柜子的位置及吊顶的高度。首先复制平面布置图并修改图名为顶棚布置图，删除大部分家具图形，保留卧室的 3 个衣柜，删除门及尺寸标注，并对各空间标注文本进行修改，标注顶棚所用乳胶漆等装饰材料，如图 4-48 所示。

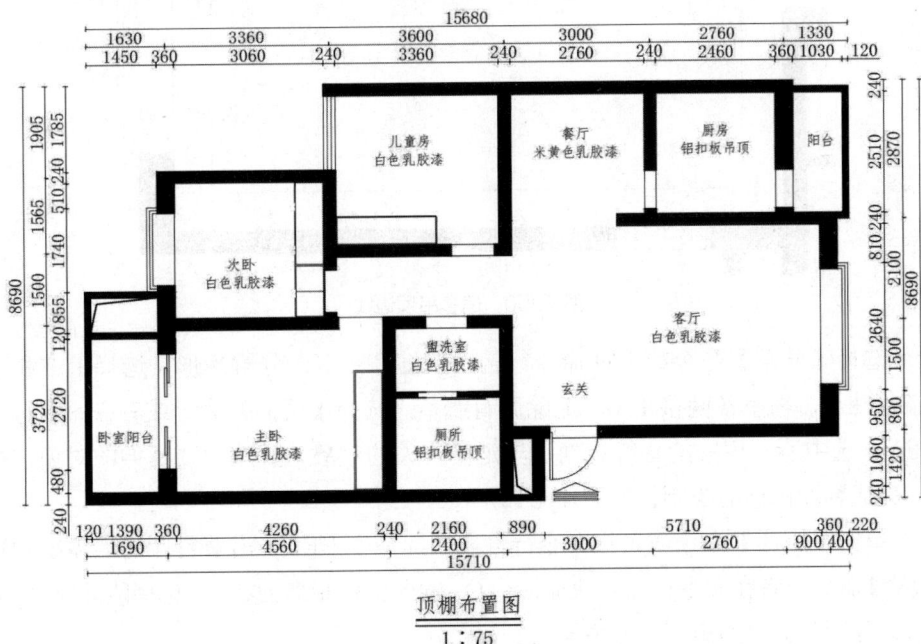

微课 18

扫码观看

图 4-48 顶棚布置图

（2）客厅的吊顶以平顶为主，选择【图层】命令或者在命令行输入快捷命令 LA，单击【新建】按钮或者按【Alt+N】组合键，新建【吊顶】图层，并把吊顶图层置为当前，如图 4-49 所示。

（3）选择【矩形】命令或者在命令行输入快捷命令 REC，沿着客厅的墙体绘制矩形，选择【偏移】命令或者在命令行输入快捷命令 O，输入偏移距离 400，选择刚才绘制的矩形，向内偏移，并删除原有的矩形，如图 4-50 所示。

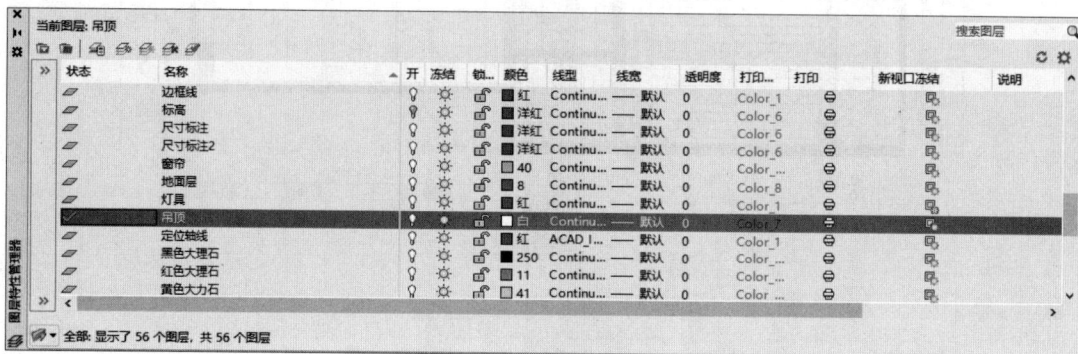

图 4-49　设置吊顶图层

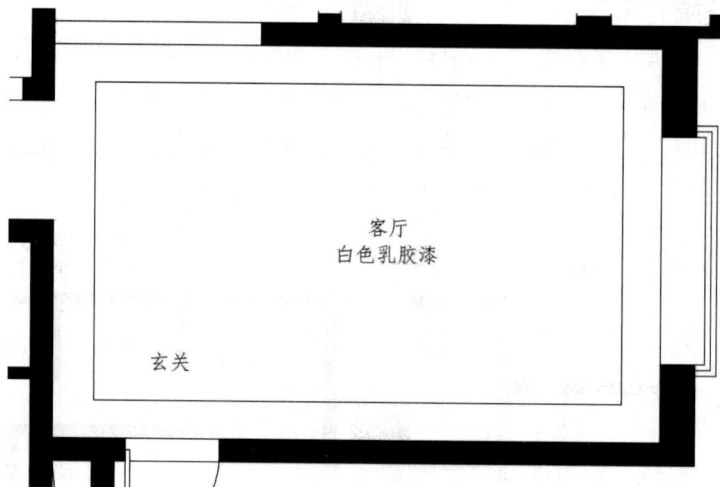

图 4-50　偏移吊顶边线

（4）选择【分解】命令或者在命令行输入快捷命令 X，分解矩形，选择上方和下方的矩形线条，往上、往下各偏移 100，删除原有线条。选择【延伸】命令或者在命令行输入快捷命令 EX，选中所有相关的直线，确定与延伸有关的对象，并选中要延伸的对象，执行延伸操作，完成客厅吊顶的绘制，如图 4-51 所示。

（5）单击【矩形】命令或者在命令行输入快捷命令 REC，沿着餐厅的墙体绘制矩形，选择【偏移】命令或者在命令行输入快捷命令 O，输入偏移距离为 200，选择刚才绘制的矩形，向内偏移，并删除原有的矩形，如图 4-52 所示。

图 4-51 完成客厅吊顶的绘制

图 4-52 完成餐厅吊顶的绘制

2. 绘制卧室吊顶

（1）布置卧室吊顶时应主要考虑柜子的位置及吊顶的高度。在儿童房区域选择【矩形】命令或者在命令行输入快捷命令 REC，用同样方法先沿着墙体边缘画矩形，选择【偏移】命令或者在命令行输入快捷命令 O，输入偏移距离 25，选择刚才绘制的矩形，向内偏移，并删除原有的矩形。选择【分解】命令或者在命令行输入快捷命令 X，分解矩形，删除右侧墙体边线，如图 4-53 所示。

（2）靠儿童房右侧墙体边线绘制直线，将直线偏移 300，选择【修剪】命令或者在命令行输入快捷命令 TR，选中所有相关的直线，确定修剪对象，并选中要修剪的对象，完成修剪操作，如图 4-54 所示。

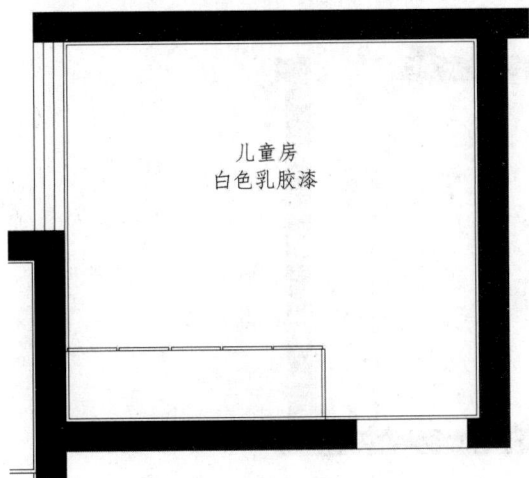

图 4-53 绘制儿童房吊顶边线

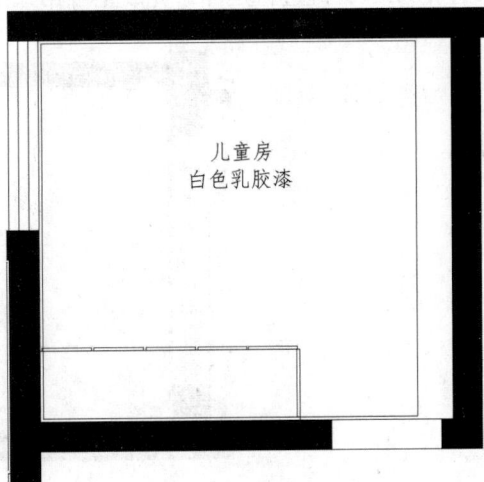

图 4-54 完成儿童房吊顶的绘制

（3）在次卧区域，选择【矩形】命令或者在命令行输入快捷命令 REC，用同样方法先沿着墙体、柜体边缘画矩形，选择【偏移】命令或者在命令行输入快捷命令 O，输入偏移距离 25，选择刚才绘制的矩形，向内偏移，并删除原有的矩形。选择【分解】命令或者在命令行输入快捷命令 X，分解矩形，选择矩形下方直线并使其向上偏移 275，选择【修剪】

命令或者在命令行输入快捷命令 TR，选中所有相关的直线，确定修剪对象，并选中要修剪的对象，修剪多余的线条，完成次卧吊顶的绘制，如图 4-55 所示。

（4）在主卧区域，选择【矩形】命令或者在命令行输入快捷命令 REC，用同样的方法先沿着墙体边缘画矩形，选择【偏移】命令或者在命令行输入快捷命令 O，输入偏移距离 25，选择刚才绘制的矩形，向内偏移，并删除原有的矩形，如图 4-56 所示。

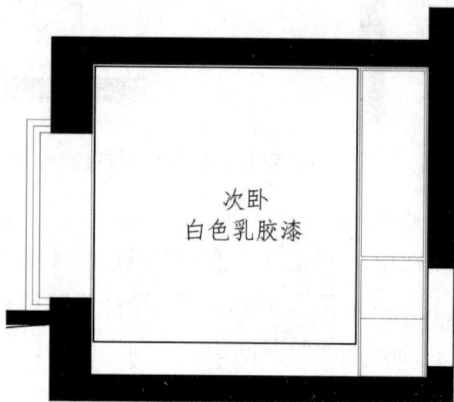

图 4-55　完成次卧吊顶的绘制　　　　　　　图 4-56　绘制主卧吊顶边线

（5）选择【偏移】命令或者在命令行输入快捷命令 O，输入偏移距离 25，选择柜子的边线向内偏移，选择【修剪】命令或者在命令行输入快捷命令 TR，选中所有相关的直线确定修剪对象，并选中要修剪对象完成修剪操作，对同时需要延伸的柜体边线可在修剪命令下按住【Shift】键进行延伸，完成主卧吊顶的绘制，如图 4-57 所示。

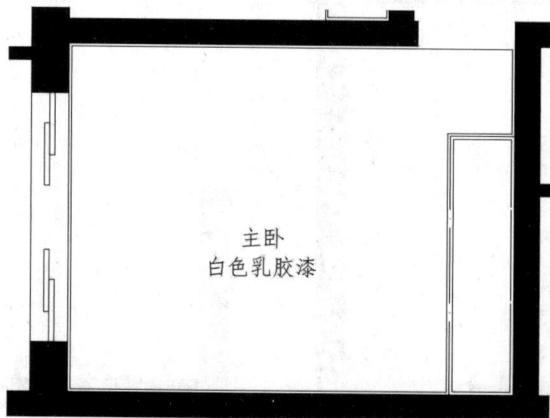

图 4-57　完成主卧吊顶的绘制

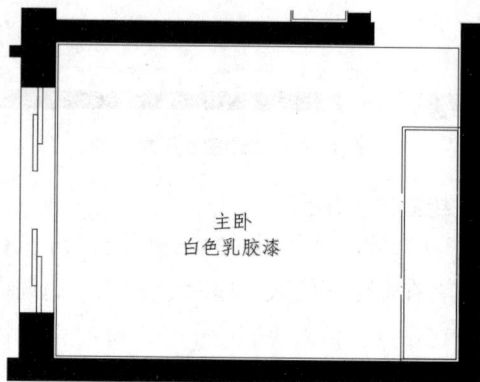

> 【修剪】命令与【延伸】命令可以在按住【Shift】键的情况下实现功能上的互相转换。

3. 绘制厕所、厨房吊顶

（1）厕所、厨房一般都会用防水性能较好的铝扣板吊顶，在图库中复制排气扇并将其粘贴在顶棚布置图中的合适位置。

（2）选择【图案填充】命令或者在命令行输入快捷命令 H，选择【类型和图案】中的【图案】后的【...】按钮打开样例，在下拉列表中选中图案样例【BRASS】，单击【确定】按钮退出，如图 4-58 所示。

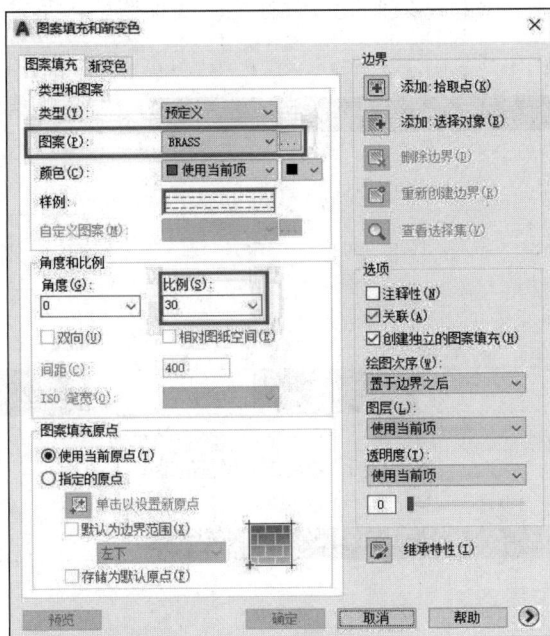

图 4-58　BRASS 图案样例

（3）将【角度和比例】中的【比例】设置为 30，单击【添加：拾取点】按钮，在绘图区中，单击选择厕所、厨房顶棚进行填充，按【空格】键确认，打开【图案填充和渐变色】对话框，单击【确定】按钮退出，完成厕所、厨房吊顶材质的填充，如图 4-59 所示。

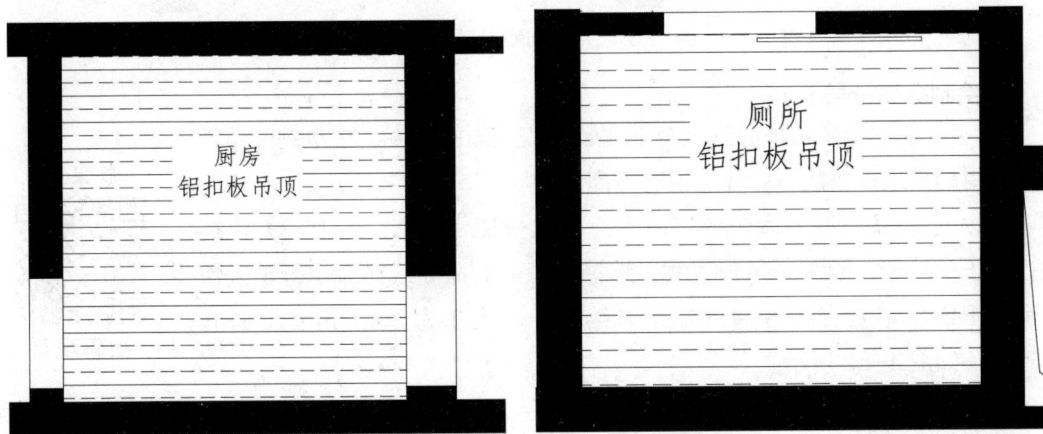

图 4-59　完成厕所、厨房吊顶材质的填充

4. 绘制走廊吊顶

（1）选择【矩形】命令或在命令行输入快捷命令 REC，在距离走廊边线 708 处，按【F3】

快捷键打开对象捕捉功能，绘制大小为 400mm×400mm 的矩形，选择【直线】命令或在命令行输入快捷命令 L，按【F8】快捷键打开正交功能，直线连接矩形每边的中点，绘制走廊吊顶的造型，如图 4-60 所示。

（2）将以上吊顶造型成组，选择【复制】命令或在命令行输入快捷命令 CO 进行复制，以中心点为基点设置距离为 1116，复制完成其他两个吊顶造型，完成走廊吊顶的整体绘制，如图 4-61 所示。

图 4-60　绘制走廊吊顶的造型

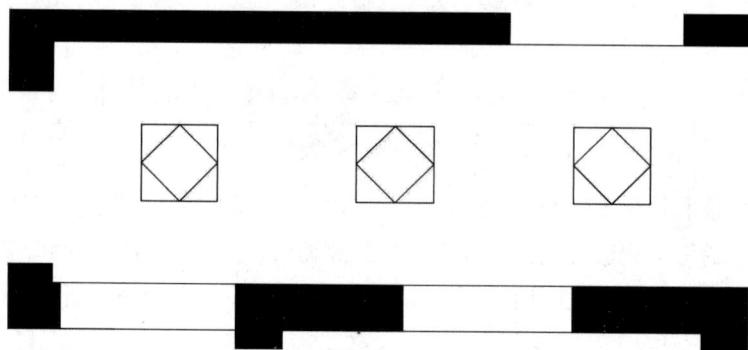

图 4-61　完成走廊吊顶的整体绘制

5. 绘制标高符号

（1）标高用于表示顶面造型至地面装修完成面的高度，在本例中吊顶标高采用的是从顶棚往下计算的相对标高。

（2）选择【直线】命令或在命令行输入快捷命令 L，按【F8】快捷键打开正交功能，绘制一条短直线，选择【矩形】命令或在命令行输入快捷命令 REC，在绘制的短直线左下方绘制一个大小为 200mm×200mm 的矩形，如图 4-62 所示。

微课 19

扫码观看

（3）选中绘制的矩形，选择【旋转】命令或在命令行输入快捷命令 RO，选择矩形的某一端点作为基点，将其旋转 45°；选中旋转后的矩形，选择【移动】命令或在命令行输入快捷命令 M，将其移动到短直线的合适位置；选中短直线和矩形，选择【修剪】命令或在命令行输入快捷命令 TR，对其进行修剪，完成标高符号的绘制，如图 4-63 所示。

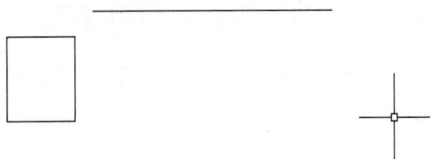

图 4-62　绘制矩形、直线

图 4-63　完成标高符号的绘制

（4）选择【图层特性管理器】命令或在命令行输入快捷命令 LA，打开图层特性管理器，新建【标高】图层，颜色设置为"洋红"，线型为直线，将其置为当前图层。关闭【图层特性管理器】，选中绘制的标高符号，将其置入【标高】图层。

（5）选择【多行文字】命令或在命令行输入快捷命令 MT，在标高符号上部输入数据 2.700，将文字高度设置为 150，单击【确定】按钮；然后调整数字位置或拉伸直线，使数字完全在标高线上部，选中绘制的标高符号和数字，选择【移动】命令，将其移动至图中的合适位置，如图 4-64 所示。

图 4-64　标注具体高度

> 标高的单位一般为 m，2.700 表示离地面的高度是 2.7m. 而本例中的 –250 表示吊顶位置为顶棚往下 250mm。

（6）选中标高符号和数字，选择【复制】命令或在命令行输入快捷命令 CO，复制到图中的合适位置，并根据不同位置离地面的不同高度而修改数据。这里部分空间位置不够时可以使用引线标注命令，首先选择【多重引线样式】命令或在命令行输入快捷命令 MLS，单击【新建】按钮，创建一个新的标高引线样式，如图 4-65 所示；设置【箭头】符号为小点、大小为 50，如图 4-66 所示；在部分空间位置处标注引线，如图 4-67 所示。

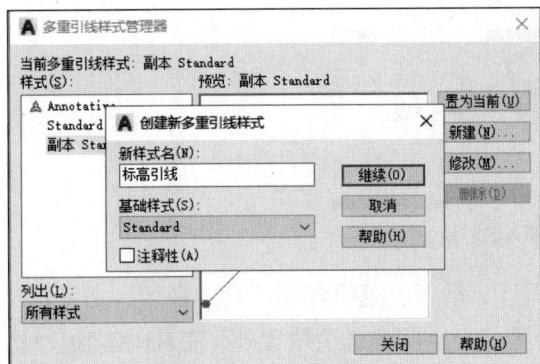

图 4-65　创建引线样式

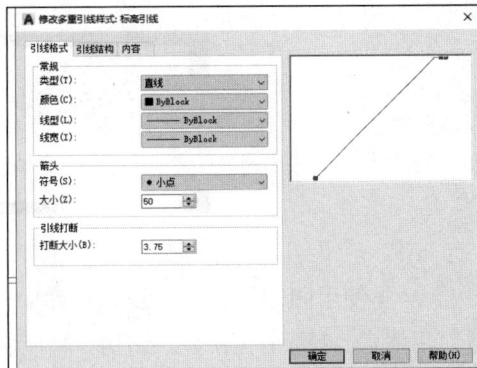

图 4-66　设置引线样式

标注引线时可以合理利用对象捕捉功能，在必要时打开或者关闭该功能，以方便标注。

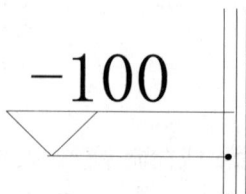

图4-67 标注引线

6. 绘制灯饰及空调出风口

（1）在图库中选择筒灯，右击打开【剪贴板】菜单，选择【复制】命令或按【Ctrl+C】组合键，然后选择【粘贴】命令或按【Ctrl+V】组合键将筒灯放置到顶棚布置图的合适位置，如图4-68所示。

（2）选中此灯具，选择【块】命令下的【创建…】命令或在命令行输入快捷命令B，打开【块定义】对话框，将【名称】设置为【筒灯】。单击【拾取点】按钮并选择筒灯中心点为【基点】，单击【选择对象】按钮选中筒灯对象，将此筒灯创建为块，如图4-69所示。

微课 20
扫码观看

图4-68 复制并粘贴筒灯

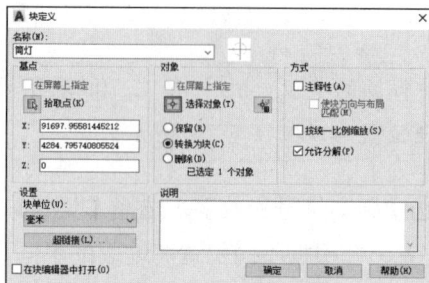

图4-69 将筒灯创建为块

（3）在顶棚布置图中的其他相应位置处，选择【插入】命令或在命令行输入快捷命令I，打开【插入】对话框，插入筒灯块，以提高绘图效率，如图4-70所示。

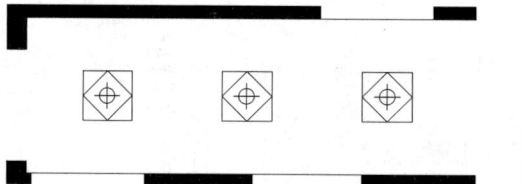

图4-70 插入筒灯块

（4）使用同样的方法，复制图库中的吸顶灯、吊灯、镜前灯等灯具到客厅、主卧、次卧、儿童房、餐厅、盥洗室、厨房、厕所、阳台等各个空间的合适位置处，注意比例和尺寸，如图4-71所示。

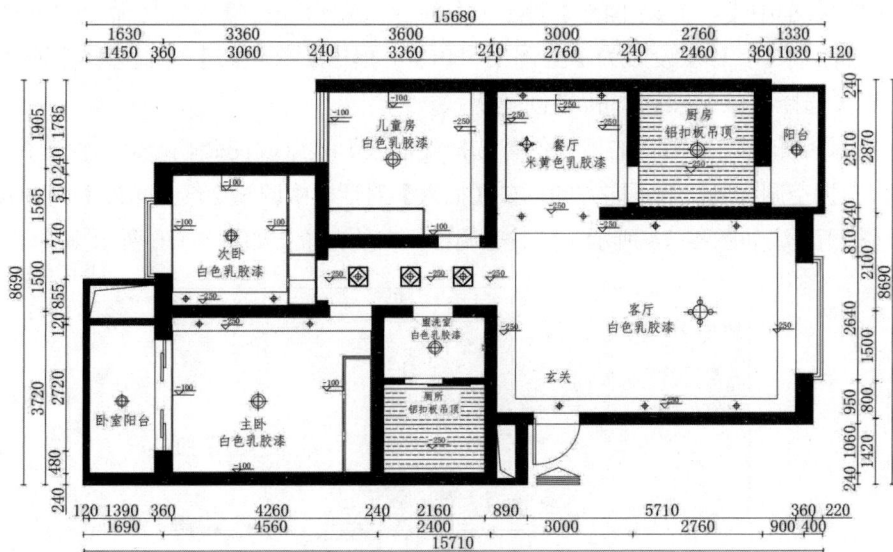

15680

| 1630 | 3360 | 3600 | 3000 | 2760 | 1330 |

顶棚布置图
1：75

图 4-71　完成灯具的布置

（5）在客厅及餐厅里有一圈灯带，将【灯具】图层置为当前图层，在【图层特性管理器】中将线型设置为【ACAD-ISO02W100】虚线，如图 4-72 所示。可以选中现在的吊顶边线，选择【偏移】命令或在命令行输入快捷命令 O，指定偏移距离为 50，将吊顶边线向内侧偏移，完成灯带的绘制，如图 4-73 所示。

图 4-72　设置灯带的线型

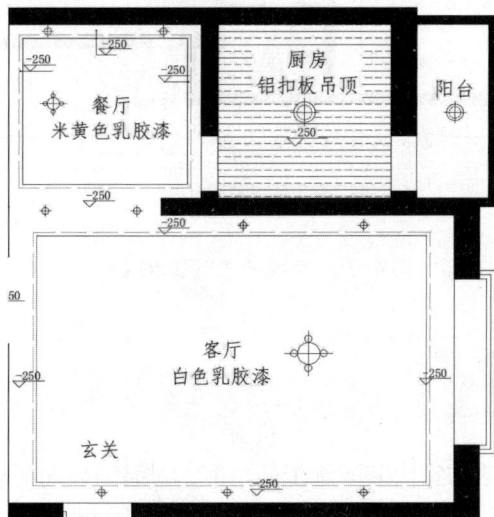

图 4-73　完成灯带的绘制

（6）在图库中选择空调出风口图例，将其复制粘贴到"顶棚布置图"中，选中此图例，选择【绘图】菜单中【块】菜单的【创建…】命令或在命令行输入快捷命令 B，打开【块定义】对话框，将【名称】设置为【空调出风口】，单击【拾取点】按钮选择中心点为【基点】，单击【选择对象】按钮，将其创建为块。

（7）在顶棚布置图中吊顶的相应位置选择【插入】命令或在命令行输入快捷命令 I，注意这里可以根据空调出风口的不同方向，在【插入】对话框中调整旋转【角度】为 90、180、270 等合适的角度，如图 4-74 所示。完成空调出风口的布置，如图 4-75 所示。

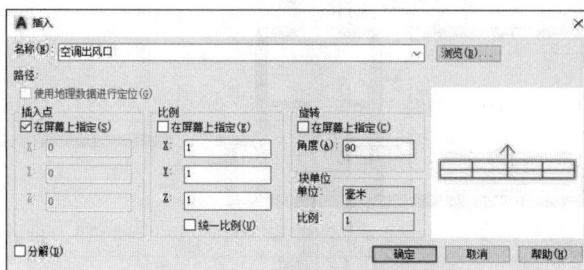

图 4-74　插入空调出风口块

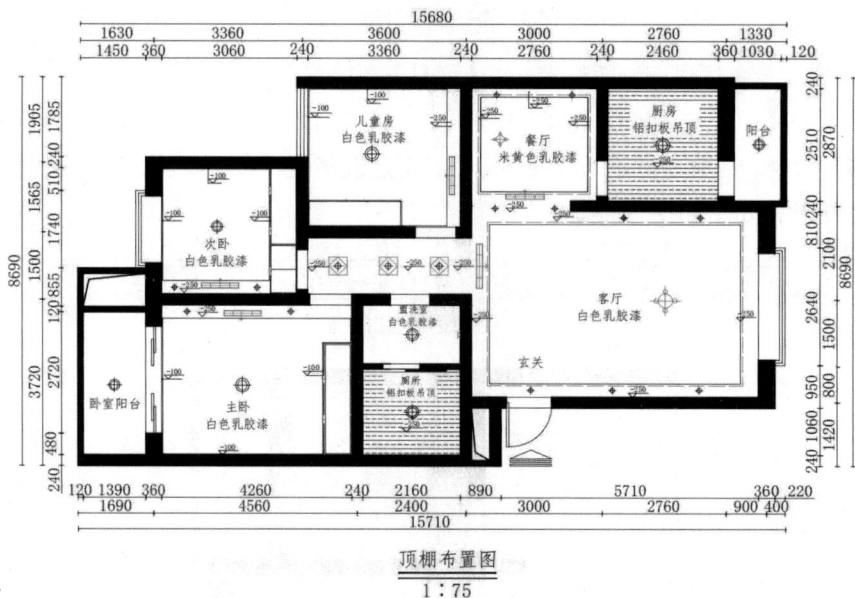

顶棚布置图
1：75

图 4-75　完成空调出风口的绘制

四、项目小结

本项目从建筑装饰装修与室内装潢施工的角度，对装饰公司的项目工程中必然会涉及的装饰施工图中的墙体拆改图、平面布置图、地面铺装图、顶棚布置图做了详细的绘制步骤讲解。这些图纸是施工的重要依据，学习者可以通过熟悉这些图纸的绘制方法，掌握装饰施工图的基本绘制方法。

五、技能活页

（一）知识点拓展

1. 以下（　　　）命令是命令行输入多行文字的命令。

A. Text　　　　　　B. Mtext　　　　　　C. Table　　　　　　D. Style

2. 新建一个标注样式，此标注样式的基准标注为（　　　）。

A. ISO-25　　　　　　　　　　　B. 当前标注样式

C. 命名最靠前的标注样式　　　　　D. 应用最多的标注样式

3. 中文字体有时不能正常显示，它们显示为 "?"，或者显示为一些乱码，使中文字体正常显示的方法有（　　　）。

A. 选择 CAD 软件自动安装的 txt.shx 字体

B. 选择 CAD 软件自带的支持中文字体正常显示的 TTF 文件

C. 在文字样式对话框中，将字体修改成支持中文的字体

D. 复制第三方发布的支持中文字体的 shx 字体

4. 对多线对象执行分解命令后，分解后的线型是（　　　）。

A. 直线 Line　　　　B. 多段线 Pline　　　　C. 构造线

5. 一般绘制室内平面图时，绘图比例应选用（　　　）。

A. 1:1　　　　　　B. 1:100　　　　　　C. 1:10

6. 绘制门窗时常采用（　　　）命令。

A. 直线　　　　　　B. 多线　　　　　　C. 构造线

7. 对于 Text 命令，下面描述正确的是（　　　）。

A. 只能用于创建单行文字

B. 可创建多行文字，每一行为一个对象

C. 可创建多行文字，所有多行文字为一个对象

D. 可创建多行文字，但所有行必须采用相同的样式和颜色

8. 文字编辑命令的快捷命令是（　　　）。

A. ED　　　　　　B. DE　　　　　　C. RE　　　　　　D. D

（二）技能实践

任务六　绘制室内空间平面布置图

1. 目的要求

室内空间平面布置图（见图 4-76）是用平面的方式展现空间的布置和安排的简明图解，用以表示室内空间各家具、陈设的相对平面位置。学习者通过本技能实践任务的学习，能掌握室内空间平面布置图的正确绘图顺序与相关操作命令，并在了解与人体工程学的艺术美学基础上掌握绘制室内空间平面布置图的方法与技巧。

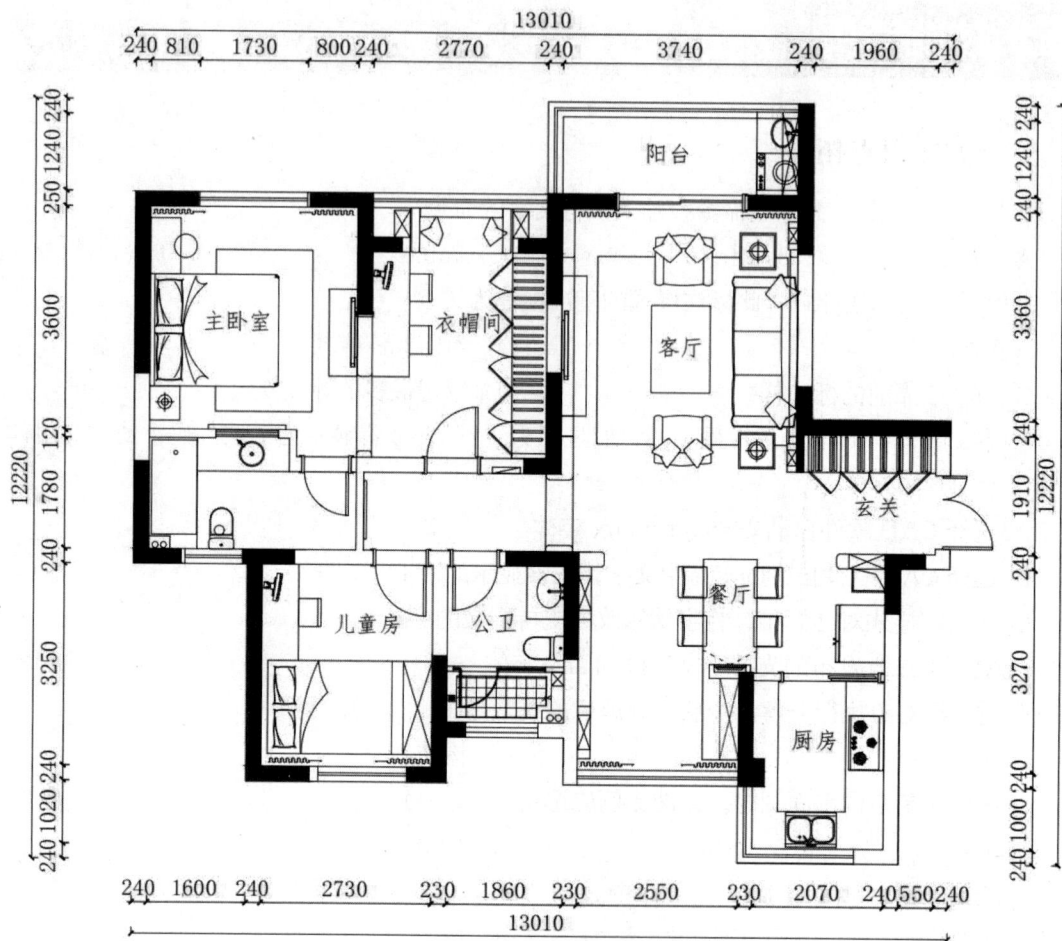

平面布置图

1：100

图4-76　室内空间平面布置图

2.操作提示

（1）创建图层并准确设置图层的相关属性。

（2）绘制家具并导入合适的家具、电器。

（3）进行图面整理和必要的标注，完成平面布置图的绘制。

3. 活页笔记

典型工作任务名称：绘制室内空间平面布置图	技能操作解析	操作疑点
1. 平面布置图绘制的前期准备 （1）复制、修改原始平面图 复制原始平面图，修改图名为_____，按照图例修改图纸，删除部分标注图线。 （2）改造部分墙体结构 利用_____、_____等绘图、修改工具，拆除、新建墙体，对空间进行优化改造	了解复制的不同方法 注意对象捕捉、对象追踪功能的运用	
2. 各空间平面家具的布置 （1）图库模型的正确调用 打开 CAD 模型图库，仿照图例，选取合适的模型。 （2）家具模型的合理摆放 在模型图库中选中需要的家具，单击鼠标右键，选择快捷菜单上的_____（命令）或运用_____（快捷命令）进行复制，切换到平面布置图，单击鼠标右键，选择_____（命令）或运用_____（快捷键）进行粘贴，用鼠标将家具移动到合适的位置。 （3）绘制部分家具模型 使用_____、_____、_____、_____等绘图、修改工具绘制柜子、桌子等模型，完成各空间家具的布置	注意区分平面模型、立面模型 运用【移动】【旋转】【镜像】等修改命令对导入的模型进行调整 注意模型的大小比例	
3. 绘制门及门套 （1）绘制门套 使用_____（【直线】快捷命令）按图例形状绘制门套，用_____（【定义块】快捷命令）将所绘制的门套定义为块，在各空间相应位置用_____（【插入块】快捷命令）将其插入。 （2）绘制门 使用_____（【矩形】快捷命令）、_____（【圆弧】快捷命令）绘制门。 （3）复制门 复制门到各空间，注意大小比例的调整，需使其符合各空间的尺寸	思考除了运用块还可以用什么方法达到以上效果 插入块时注意角度的设置 注意在各空间中门的大小并不一致 可利用【比例缩放】命令参照缩放调整门的大小	

典型工作任务名称：绘制室内空间平面布置图	技能操作解析	操作疑点
4.文本标注 （1）设置文本样式 使用＿＿＿＿＿＿＿＿＿＿（【文本样式】快捷命令）设置仿宋体文本样式。 （2）标注文本 使用＿＿＿＿＿＿＿＿＿＿（【多行文字】快捷命令）标注各空间名称	注意多行文字的文本框大小	
任务完成时间	＿＿＿＿＿＿＿分钟	

4.测评活页

每个学生完成技能活页的成绩评定按学生自评、小组互评、教师综合评价三阶段进行，并按自评占30%、小组互评占20%、教师测评占50%作为学生技能活页评价结果。

（1）学生进行自我评价，总结完成任务过程中的成功和不足之处，并将结果填入"学生自评表"。

学生自评表

姓名		学号		班级	
项目	绘制室内空间施工图纸		编号		06
任务六	绘制室内空间平面布置图		完成时间		40分钟
评价点	评价标准			分值	得分
墙体改造	能正确运用命令对空间墙体进行合理改造			10	
模型图块使用	能合理运用相关命令插入模型图块，大小比例恰当			10	
工具使用	能正确调用绘图、修改工具绘制平面布置图			10	
文本标注	能精确规范地进行文本标注			10	
工作态度	态度端正，无无故缺勤、迟到、早退现象			10	
工作质量	能按照规定尺寸完成平面图的绘制，图形完整			20	
工作效率	能在规定时间完成技能实践任务			10	
协调能力	与小组成员、同学之间能合作交流、协调工作			5	
职业素质	能掌握设计助理岗位制图规范			5	
创新意识	创新思路，灵活操作软件			10	
合计				100	

完成任务心得体会：

（2）学生以小组为单位，对绘制室内空间平面布置图过程与结果进行互评，将互评结果填入"小组互评表"中。

小组互评表

姓名			学号					班级			
项目		绘制室内空间施工图纸					编号			06	
任务六		绘制室内空间平面布置图					完成时间			40 分钟	
评价点	分值	评分等级						评价对象（小组成员）			
								组员 1 姓名	组员 2 姓名	组员 3 姓名	组员 4 姓名
墙体改造	10	优	10	良	8	中	7	差 5			
模型图块使用	10	优	10	良	8	中	7	差 5			
工具使用	10	优	10	良	8	中	7	差 5			
文本标注	10	优	10	良	8	中	7	差 5			
工作态度	10	优	10	良	8	中	7	差 5			
工作质量	20	优	20	良	16	中	14	差 10			
工作效率	10	优	10	良	8	中	7	差 5			
协调能力	5	优	5	良	4	中	3	差 2			
职业素质	5	优	5	良	4	中	3	差 2			
创新意识	10	优	10	良	8	中	7	差 5			
合　计	100										

组长签名：_____　　日期：_____

说明：
1. 以 5 人为单位组成互评小组，小组内每位成员依据评分点及完成度按相应的评分等级为其他 4 人打分，取 4 人的平均分作为学生小组互评成绩。
2. 由互评小组组长负责统计学生自评成绩，并计算汇总小组互评成绩。
3. "小组互评表"中评价点相应评价标准具体参照"学生自评表"。

（3）教师对学生完成技能活页工作过程与工作结果进行评价，并将评价结果填入"教师综合评价表"中。

教师综合评价表

姓名			学号		班级	
项目			绘制室内空间施工图纸		编号	06
任务六			绘制室内空间平面布置图		完成时间	40 分钟
评价点			评价标准		分值	得分
考勤（10%）			无无故缺勤、迟到、早退现象		10	
工作过程（60%）	墙体改造		能正确设置图层及对象属性		10	
	模型图块使用		能合理运用相关命令插入家具模块，大小比例恰当		10	
	工具使用		能正确调用绘图、修改工具绘制平面布置图		10	
	文本标注		能精确规范地进行尺寸、文本标注		10	
	工作态度		态度端正，完成任务认真、主动		5	
	协调能力		与小组成员、同学之间能合作交流、协调工作		5	
	职业素质		能掌握设计助理岗位制图规范		5	
	创新意识		创新思路，灵活操作软件		5	
项目成果（30%）	工作质量		能按照规定尺寸完成平面图的绘制，图形完整		10	
	工作效率		能在规定时间完成技能实践任务		10	
	笔记成果		获知相关知识，并正确完成活页笔记		10	
合计					100	
综合评价		自评（30%）	小组互评（20%）	教师评价（50%）	综合得分	

任务七　绘制室内空间地面铺装图

1. 目的要求

室内空间地面铺装图（见图4-77）是展示地面材质及做法的图样。学习者通过本实践任务的学习，能了解室内地面材质铺装图的正确制图顺序与其对施工的意义，掌握卧室、客厅、厨房、卫生间、阳台铺装材质的规格及正确的绘制方法。

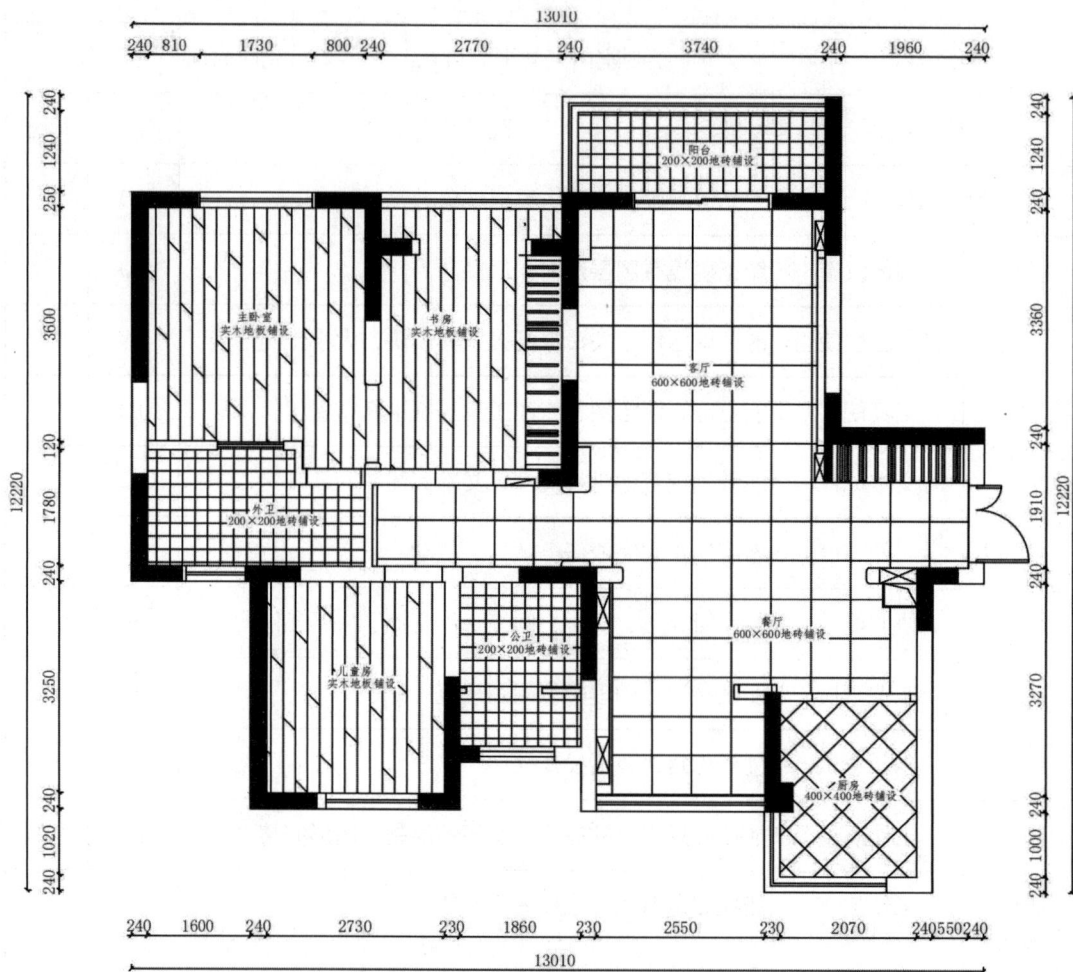

地面铺装图

1：100

图4-77　室内空间地面铺装图

2. 操作提示

（1）【图案填充】命令的正确使用。

（2）填充范围、图案参数、原点的正确设置。

（3）文本标注准确而清晰。

3. 活页笔记

典型工作任务名称：绘制室内空间地面铺装图	技能操作解析	操作疑点
1. 地面铺装图绘制的前期准备 复制、修改平面布置图 复制平面布置图，并将图名修改为_____，按照图例修改图纸，删除家具图例及门	注意保留部分空间柜体	
2. 各空间材质填充 （1）用文本标注各空间材质 在原有空间标注的基础上，选用_____（【多行文字】快捷命令）标注各空间材质的大小、类型。 （2）客厅、餐厅地面铺装 选择_____（【图案填充】快捷命令），设置_____定义填充类型，选择_____复选框，设置间距为_____，设置图案填充原点分别_____，选择_____，选择客厅、餐厅所在空间，选择_____，选取客厅、餐厅的标注文本，预览后完成地面铺装材质的确定。 （3）卫生间、阳台地面铺装 同上操作，设置类型、间距，选择填充原点，选择填充范围，标注文本，完成卫生间材质的填充。 （4）卧室、书房地面铺装 选择图案填充工具，设置_____图案填充类型，设置角度为_____，比例为_____，设定填充原点。 （5）厨房地面铺装 选择图案填充工具，设置_____定义填充类型，选中_____复选框，设置间距为_____，设置角度为_____，设置_____为填充原点	注意文本框大小 注意材质填充原点的正确选取 注意利用选取对象预留文本空间 注意填充原点的选取和材质大小的设定 注意材质填充比例 注意填充原点及材质的选取	
任务完成时间	_____分钟	

4. 测评活页

每个学生完成技能活页的成绩评定按学生自评、小组互评、教师综合评价三阶段进行，并按自评占 30%、小组互评占 20%、教师测评占 50% 作为学生技能活页评价结果。

（1）学生进行自我评价，总结完成任务过程中的成功和不足之处，并将结果填入"学生自评表"。

学生自评表

姓名		学号		班级	
项目	绘制室内空间施工图纸		编号		07
任务七	绘制室内空间地面铺装图		完成时间		25 分钟
评价点	评价标准			分值	得分
材质填充	能正确使用【图案填充】命令设置填充范围、原点等参数			20	
工具使用	能正确调用绘图、修改工具绘制地面铺装图			10	
文本标注	能精确规范地进行文本标注			10	
工作态度	态度端正，无无故缺勤、迟到、早退现象			10	
工作质量	能按照规定尺寸完成平面图的绘制，图形完整			20	
工作效率	能在规定时间完成技能实践任务			10	
协调能力	与小组成员、同学之间能合作交流、协调工作			5	
职业素质	能掌握设计助理岗位制图规范			5	
创新意识	创新思路，灵活操作软件			10	
合计				100	

完成任务心得体会：

（2）学生以小组为单位，对绘制室内空间地面铺装图的过程与结果进行互评，将互评结果填入"小组互评表"中。

小组互评表

姓名			学号			班级			
项目	绘制室内空间施工图纸				编号			07	
任务七	绘制室内空间地面铺装图				完成时间			25分钟	
评价点	分值	评分等级						评价对象（小组成员）	
							组员1姓名	组员2姓名	组员3姓名 组员4姓名
材质填充	20	优	20	良	16	中	14	差	10				
工具使用	10	优	10	良	8	中	7	差	5				
文本标注	10	优	10	良	8	中	7	差	5				
工作态度	10	优	10	良	8	中	7	差	5				
工作质量	20	优	20	良	16	中	14	差	10				
工作效率	10	优	10	良	8	中	7	差	5				
协调能力	5	优	5	良	4	中	3	差	2				
职业素质	5	优	5	良	4	中	3	差	2				
创新意识	10	优	10	良	8	中	7	差	5				
合　计	100												

组长签名：＿＿＿＿＿＿＿＿　　日期：＿＿＿＿＿＿＿＿

说明：
1. 以5人为单位组成互评小组，小组内每位成员依据评分点及完成度按相应的评分等级为其他4人打分，取4人的平均分作为学生小组互评成绩。
2. 由互评小组组长负责统计学生自评成绩，并计算汇总小组互评成绩。
3. "小组互评表"中评价点相应评价标准具体参照"学生自评表"。

（3）教师对学生完成技能活页工作过程与工作结果进行评价，并将评价结果填入"教师综合评价表"中。

教师综合评价表

姓名			学号			班级		
项目			绘制室内空间施工图纸			编号		07
任务七			绘制室内空间地面铺装图			完成时间		25分钟
评价点			评价标准				分值	得分
考勤（10%）			无无故缺勤、迟到、早退现象				10	
工作过程（60%）	材质填充		能正确使用【图案填充】命令设置填充范围、原点等参数				20	
	工具使用		能正确调用绘图、修改工具绘制地面铺装图				10	
	文本标注		能精确规范地进行文本标注				10	
	工作态度		态度端正，完成任务认真、主动				5	
	协调能力		与小组成员、同学之间能合作交流、协调工作				5	
	职业素质		能掌握设计助理岗位制图规范				5	
	创新意识		创新思路，灵活操作软件				5	
项目成果（30%）	工作质量		能按照规定尺寸完成平面图的绘制，图形完整				10	
	工作效率		能在规定时间完成技能实践任务				10	
	笔记成果		获知相关知识，并正确完成活页笔记				10	
合计							100	
综合评价		自评（30%）		小组互评（20%）		教师评价（50%）		综合得分

任务八 绘制室内空间顶棚布置图

1. 目的要求

顶棚布置图（见图4-78）是表现室内顶棚上的装饰造型、设备布置、标高、尺寸、材料运用等内容的图样。学习者通过本实践任务的学习，能理解室内顶棚布置图的正确制图顺序与常规布置原理，掌握常规吊顶的标准绘制方法，掌握标高的正确绘制方法，以及灯饰安放与绘制的一般方法。

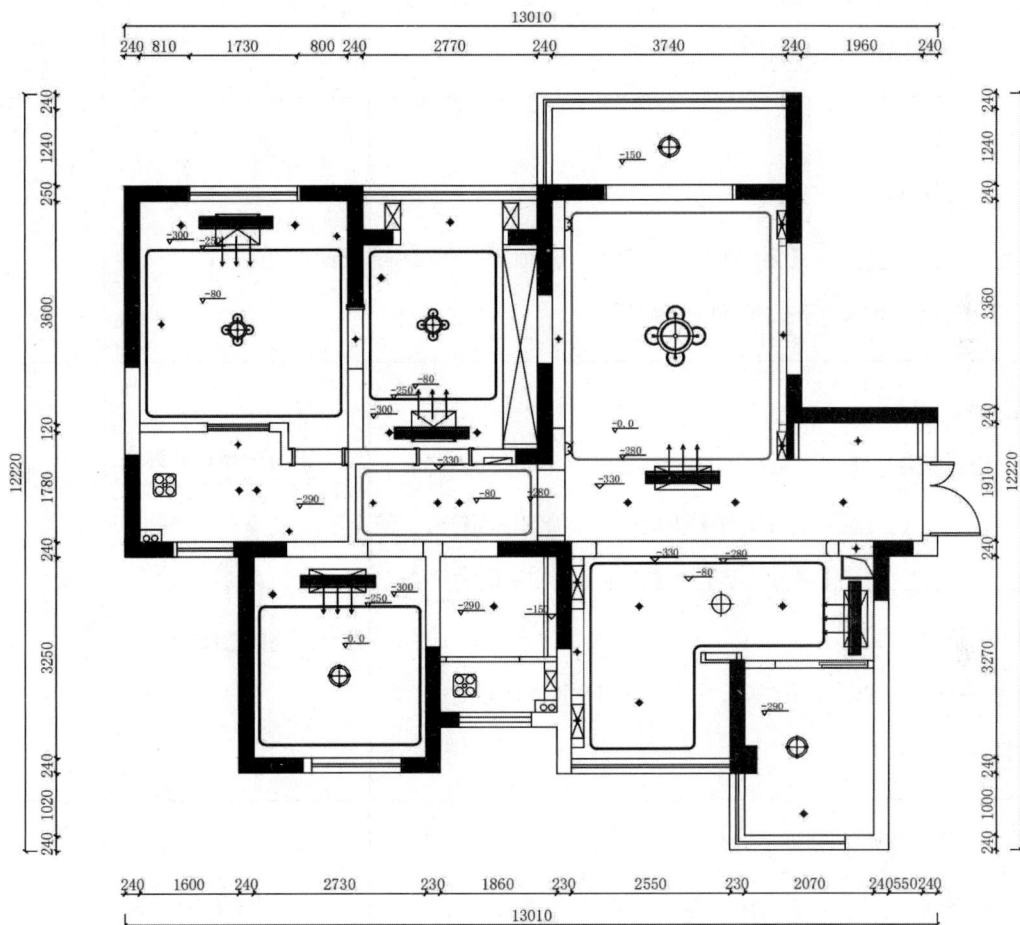

顶棚布置图

1：100

图4-78 室内空间顶棚布置图

2. 操作提示

（1）用圆角矩形绘制吊顶。

（2）绘制标高符号，设定高度。

（3）安装灯饰及空调出风口。

3. 活页笔记

典型工作任务名称：绘制室内空间顶棚布置图	技能操作解析	操作疑点
1. 顶棚布置图绘制的前期准备 复制、修改平面布置图 复制平面布置图，并将图名修改为＿＿＿＿＿＿＿＿，按照图例 修改图纸，删除家具图例及门	绘改图名，保留相关结构	
2. 绘制吊顶 绘制各空间吊顶 使用＿＿＿＿＿＿＿（【矩形】快捷命令），设置圆角，绘制各 空间吊顶矩形，偏移，完成吊顶的绘制	注意各空间吊顶与墙体、家具间的关系	
3. 绘制标高符号 （1）绘制标高符号 使用＿＿＿＿＿＿＿＿（【直线】快捷命令）绘制标高符号，使 用＿＿＿＿＿＿＿（【多行文字】快捷命令）设定标高的数值。 （2）复制标高符号 复制标高符号到图中合适位置，并根据不同位置离地面的 不同高度修改数据	也可以将标高定义为块，插入块完成各处标高的设定 注意标高的层次与表现	
4. 安装灯饰与空调出风口 （1）安装灯饰 从图库中导入各类灯饰，复制并粘贴到吊顶的合适位置。 （2）安装空调 导入空调出风口图例模型，复制并粘贴到吊顶的合适位置	注意灯饰的大小比例和摆放位置 注意空调出风口与家具的位置	
任务完成时间	＿＿＿＿＿＿分钟	

4.测评活页

每个学生完成技能活页的成绩评定按学生自评、小组互评、教师综合评价三阶段进行，并按自评占30%、小组互评占20%、教师测评占50%作为学生技能活页评价结果。

（1）学生进行自我评价，总结完成任务过程中的成功和不足之处，并将结果填入"学生自评表"。

学生自评表

姓名		学号		班级	
项目	绘制室内空间施工图纸		编号		08
任务八	绘制室内空间顶棚布置图		完成时间		30分钟
评价点	评价标准			分值	得分
吊顶绘制	能正确调用绘图、修改工具绘制顶棚造型			15	
调用图块	能正确调用灯饰、空调出风口等图块，大小合适、比例恰当、位置准确			15	
标高符号绘制	能正确绘制标高符号并标注高度			10	
工作态度	态度端正，无无故缺勤、迟到、早退现象			10	
工作质量	能按照规定尺寸完成平面图的绘制，图形完整			20	
工作效率	能在规定时间完成技能实践任务			10	
协调能力	与小组成员、同学之间能合作交流、协调工作			5	
职业素质	能掌握设计助理岗位制图规范			5	
创新意识	创新思路，灵活操作软件			10	
合计				100	

完成任务心得体会：

（2）学生以小组为单位，对绘制室内空间顶棚布置图的过程与结果进行互评，将互评结果填入"小组互评表"中。

小组互评表

姓名		学号					班级			
项目		绘制室内空间施工图纸					编号		08	
任务八		绘制室内空间顶棚布置图					完成时间		30 分钟	
评价点	分值	评分等级						评价对象（小组成员）			
								组员 1 姓名	组员 2 姓名	组员 3 姓名	组员 4 姓名
吊顶绘制	15	优	15	良	12	中	10	差	7		
调用图块	15	优	15	良	12	中	10	差	7		
标高符号绘制	10	优	10	良	8	中	7	差	5		
工作态度	10	优	10	良	8	中	7	差	5		
工作质量	20	优	20	良	16	中	14	差	10		
工作效率	10	优	10	良	8	中	7	差	5		
协调能力	5	优	5	良	4	中	3	差	2		
职业素质	5	优	5	良	4	中	3	差	2		
创新意识	10	优	10	良	8	中	7	差	5		
合　计	100										

组长签名：＿＿＿＿＿＿＿＿＿＿＿　日期：＿＿＿＿＿＿＿＿＿＿＿

说明：

1. 以 5 人为单位组成互评小组，小组内每位成员依据评分点及完成度按相应的评分等级为其他 4 人打分，取 4 人的平均分作为学生小组互评成绩。
2. 由互评小组组长负责统计学生自评成绩，并计算汇总小组互评成绩。
3. "小组互评表"中评价点相应评价标准具体参照"学生自评表"。

（3）教师对学生完成技能活页工作过程与工作结果进行评价，并将评价结果填入"教师综合评价表"中。

教师综合评价表

姓名		学号		班级	
项目		绘制室内空间施工图纸		编号	08
任务八		绘制室内空间顶棚布置图		完成时间	30分钟
评价点		评价标准		分值	得分
考勤（10%）		无无故缺勤、迟到、早退现象		10	
工作过程（60%）	吊顶绘制	能正确调用绘图、修改工具绘制顶棚造型		15	
	调用图块	能正确调用灯饰、空调出风口等图块，大小合适、比例恰当、位置准确		15	
	标高符号绘制	能正确绘制标高符号并标注高度		10	
	工作态度	态度端正，完成任务认真、主动		5	
	协调能力	与小组成员、同学之间能合作交流、协调工作		5	
	职业素质	能掌握设计助理岗位制图规范		5	
	创新意识	创新思路，灵活操作软件		5	
项目成果（30%）	工作质量	能按照规定尺寸完成平面图的绘制，图形完整		10	
	工作效率	能在规定时间完成技能实践任务		10	
	笔记成果	获知相关知识，并正确完成活页笔记		10	
合计				100	
综合评价		自评（30%）	小组互评（20%）	教师评价（50%）	综合得分

项目五

Auto CAD

绘制三室两厅住宅的立面图

【能力目标】

通过本项目及相关任务的学习，具备绘制住宅立面图的能力，并掌握绘制方法及绘图技巧。

【知识目标】

1. 掌握完整的住宅立面图的绘图顺序及绘制方法。
2. 掌握立面内视符号的正确绘制方法并理解其意义。
3. 掌握立面结构、家具、装饰物的正确绘制方法。
4. 掌握立面材料、尺寸的正确标注方法。

【素质目标】

培养在绘制住宅立面图的过程中应具备的科学、严谨、缜密的操作态度。

一、项目导入

（一）装饰立面图的形成

将建筑物装饰的外观墙面或内部墙面向垂直的投影面所作的正投影图就是装饰立面图。装饰立面图主要反映墙面的装饰造型、饰面处理、剖切到的顶棚的断面形状、投影到的灯具或风管等内容。

装饰立面图常用比例为 1：100、1：80、1：50 或 1：25。室内墙面的装饰立面图一般选用较大的比例，即 1：80，如图 5-1 所示。

（二）装饰立面图的图示内容

1. 在图中用相对于本层地面的标高标注地台、踏步等位置的尺寸。
2. 顶棚面的距地标高及其叠级（凸出或凹进）造型的相关尺寸。
3. 墙面造型的样式及饰面的处理。
4. 墙面与顶棚面相交处的收边做法。
5. 门窗的位置、形式，墙面、顶棚面上的灯具及其他设备。
6. 固定家具、壁灯、挂画等在墙面中的位置、立面形式和主要尺寸。
7. 墙面装饰的长度及范围，以及相应的定位轴线符号、剖切符号等。
8. 建筑结构的主要轮廓及材料图例。

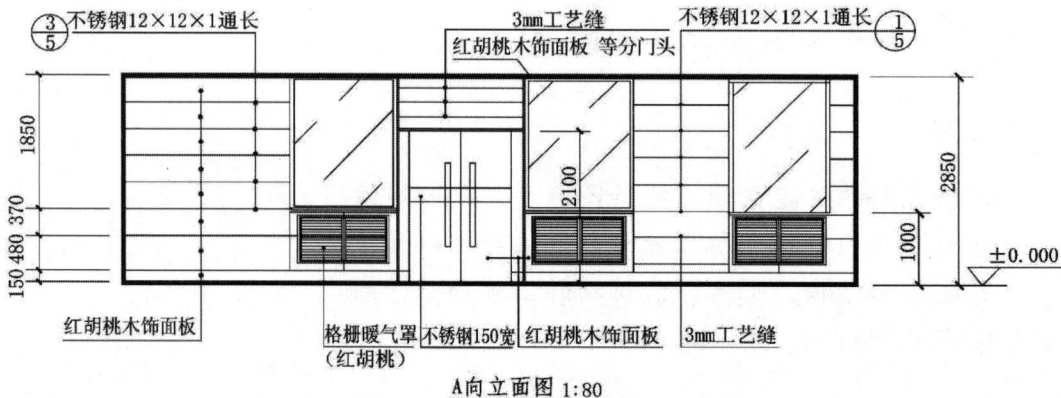

A 向立面图 1：80

图 5-1　装饰立面图

二、学习情境

（一）立面内视符号

为了表达室内立面在平面图中的位置，应在平面图上用内视符号注明视点的位置、方向及立面编号。

内视符号用直径为 8 ~ 12mm 的细实线圆圈加实心箭头和字母表示。箭头和字母所在的方向表示立面图的投影方向，同时相应字母也被作为对应立面图的编号。如图 5-2 所示，箭头指向 A 方向的立面图称为 A 立面图，箭头指向 B 方向的立面图称为 B 立面图。

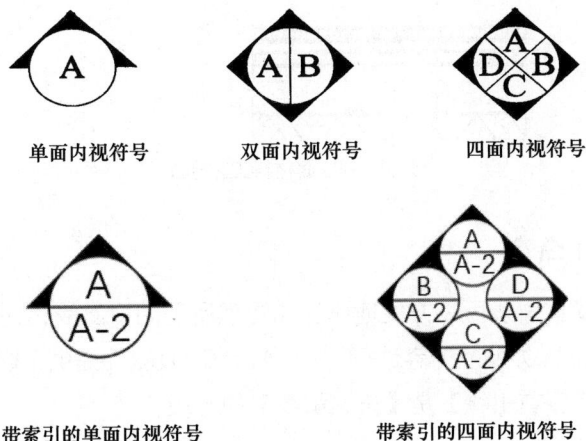

单面内视符号　　双面内视符号　　四面内视符号

带索引的单面内视符号　　带索引的四面内视符号

图 5-2　内视符号

（二）引线与立面材料注释

由图样引出一条或多条线段指向文字说明，该线段就是引出线，即引线。引出线与水平方向的夹角一般为 0、30°、45°、60°、90°，常见的引出线形式如图 5-3 所示。

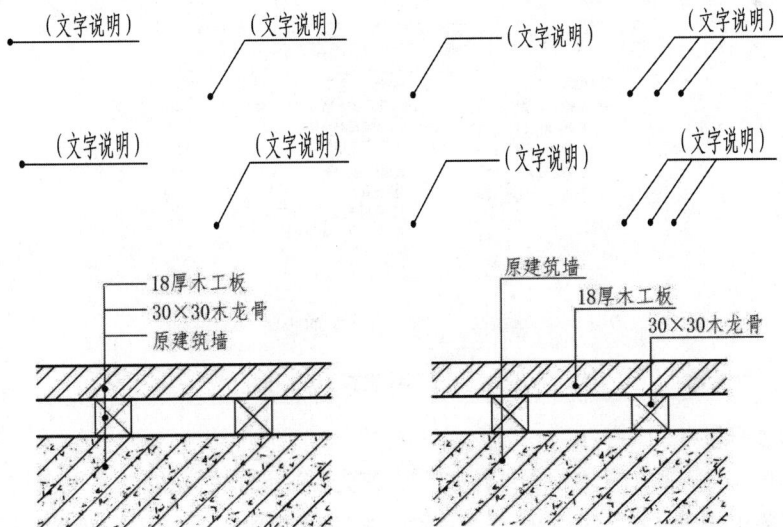

（文字说明）　（文字说明）　（文字说明）　（文字说明）

（文字说明）　（文字说明）　（文字说明）　（文字说明）

18厚木工板
30×30木龙骨
原建筑墙

原建筑墙
18厚木工板
30×30木龙骨

图 5-3　引出线形式

如图 5-3 和图 5-4 所示，在做立面材料的引出标注时，多层构造或多层管道如果共用引出线，可以将被引出的各层文字说明依次标注在各条横线的上方，也可以标注在横线的中间，标注顺序必须与被说明的层次一致。

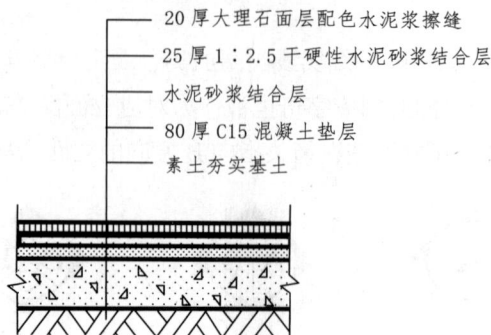

20 厚大理石面层配色水泥浆擦缝

25 厚 1：2.5 干硬性水泥砂浆结合层

水泥砂浆结合层

80 厚 C15 混凝土垫层

素土夯实基土

图 5-4　立面材料工艺标注

（三）引线标注命令

使用引线标注或多重引线可以方便地添加和管理所需的引出线，并可以通过修改多重引线的样式，对引线的格式、类型及内容进行编辑。AutoCAD 软件提供了【快速引线】命令和【多重引线】命令，其中【多重引线】是【快速引线】的升级。

1. 快速引线标注

【快速引线】命令是 AutoCAD 软件常用的引线标注命令。在命令行输入快捷命令 LE，可以激活【快速引线】命令。

在命令行输入参数 S，可以打开【引线设置】对话框，可以在其中对各元素进行设置，如图 5-5 所示。

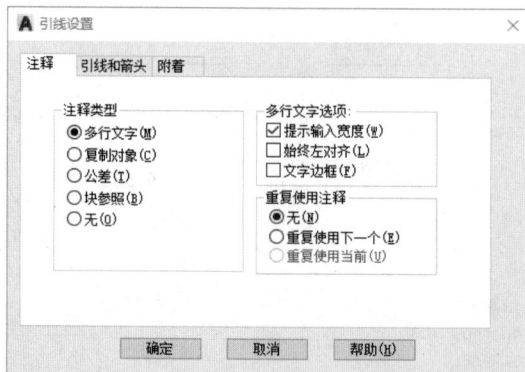

图 5-5　【引线设置】对话框

2. 多重引线标注

在使用【多重引线】命令进行引线添加时，首先需要设置所添加的多重引线的外观样式，选择【格式】菜单中的【多重引线样式】命令，打开【多重引线样式管理器】对话框，在对话框中新建、修改及删除多重引线样式，如图 5-6 所示。

单击对话框中的【新建】按钮，即可打开【创建新多重引线样式】对话框，在该对话框中指定创建的【新样式名】为圆点，单击【继续】按钮，如图 5-7 所示；即可利用打开的【修改多重引线样式：圆点】对话框对引线格式、引线结构及内容进行详细的设置，如图 5-8 所示。

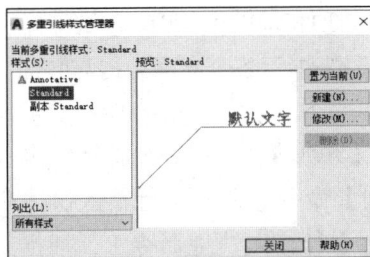

图 5-6　【多重引线样式管理器】对话框　　图 5-7　【创建新多重引线样式】对话框

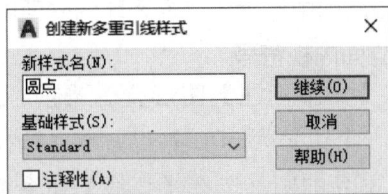

　　　　在室内设计制图中，通常采用的引线箭头样式为圆点，所以在这里引线样式可以命名为圆点。

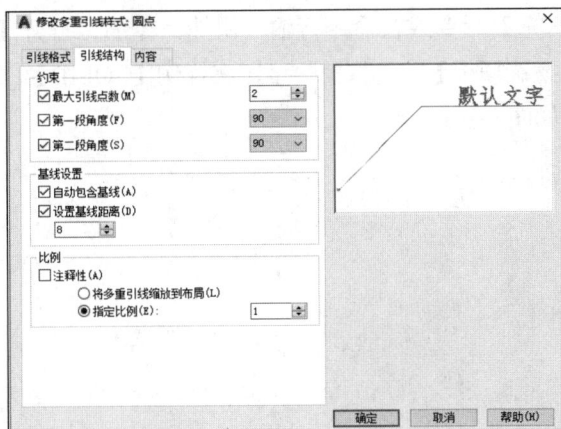

图 5-8　修改多重引线样式

3. 启动创建多重引线命令

启动创建多重引线命令的方式主要有以下 3 种。

（1）在命令行输入【MLEADER】命令或者快捷命令 MLD。

（2）打开【标注】菜单，选择【多重引线】命令。

（3）单击【引线】面板中的【多重引线】按钮 。

要使用多重引线标注现有对象，可以单击【引线】面板中的【多重引线】按钮，依次在图中指定引线箭头的位置、基线位置并添加文字，即可完成多重引线的创建。

三、任务实施

（一）绘制立面内视符号

客厅是家庭群体活动的主要空间，通常作为会客及聚谈的中心。本例中的客厅在设计上以简约风格为主，而客厅立面图主要反映客厅的立面装

微课 21

扫码观看

饰处理，材料运用，墙面、门、窗的高度尺寸，墙与顶和地的衔接方式，绘制客厅立面图前首先需要在平面图中标示出室内客厅的立面内视符号来指示各个立面结构与装饰。

1. 绘制立面内视符号

（1）将【文本标注】图层置为当前，选择【矩形】命令或在命令行输入快捷命令REC，绘制一个边长为 600 的正方形，选择【圆】命令，在命令行输入快捷命令 C 绘制一个半径为 300 的圆。选择【直线】命令或在命令行输入快捷命令 L，捕捉正方形各边的中点，连接对边中点，如图 5-9 所示。

（2）选中绘制的圆，选择【移动】命令或在命令行输入快捷命令 M，设置基点为圆心，将圆移动至正方形内，使圆心与正方形的中心重合，与正方形的四边相内切，如图 5-9 所示。选中绘制的图形，选择【旋转】命令或在命令行输入快捷命令 RO，旋转角度为 45，旋转完如图 5-10 所示。

（3）选择【图案填充】命令或在命令行输入快捷命令 H，打开【图案填充和渐变色】对话框，打开【填充图案选项板】，选择第一个图案样例【SOLID】，单击【添加：拾取点】按钮，完成外围填充，如图 5-11 所示。

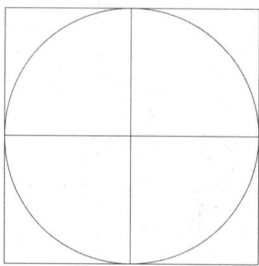

图 5-9 内切

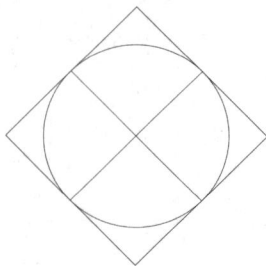

图 5-10 旋转

图 5-11 图案填充

图 5-12 数字标识

2. 标识内视符号数字

（1）选择【多行文字】命令或在命令行输入快捷命令 MT，输入大写字母"A"，文字高度设置为 150，单击【确定】按钮。选中"A"并将其调整到合适位置，选择【复制】命令或在命令行输入快捷命令 CO，将其复制到其他框内，将复制后的"A"依次改为"B""C""D"，如图 5-12 所示。

（2）将绘制完的室内客厅立面内视符号选中，选择【移动】命令或在命令行输入快捷命令 M，移动到"平面布置图"中的对应位置，如图 5-13 所示。

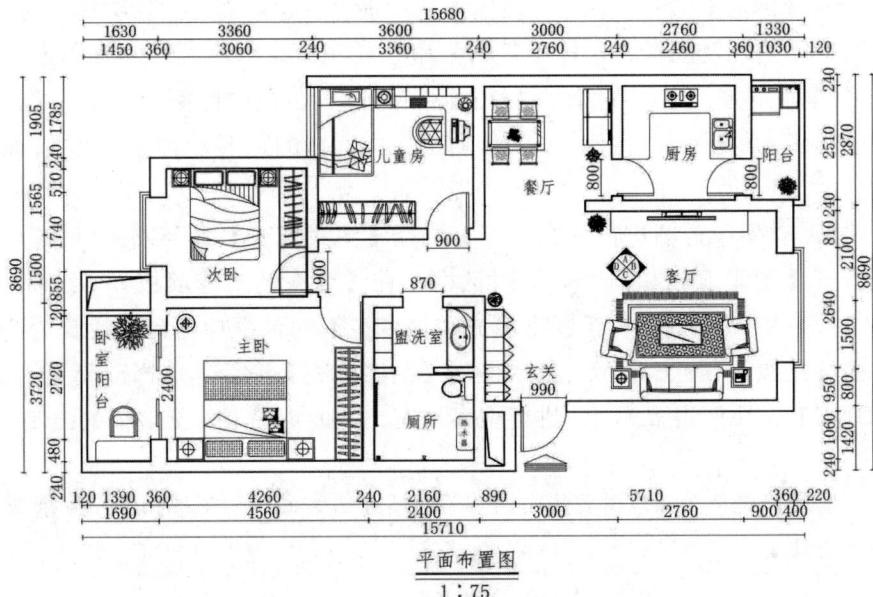

图 5-13　将内视符号放置在平面布置图中的对应位置

其中"A"代表"A"所指方向的立面墙，称为"A立面墙"，同理，"B""C""D"所指方向的立面墙分别称为"B立面墙""C立面墙""D立面墙"。

（二）绘制客厅 A 立面布置图

1. 绘制 A 立面结构

（1）从平面布置图中复制客厅的 A 立面的平面部分，将墙体图层置为当前，选择【直线】命令或在命令行输入快捷命令 L，对准平面图所在墙体位置，绘制立面墙体的轮廓线，如图 5-14 所示。选择【直线】命令或在命令行输入快捷命令 L 绘制客厅顶面线，选择【偏移】命令或在命令行输入快捷命令 O，设置偏移距离为 3000，将顶面线偏移为地面。

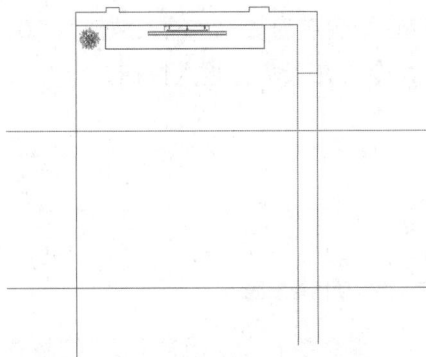

微课 22

扫码观看

A立面布置图
1:50

图 5-14　绘制 A 立面墙体的轮廓线　　　图 5-15　修剪 A 立面轮廓线

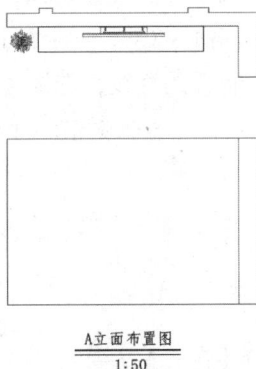

（2）选择【修剪】命令或在命令行输入快捷命令 TR 修剪立面轮廓线，选中平面布置图的图名、比例以及图线，选择【复制】命令或在命令行输入快捷命令 CO，复制到绘制的 A 立面墙下方，更改图名为"A 立面布置图"，更改比例为 1:50，同时将图线修改成合适长度，并将图名、比例、图线移动至 A 立面墙的正下方的合适位置，如图 5-15 所示。

（3）对 A 立面布置图进行图案填充，选择【图案填充】命令或在命令行输入快捷命令 H，打开【图案填充和渐变色】对话框，在【填充图案选项板】中选择一个钢筋图案样例【JIS-WOOD】，在【图案填充和渐变色】对话框中将比例设置为 70，完成钢筋材质的填充如图 5-16 所示。再次使用【图案填充】命令，选择混凝土的图案样例【AR-CONC】，比例设置为 2，进行图案填充，完成钢筋混凝土墙体的绘制。

> 填充时要特别注意图案的比例，不同填充图案的比例不尽相同，要根据实际需要调整设置。

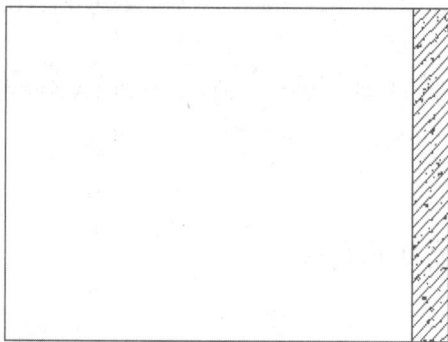

图 5-16　填充墙体材质

2. 绘制 A 立面吊顶、踢脚线

（1）如图 5-17 所示，选中上边线，选择【复制】命令或在命令行输入快捷命令 CO，向下复制，输入数据为 250，按【空格】键确认。选中绘制的线及与它相交的直线，选择【修剪】命令或在命令行输入快捷命令 TR 进行修剪。选中修剪后的线，选择【复制】命令或在命令行输入快捷命令 CO，向上复制，指定直线端点为基点，输入数值为 10，按【空格】键确认。选中复制后的直线，选择【复制】命令或在命令行输入快捷命令 CO，向上复制，指定直线端点为基点，输入数值为 40。

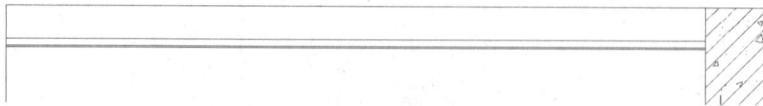

图 5-17　绘制顶棚轮廓线

（2）选择【直线】命令或在命令行输入快捷命令 L，沿墙体右边线绘制与吊顶高度一致，长度为 250 的线条。选中修剪后的线，选择【复制】命令或在命令行输入快捷命令 CO，向

左复制，依次输入数值为 10、50、60，完成吊顶龙骨轮廓线的复制，如图 5-18 所示。

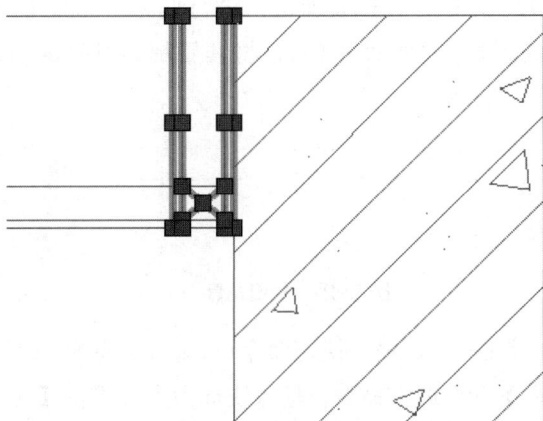

图 5-18　绘制木龙骨

在这里使用【复制】命令时一定要注意对象捕捉和正交功能的使用场合，适时打开或关闭功能，以免影响复制效果。

（3）选择【直线】命令或在命令行输入快捷命令 L，在图中绘制两条交叉直线，选中复制的直线和交叉直线，将其创建为块。选择【创建】命令或在命令行输入快捷命令 B，打开【块定义】对话框，将名称设置为"龙骨"，并拾取右上角点作为基点，单击【确定】按钮，如图 5-19 所示。

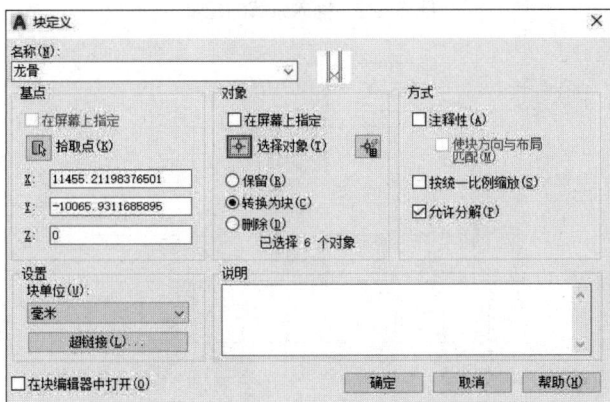

图 5-19　创建龙骨块

（4）选中创建为块的龙骨，选择【复制】命令或在命令行输入快捷命令 CO，将绘制的龙骨复制到墙体的另一侧，如图 5-20 所示。

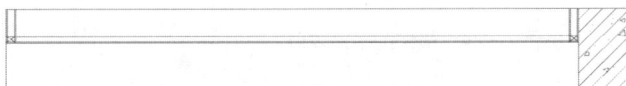

图 5-20　复制龙骨

169

（5）在这里离右侧墙体 80cm 至 100cm 的距离就需要安装一个龙骨，因此可以利用墙体边线绘制辅助线。选中右墙体的左边线，选择【偏移】命令或在命令行输入快捷命令 O，输入距离为 830，按【空格】键确认，进行偏移，绘制辅助线。选中龙骨，选择【复制】命令或在命令行输入快捷命令 CO，将其复制到每条辅助线的右侧，复制完成后删除辅助线，如图 5-21 所示。

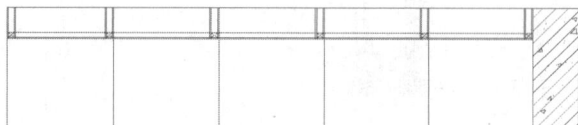

图 5-21　放置龙骨

（6）选择【偏移】命令或在命令行输入快捷命令 O，输入距离为 "80"，将下边线往上偏移，选择【块】命令下的【插入】命令或在命令行输入快捷命令 I，选择【龙骨】块，勾选【分解】复选框，如图 5-22 所示；利用对象捕捉及追踪功能，在距现有龙骨 60 的位置再插入【龙骨】块，如图 5-23 所示；选择【修剪】命令或在命令行输入快捷命令 TR，对插入的龙骨进行修剪，最终的吊顶效果如图 5-24 所示。

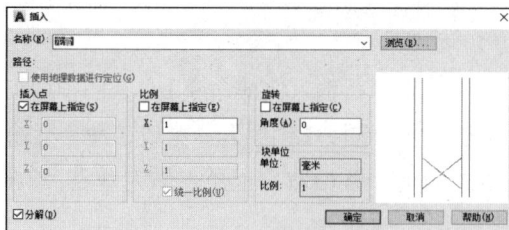

图 5-22　插入分解的龙骨

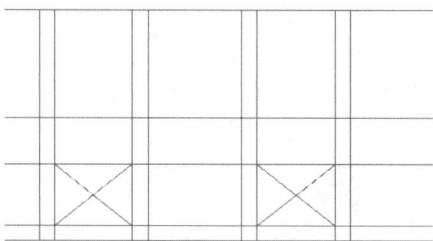

图 5-23　插入新龙骨

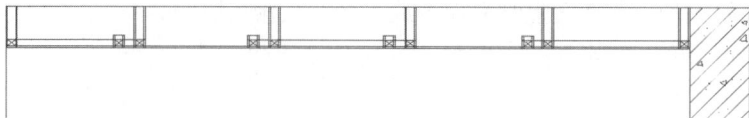

图 5-24　最终的吊顶效果

（7）选择【偏移】命令或在命令行输入快捷命令 O，选中下方地平线，

微课 23

扫码观看

设置往上偏移距离为 50，选择【修剪】命令或在命令行输入快捷命令 TR，修剪与墙体相交部分，完成踢脚线的绘制，如图 5-25 所示。

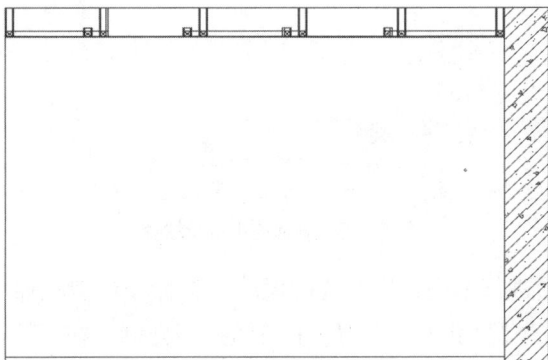

图 5-25 绘制踢脚线

3. 布置 A 立面室内软装

（1）从图库中选择电视柜，将其复制并粘贴到 A 立面布置图，居中放置，选择【修剪】命令或在命令行输入快捷命令 TR，修剪与踢脚线相交部分，如图 5-26 所示。

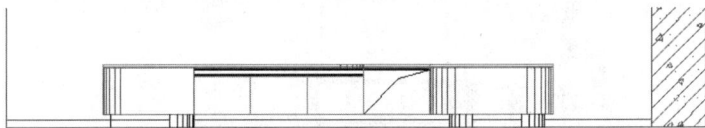

图 5-26 置入电视柜

（2）选择【直线】命令或在命令行输入快捷命令 L，绘制墙面造型轮廓线，选择【偏移】命令或在命令行输入快捷命令 O，设置偏移距离为 2000，得到另一侧轮廓线，利用【修剪】命令修剪与电视柜、踢脚线交叉的部分，如图 5-27 所示。

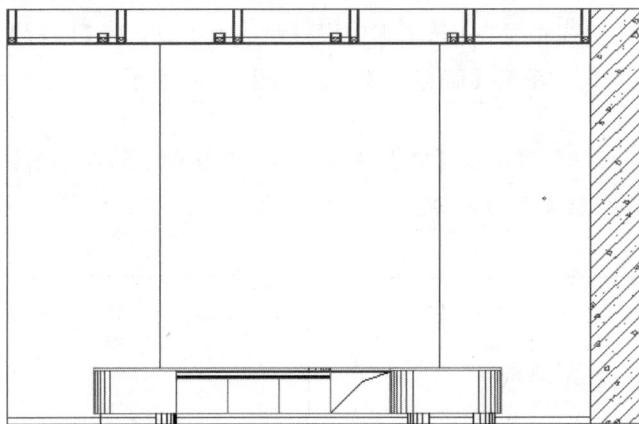

图 5-27 绘制墙面造型

（3）打开图库，选中液晶电视机，复制并粘贴到墙体中心略靠下方的位置；选中图库中的落地灯、绿植、盆花等软装饰品，复制并粘贴到 A 立面墙的合适位置，如图 5-28 所示。

图 5-28　置入电视机及软装

（4）对电视背景墙进行填充，选择【图案填充】命令或者在命令行输入快捷命令 H，单击【类型和图案】中的【图案】后的【...】按钮打开样例，在下拉列表中选中一个木纹图案样例【GOST-WOOD】，【比例】设置为 50，完成背景墙材质的填充，如图 5-29 所示。

图 5-29　填充背景墙材质

4. A 立面材料标注

（1）选择【图层】命令或者在命令行输入快捷命令 LA，新建【引线标注】图层，并将图层置为当前。选择【快速引线】命令或者在命令行输入快捷命令 LE，设置参数为 S，打开【引线设置】对话框，在【引线和箭头】选项卡中设置箭头为小点，在【附着】选项卡中勾选【最后一行加下画线】复选框，单击【确定】按钮，如图 5-30 所示。

进行引线标注时可以按【F8】快捷键打开正交命令辅助绘制引线，通过调整文本框大小可以控制文字的方向。

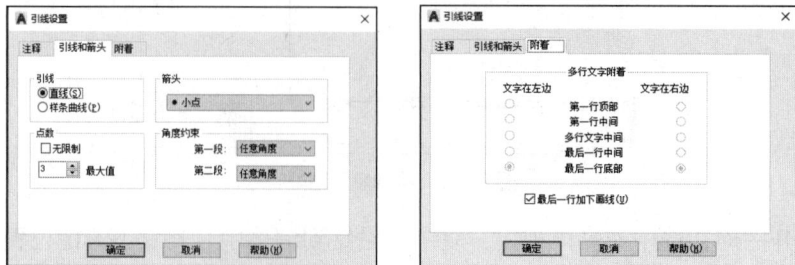

图 5-30　引线设置

（2）在立面图所需标注的地方选择确定第一个点，再指定下一点，画出第一条垂直的引线，再向水平方向指定第三个点，并在命令行输入文字高度 75，单击【确定】按钮后输入多行文字，再单击【确定】按钮打开文本编辑器，调整文本框大小，输入文字"原墙刷白色乳胶漆"，完成立面墙体材质的标注，如图 5-31 所示。

（3）将刚绘制的引线标注复制至需要位置，双击文字部分，将文字内容修改为柚木刷清漆、吊顶刷白色乳胶漆；以同样的方法对下方踢脚线及家电摆放位置进行标注，完成 A 立面材料的标注，如图 5-32 所示。

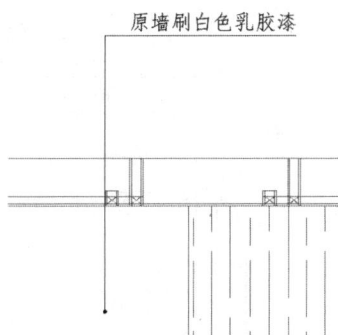

图 5-31　引线标注

图 5-32　A 立面材料标注

5. A 立面尺寸标注

选择【图层】命令或者在命令行输入快捷命令 LA，将【尺寸标注】图层置为当前。选择【线性】命令或者在命令行输入快捷命令 DLI，打开对象捕捉功能，在左侧首先标注踢脚线高度，再选择【连续】命令或者在命令行输入快捷命令 DCO 进行尺寸标注，完成 A 立面布置图，如图 5-33 所示。

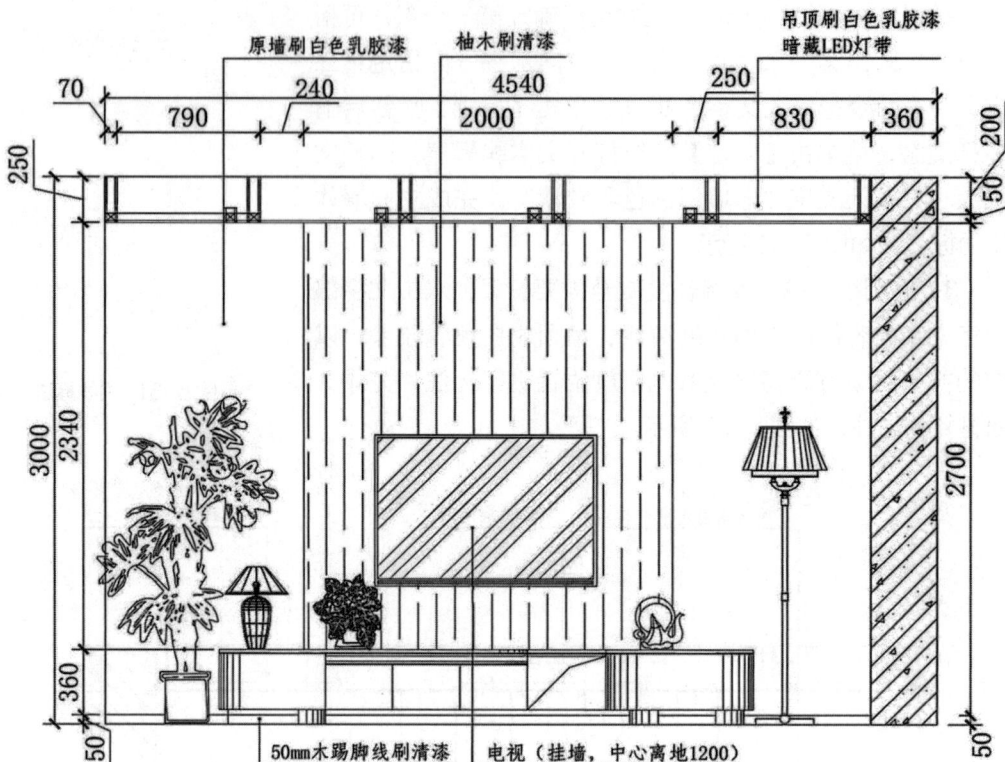

A立面布置图

1∶50

图5-33　A立面布置图

（三）绘制客厅 B 立面布置图

微课 24

1. 绘制 B 立面结构

（1）从平面布置图中复制客厅的 B 立面的平面部分，选择【旋转】命令或者在命令行输入快捷命令 RO，旋转 B 立面所对应的平面图，删除部分家具电器图形，如图 5-34 所示。

扫码观看

（2）将墙体图层置为当前，选择【直线】命令或在命令行输入快捷命令 L，对准平面图所在墙体位置绘制立面墙体轮廓线。选择【直线】命令或在命令行输入快捷命令 L绘制客厅顶面线，选择【偏移】命令或在命令行输入快捷命令 O，设置偏移距离为 3000，将顶面线偏移为地面线，如图 5-35 所示，修剪立面轮廓线，如图 5-36 所示。

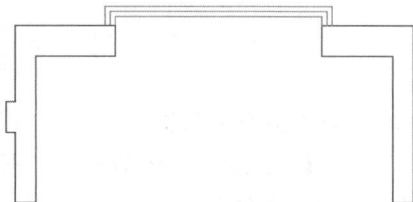

图5-34　B立面对应平面图

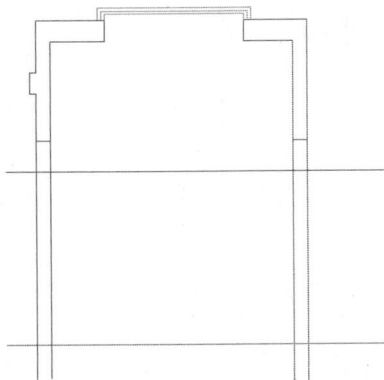

图 5-35　绘制墙体及顶面线、地面线

图 5-36　修剪立面轮廓线

（3）选择【复制】命令或在命令行输入快捷命令 CO，复制文字"A 立面布置图"至 B 立面墙体下方，双击文字更改图名为"B 立面布置图"。

（4）对 B 立面布置图进行图案填充，选择【图案填充】命令或在命令行输入快捷命令 H，打开【图案填充和渐变色】对话框，在【填充图案选项板】分别选择钢筋图案样例【JIS-WOOD】、混凝土的图案样例【AR-CONC】，设置填充比例分别为 70、2，填充 B 立面墙体，如图 5-37 所示。

2. 绘制 B 立面吊顶、踢脚线

（1）选中 B 立面的上边线，选择【偏移】命令或在命令行输入快捷命令 O，输入数据为 250，向下偏移复制，形成吊顶轮廓线，再将此轮廓线往上偏移 10。

B立面布置图

1:50

图 5-37　填充 B 立面墙体

（2）选择【复制】命令或在命令行输入快捷命令 CO，选中 A 立面吊顶上的龙骨，利用对象捕捉功能捕捉端点，将其复制到 B 立面的适当位置，如图 5-38 所示。选择【镜像】命令或在命令行输入快捷命令 MI，选中 B 立面右侧吊顶的龙骨，捕捉吊顶、地面的中点，将右侧龙骨镜像复制到左侧，如图 5-39 所示。

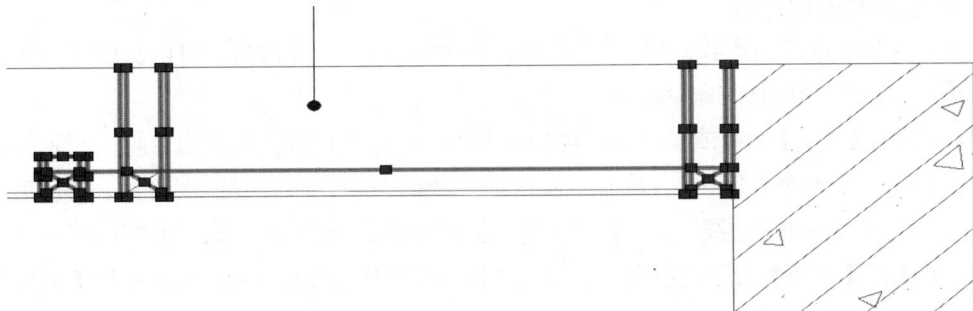

图 5-38　复制 A 立面吊顶上的龙骨

图 5-39　镜像复制 B 立面龙骨

（3）选择【偏移】命令或在命令行输入快捷命令 O，选中下方地面线，设置其往上偏移的距离为 50，选择【修剪】命令或在命令行输入快捷命令 TR，修剪与墙体相交的部分，完成踢脚线的绘制，如图 5-40 所示。

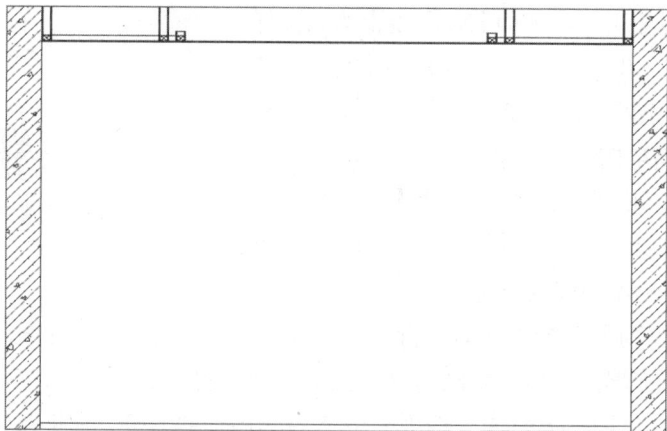

图 5-40　绘制踢脚线

3. 绘制 B 立面布置图

（1）本例中 B 立面比较简单，主要结构为墙体上有一扇塑钢窗，可以从图库中复制塑钢窗图例，也可以利用直线命令绘制。

（2）选择【图层】命令或在命令行输入快捷命令 LA，将门窗图层置为当前，选择【直线】命令或在命令行输入快捷命令 L，从 B 立面布置图中窗户所对应的位置画延伸线，将吊顶轮廓线偏移 450，形成窗体上边线，并将窗体上边线偏移 1500，形成下边线，如图 5-41 所示。

（3）选择【修剪】命令或在命令行输入快捷命令 TR，修剪多余的线，选择【偏移】命令或在命令行输入快捷命令 O，会发现这时是对 4 条直线进行偏移复制，后期还要再进行修剪，比较麻烦。

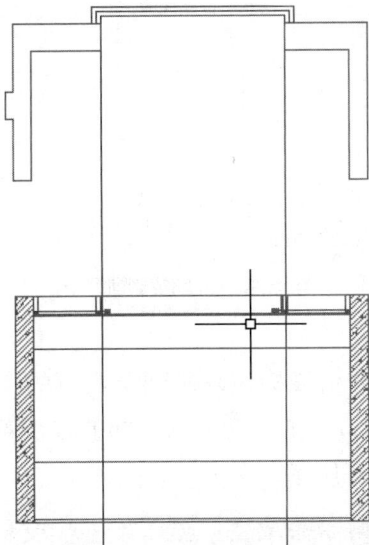

图 5-41 绘制窗体外轮廓

> 这里可以使用【编辑多段线】命令或在命令行输入快捷命令 PE，把 4 条直线合成一体，转成合并的多段线以方便操作。

（4）选择【编辑多段线】命令或在命令行输入快捷命令 PE，在命令行输入参数 M，选择多条直线后在命令行输入参数 Y，将直线转化为多段线，输入参数 J，合并多段线，如图 5-42 所示。

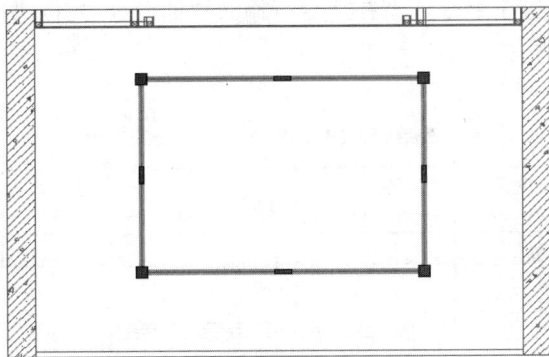

图 5-42 合并多段线

> 转化好的多段线为塑钢窗的外轮廓，其图层属性已经与墙体图层一致，这时可以选中图形，在图层下拉列表中选择门窗图层来重新定义其属性。

（5）在图层下拉列表中选中转化好的多段线并将其置入【门窗】图层，选择【偏移】命令或在命令行输入快捷命令 O，选中多段线并使其向内偏移 50、40、40，选择【直线】命令或在命令行输入快捷命令 L，打开对象捕捉功能捕捉中点，将中点连线向左、右各偏移 40，利用【修剪】命令去掉多余线条，完成塑钢窗造型，如图 5-43 所示。

图 5-43　完成塑钢窗造型

4.立面材质、尺寸标注

（1）将 A 立面上墙面部分引线标注复制到至需要的位置，双击文字部分，将文字内容修改为"塑钢窗"，如图 5-44 所示。以同样的方法对下方踢脚线进行标注，完成 B 立面材料的标注，如图 5-45 所示。

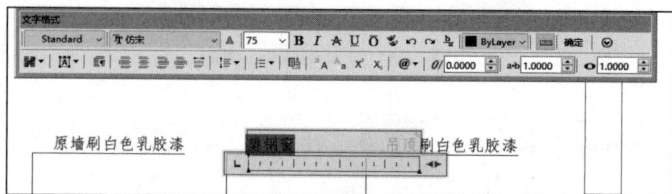

图 5-44　修改文字标注

（2）选择【图层】命令或者在命令行输入快捷命令 LA，将【尺寸标注】图层置为当前。选择【线性】命令或者在命令行输入快捷命令 DLI，打开对象捕捉功能，在左侧首先标注踢脚线高度，再选择【连续】命令或者在命令行输入快捷命令 DCO 进行尺寸标注，完成 B 立面布置图，如图 5-45 所示。

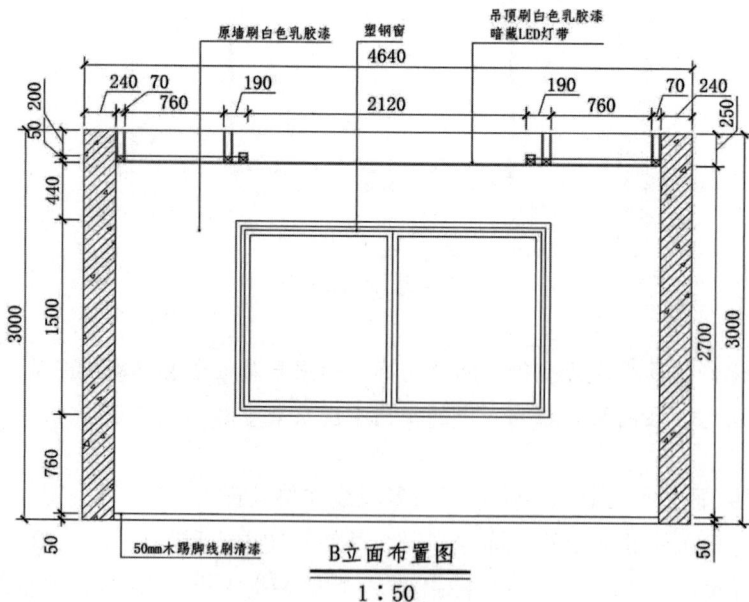

图 5-45　B 立面布置图

（四）绘制客厅 C 立面布置图

微课 25
扫码观看

1. 绘制 C 立面结构

（1）从平面布置图中复制客厅的 C 立面的平面部分，选择【旋转】命令或者在命令行输入快捷命令 RO，旋转 C 立面所对应的平面图，如图 5-46 所示。

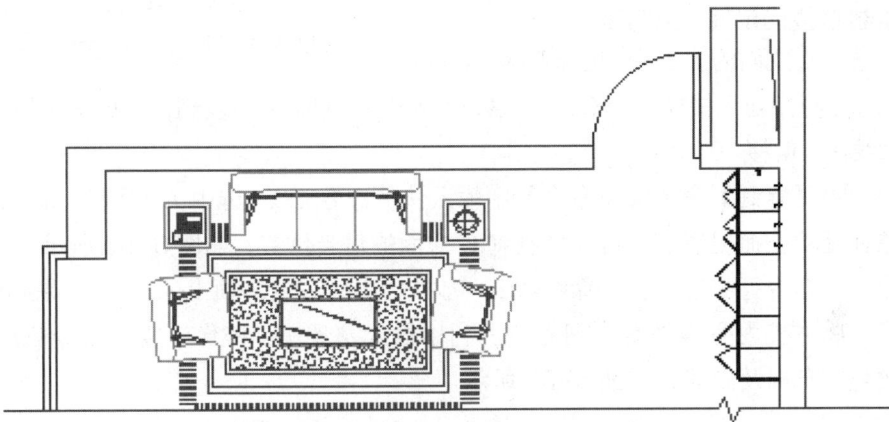

图 5-46　C 立面对应的平面图

（2）将墙体图层置为当前，选择【直线】命令或在命令行输入快捷命令 L，对准平面图所在墙体、门洞及柜体所在位置，绘制立面墙体轮廓线。选择【直线】命令或在命令行输入快捷命令 L，绘制客厅顶面线，选择【偏移】命令或在命令行输入快捷命令 O，设置偏移距离为 3000，将顶面线偏移为地面线，如图 5-47 所示。修剪立面轮廓线，如图 5-48 所示。

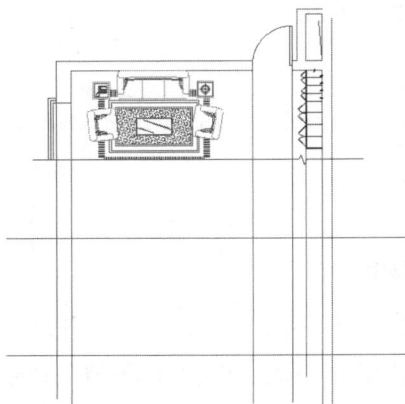

图 5-47　绘制墙体及顶面线、地平线

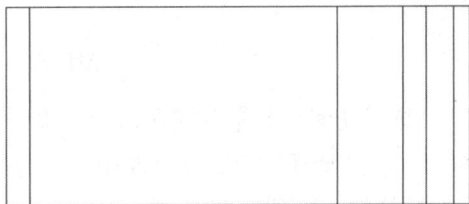

图 5-48　修剪立面轮廓线

（3）选择【复制】命令或在命令行输入快捷命令 CO，复制文字"B 立面布置图"至 C 立面墙体下方，双击文字更改图名为"C 立面布置图"。

（4）对 C 立面布置图的墙体进行图案填充，选择【图案填充】命令或在命令行输入

快捷命令 H，打开【图案填充和渐变色】
对话框，在【填充图案选项板】分别选择
钢筋图案样例【JIS-WOOD】、混凝土的
图案样例【AR-CONC】，设置填充比例
分别为70、2，填充C立面墙体，如图 5-49
所示。

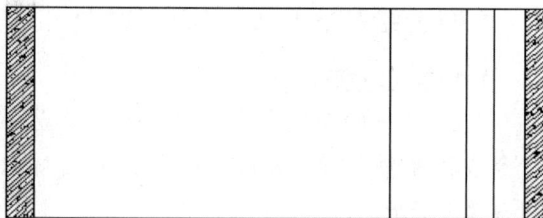

C立面布置图

1:50

图 5-49　填充C立面墙体

2. 绘制C立面吊顶、踢脚线

（1）选中C立面的上边线，选择【偏移】
命令或在命令行中输入快捷命令 O，输入数据为 250，向下偏移复制，形成吊顶轮廓线，再
将此轮廓线往上偏移 10。

（2）选择【复制】命令或在命令行中输入快捷命令 CO，选中 A 立面吊顶上的龙骨，
利用对象捕捉功能捕捉端点，将其复制到 C 立面的适当位置，如图 5-50 所示。选择【镜
像】命令或在命令行中输入快捷命令 MI，选中 C 立面右侧吊顶上的龙骨，捕捉吊顶、地
面的中点，将右侧龙骨镜像复制到左侧。利用插入龙骨块、镜像、复制命令完成 C 立面
吊顶上龙骨的布局及创建，如图 5-51 所示。

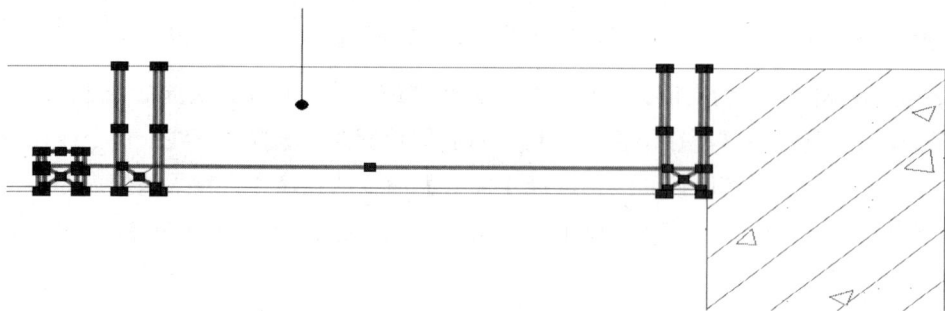

图 5-50　复制 A 立面吊顶上的龙骨

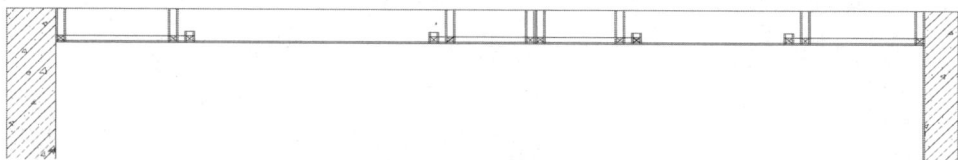

图 5-51　C 立面龙骨

（3）选择【偏移】命令或在命令行输入快捷命令 O，选中下方地平线，设置其往上偏
移距离为 50，选择【修剪】命令或在命令行输入快捷命令 TR，修剪与墙体相交的部分，完
成踢脚线的绘制，如图 5-52 所示。

3. 绘制C立面布置图

（1）本例的 C 立面主要为家具陈设，除鞋柜外，大多数家具陈设都可以复制图库中的
图例。打开图库，从中复制沙发并粘贴到 C 立面布置图中的合适位置，使用【修剪】命令修
剪与踢脚线交叉的部分，如图 5-53 所示。

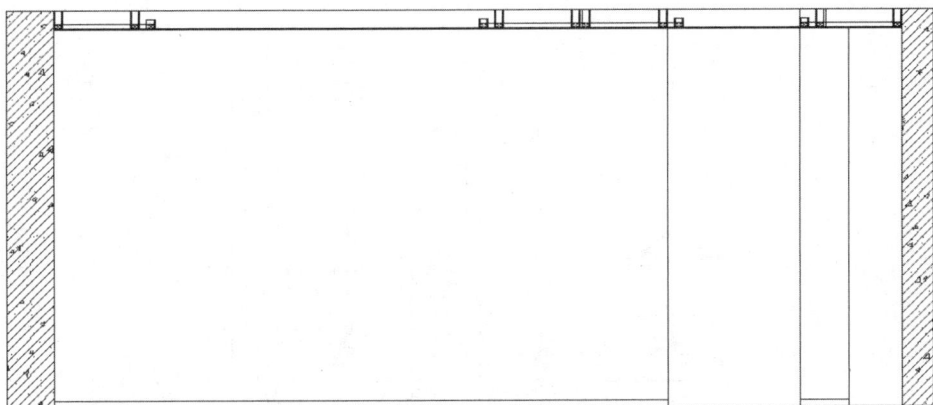

图 5-52　绘制踢脚线

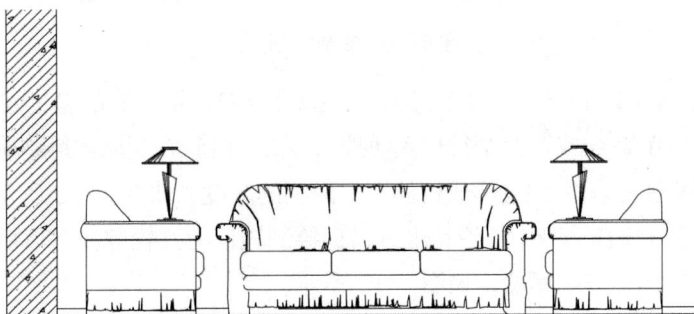

图 5-53　复制沙发图例

> 　　这里的沙发一定要选用立面图例，同时立面图例要放在地面上，并注意与踢脚线的前后关系。

（2）选择【偏移】命令或在命令行输入快捷命令 O，将地面线往上偏移 1800 作为挂装饰画的辅助线，打开图库，选择带基点复制装饰画，然后将装饰画图例粘贴到 C 立面沙发正上方的合适位置，与辅助线垂直，复制完成后，删除辅助线，如图 5-54 所示。

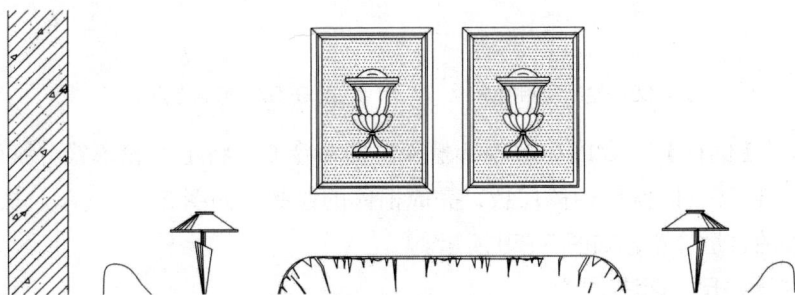

图 5-54　复制装饰画图例

（3）从图库中复制木门图例，粘贴到合适的位置，注意要捕捉地面端点，删除门线，修剪踢脚线，如图 5-55 所示。

图 5-55　复制木门图例

（4）选择【偏移】命令或在命令行输入快捷命令 O，将前面的鞋柜左侧轮廓线向右偏移 10，选择【直线】命令或在命令行输入快捷命令 L，沿着右侧墙体绘制鞋柜右侧轮廓线，然后将右侧轮廓线向左偏移 10，形成柜体左右两侧的厚度，如图 5-56 所示。选择【直线】命令或在命令行输入快捷命令 L，沿着上方吊顶绘制鞋柜上方轮廓线，然后将上方轮廓线向下偏移 10，形成柜体上方的厚度，如图 5-57 所示。

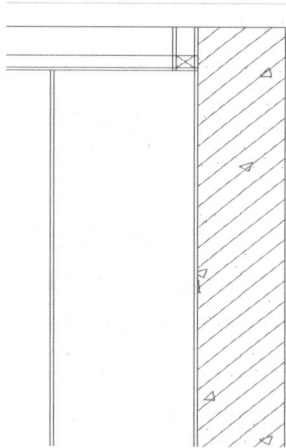

图 5-56　绘制两侧柜体　　　　图 5-57　绘制上方柜体

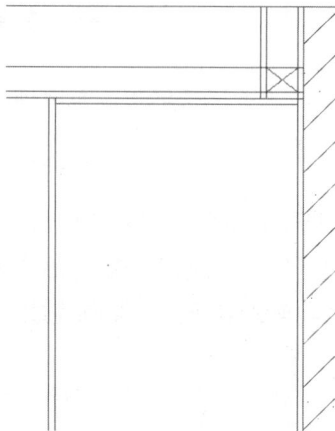

（5）选择【偏移】命令或在命令行输入快捷命令 O，将上方轮廓线分别偏移 1130、1140、1740、1750，即偏移柜体层板，完成柜体的绘制，如图 5-58 所示。从图库中复制花瓶到立面图的合适位置，如图 5-59 所示。

4. 立面材质、尺寸标注

（1）将 B 立面引线标注复制至需要的位置，双击文字部分，将部分文字内容修改为艺术挂画、中心离地 1800、标准木门、鞋柜。以同样的方法对下方踢脚线、门套线进行标注，完成 C 立面材料的标注，如图 5-60 所示。

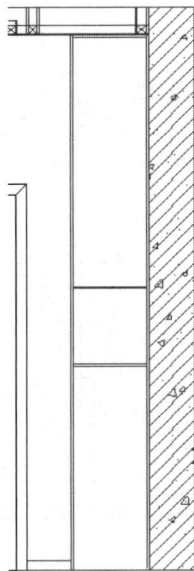

图 5-58　偏移柜体层板

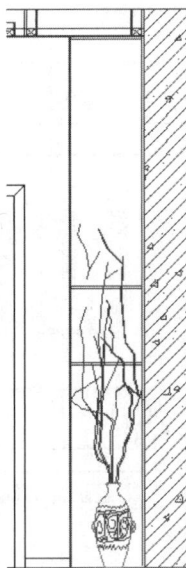

图 5-59　插入装饰花瓶图例

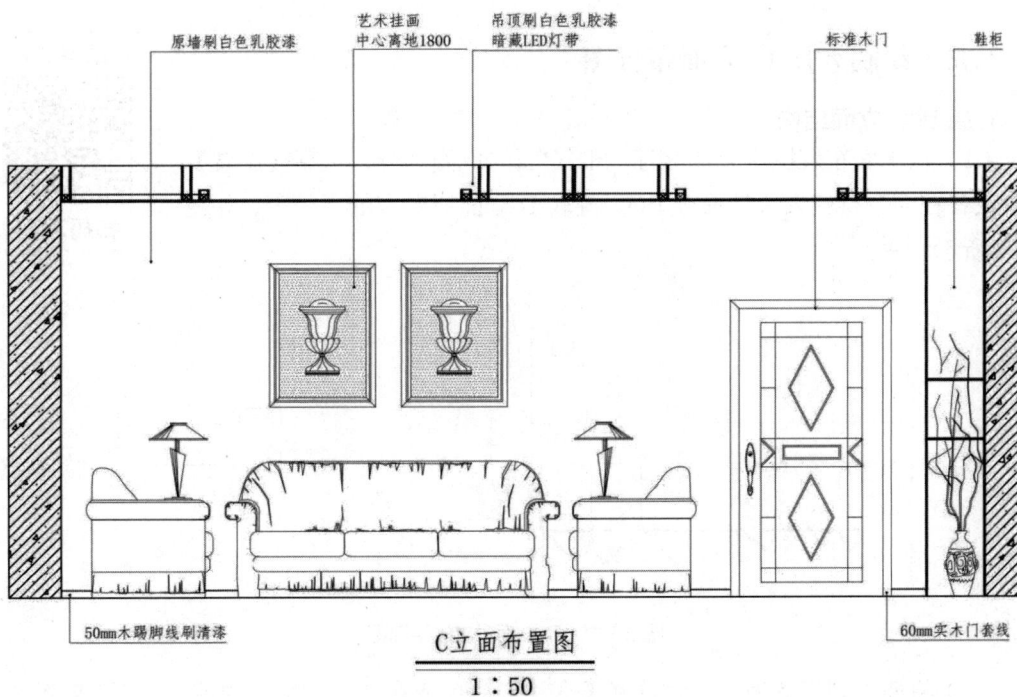

原墙刷白色乳胶漆

艺术挂画
中心离地1800

吊顶刷白色乳胶漆
暗藏LED灯带

标准木门

鞋柜

50mm木踢脚线刷清漆

60mm实木门套线

C立面布置图

1∶50

图 5-60　修改文字标注

（2）选择【图层】命令或者在命令行输入快捷命令 LA，将【尺寸标注】图层置为当前。选择【线性标注】命令或者在命令行输入快捷命令 DLI，打开对象捕捉，在左侧首先标注踢脚线高度，再选择【连续标注】命令或者在命令行输入快捷命令 DCO 进行尺寸标注，完成 C 立面布置图，如图 5-61 所示。

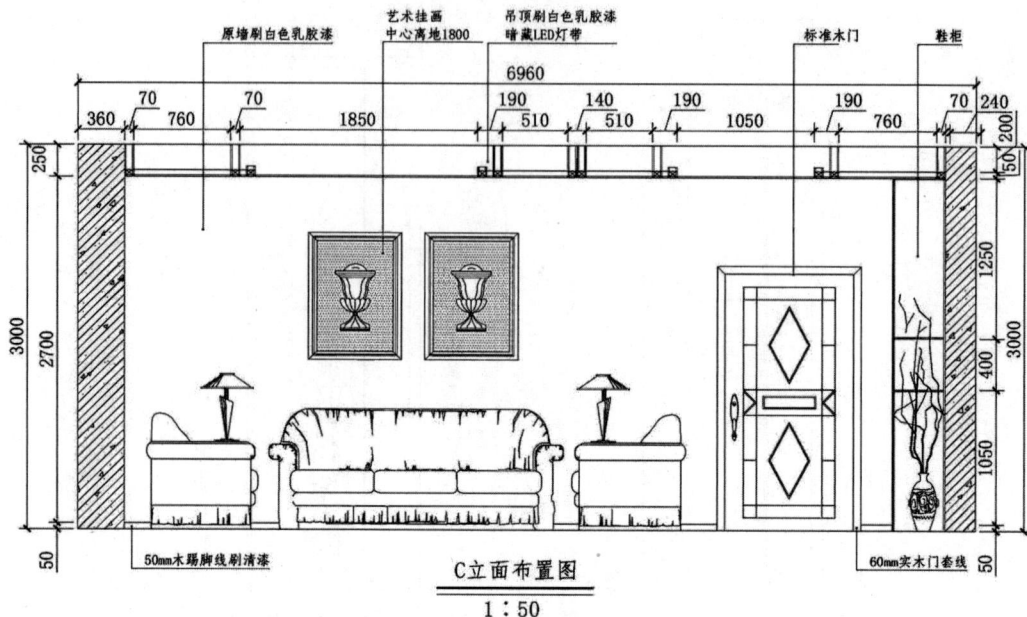

图 5-61　C 立面布置图

（五）绘制客厅 D 立面布置图

1. 绘制 D 立面结构

（1）从平面布置图中复制客厅的 D 立面的平面部分，选择【旋转】命令或者在命令行输入快捷命令 RO，旋转 D 立面所对应的平面图，如图 5-62 所示。

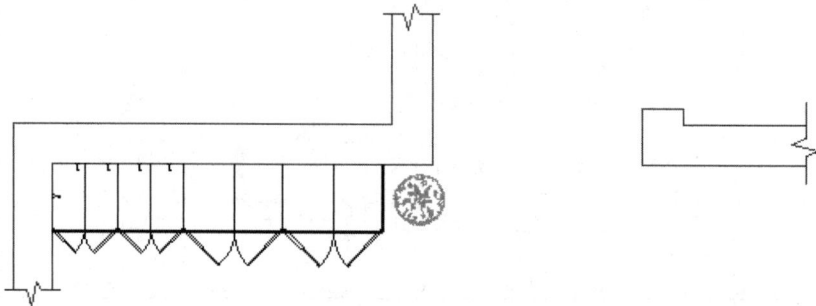

微课 26

扫码观看

图 5-62　D 立面对应的平面图

（2）将墙体图层置为当前，选择【直线】命令或在命令行输入快捷命令 L，对准平面图所在墙体、门洞及柜体所在位置，绘制立面墙体。选择【直线】命令或在命令行输入快捷命令 L 绘制客厅的顶面线，选择【偏移】命令或在命令行输入快捷命令 O，设置偏移距离为3000，将顶面线偏移为地面线，修剪立面的轮廓线，如图 5-63 所示。

（3）选择【复制】命令或在命令行输入快捷命令 CO，复制文字"C 立面布置图"至 D 立面墙体的下方，双击文字更改图名为"D 立面布置图"。

（4）对 D 立面布置图进行图案填充，使用【图案填充】命令或在命令行输入命令 H，打开【图案填充和渐变色】对话框，在【填充图案选项板】分别选择钢筋图案样例【JIS-WOOD】、混凝土的图案样例【AR-CONC】，设置填充比例分别为 70、2，填充 D 立面墙体，如图 5-64 所示。

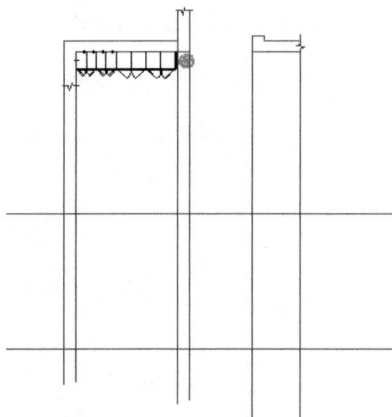

图 5-63　绘制墙体及顶面线、地平线

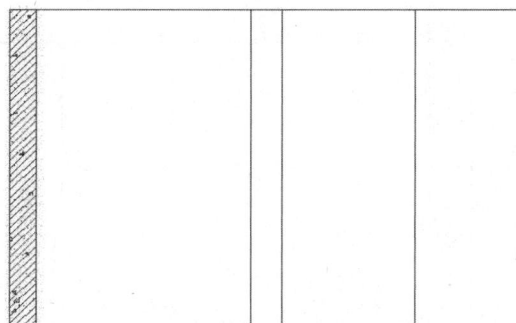

图 5-64　填充 D 立面墙体

2. 绘制 D 立面吊顶、踢脚线

（1）选中 D 立面的上边线，选择【偏移】命令或在命令行输入快捷命令 O，输入数据为 250，向下偏移复制，形成吊顶的轮廓线，再将此轮廓线往上偏移 10。

（2）选择【复制】命令或在命令行输入快捷命令 CO，选中 A 立面吊顶上的龙骨，利用对象捕捉功能捕捉端点，将其复制到 D 立面的适当位置，如图 5-65 所示。选择【镜像】命令或在命令行输入快捷命令 MI，选中 D 立面右侧吊顶上的龙骨，捕捉吊顶、地面的中点，将右侧龙骨镜像复制到左侧，如图 5-66 所示。利用插入镜像、复制命令完成 D 立面吊顶上的龙骨的布局及创建。

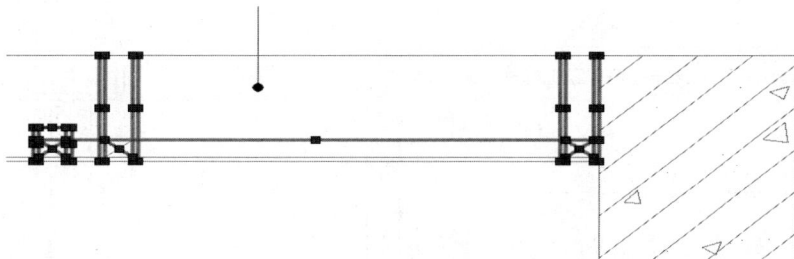

图 5-65　复制 A 立面吊顶上的龙骨

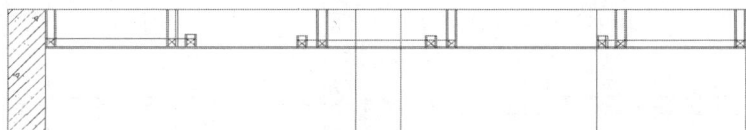

图 5-66　D 立面龙骨

（3）选择【偏移】命令或在命令行输入快捷命令 O，选中下方地平线，设置其往上偏移距离为 50，选择【修剪】命令或在命令行输入快捷命令 TR，修剪与墙体相交的部分，完成踢脚线的绘制，如图 5-67 所示。

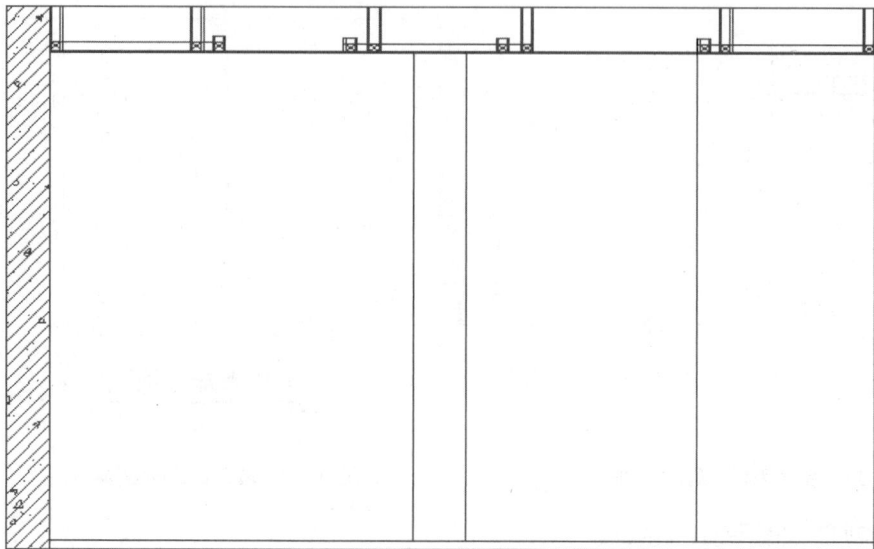

图 5-67　绘制踢脚线

3. 绘制鞋柜柜体

（1）本例的 D 立面主要为鞋柜，仔细观察发现，主要为 3 组柜体的组合，如图 5-68 所示。选择【偏移】命令或在命令行输入快捷命令 O，先将墙体左边线向右偏移 805、605、600，形成垂直方向的柜体线。选择【偏移】命令或在命令行输入快捷命令 O，将地面线向上偏移 120、330、570、380、600、750，形成水平方向的柜体线，如图 5-69 所示。

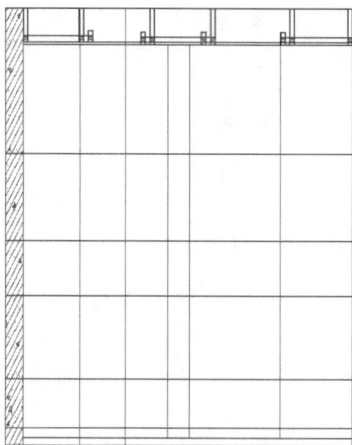

微课 27

扫码观看

图 5-68　绘制垂直方向的柜体线

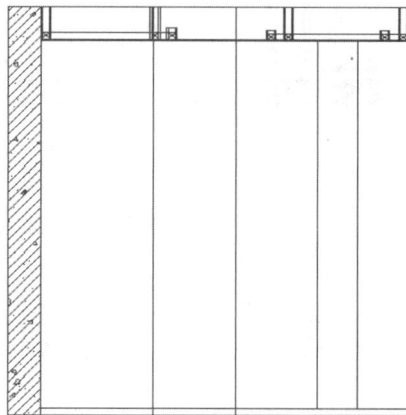

图 5-69　绘制水平方向的柜体线

（2）选择【修剪】命令或在命令行输入快捷命令 TR，对柜体线进行修剪，完成柜体轮廓的创建，如图 5-70 所示。

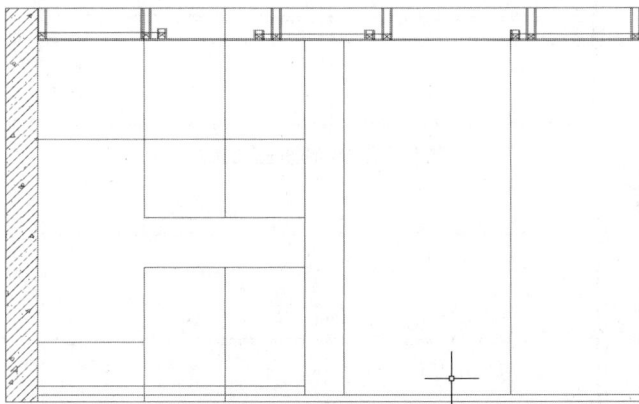

图 5-70　修剪柜体线

（3）绘制柜体细节处的线条，选择【偏移】命令或在命令行输入快捷命令 O 将两侧柜体分别偏移 10、中间柜体沿中心线分别偏移 5、上下柜体分别偏移 20，选择【修剪】命令或在命令行输入快捷命令 TR，修剪柜体细节处的线条，如图 5-71 所示。

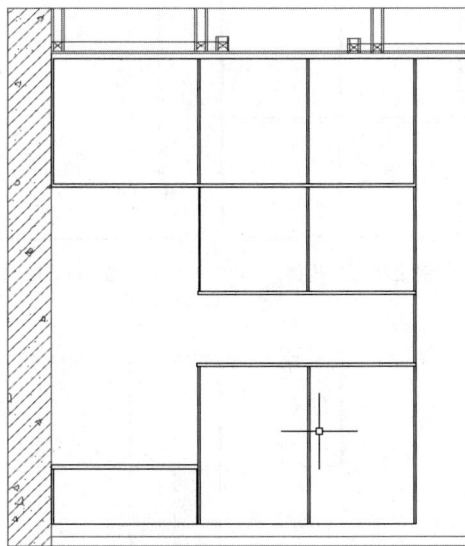

图 5-71　绘制柜体细节处的线条

（4）选择【偏移】命令或输入快捷命令 O，将两侧柜体边线分别向内侧偏移 3，绘制两侧抽屉的内侧边线。用对象捕捉功能捕捉中点连线，选择【偏移】命令或输入快捷命令 O，将中线分别向左右 / 上下偏移 5，绘制中间部分的外侧边线后，再分别偏移 3 绘制中间部分的内侧边线，完成下方 4 个抽屉的边线绘制，如图 5-72 所示。选择【修剪】命令或输入快捷命令 TR，修剪柜体抽屉的边线，完成 4 个抽屉的轮廓的绘制，如图 5-73 所示。

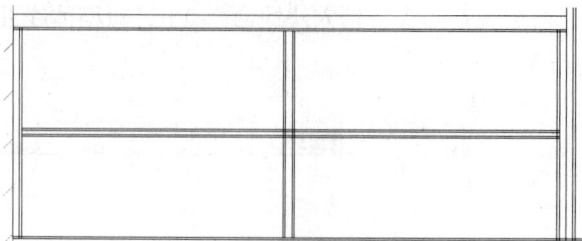

图 5-72　绘制抽屉的边线

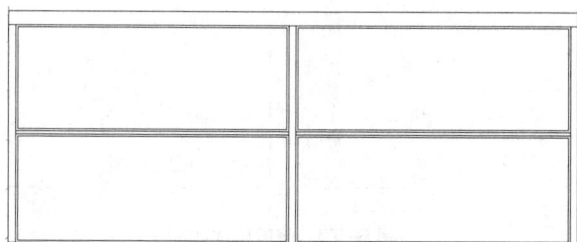

图 5-73　修剪抽屉的边线

（5）以同样方法完成图 5-74 所示的鞋柜上半部分柜体、图 5-75 所示的下半部分柜体的绘制，并选择【直线】命令或输入快捷命令 L，连接柜体中点，如图 5-76 所示绘制左右柜门。

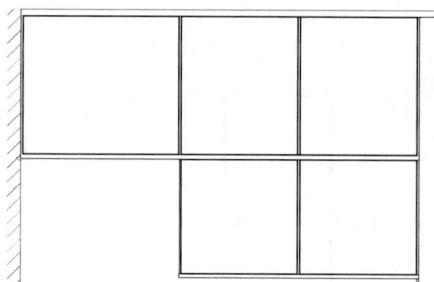

图 5-74　绘制上半部分柜体

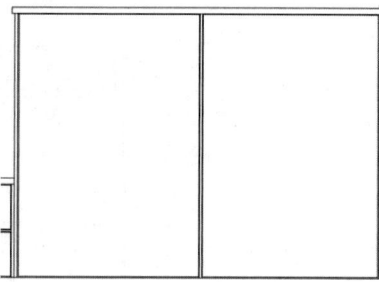

图 5-75　绘制下半部分柜体

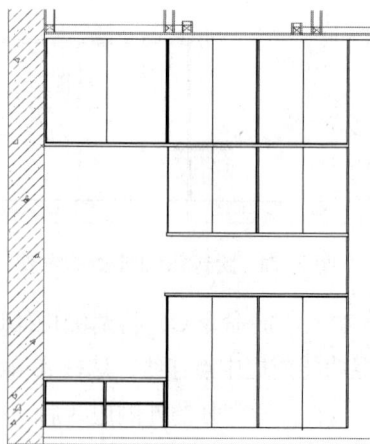

图 5-76　绘制左右柜门

4. 绘制鞋柜柜体上的五金件

（1）选择【矩形】命令或在命令行输入快捷命令 REC，绘制柜体把手，选择【F】命令设置矩形圆角参数 3，绘制大小为 120mm×12mm 的圆角矩形，选择【移动】命令或在命令行输入快捷命令 M 将此矩形移动至柜门中心的适当位置，选择【镜像】命令或在命令行输入快捷命令 MI，选择柜门的中心线，镜像复制柜门把手，如图 5-77 所示。

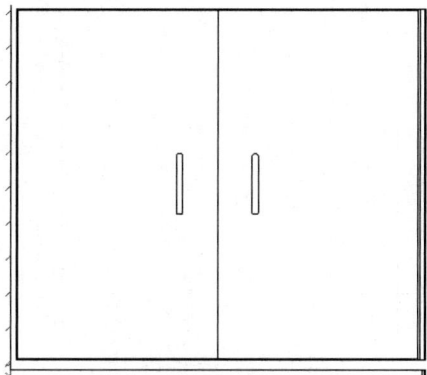

图 5-77 绘制柜门把手

（2）用同样的方法完成其他柜门把手、抽屉把手的绘制，注意准确运用对象捕捉功能，镜像复制把手图形，并注意把手位置的合理性，如图 5-78 所示。

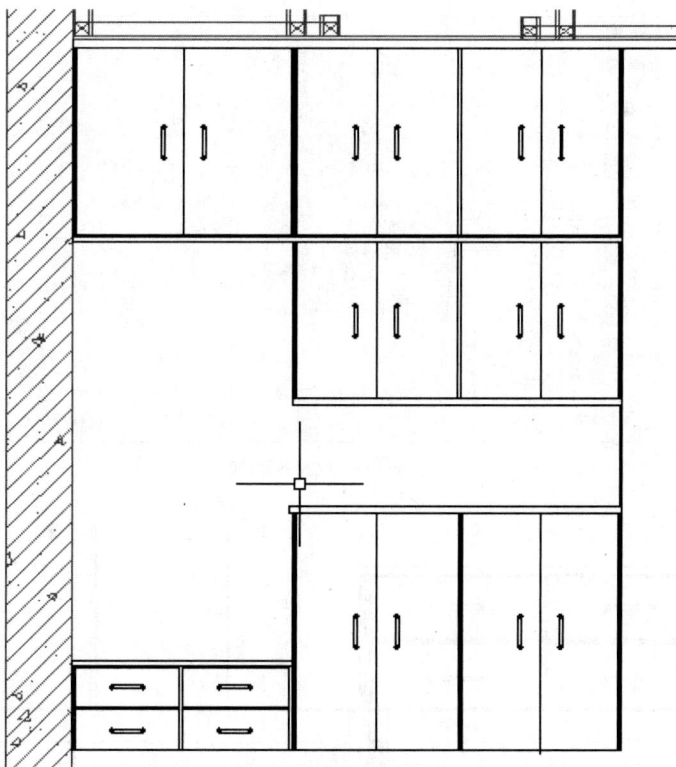

图 5-78 绘制柜门把手、抽屉把手

（3）选择【矩形】命令或在命令行输入快捷命令 REC 绘制大小为 10mm×40mm 的矩形，再绘制大小为 10mm×40mm 的矩形作为柜脚底座，选择【移动】命令或在命令行输入快捷命令 M，将两个矩形的中心对齐，选择【圆弧】命令或在命令行输入快捷命令 A，绘制与矩形相交的弧线，选择【直线】命令或在命令行输入快捷命令 L，绘制柜脚的纹理，选择【修剪】命令或在命令行输入快捷命令 TR，修剪柜脚的外形，完成柜脚外形的绘制，如图 5-79 所示。

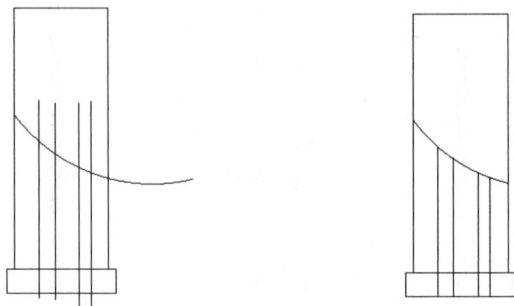

图 5-79　绘制柜脚外形

（4）选择【创建】命令或在命令行输入快捷命令 B，选择左上角角点为基点，将所绘制的柜脚定义为块，如图 5-80 所示。选择【插入】命令或在命令行输入快捷命令 I，在柜体下方插入所定义的柜脚块，如图 5-81 所示。

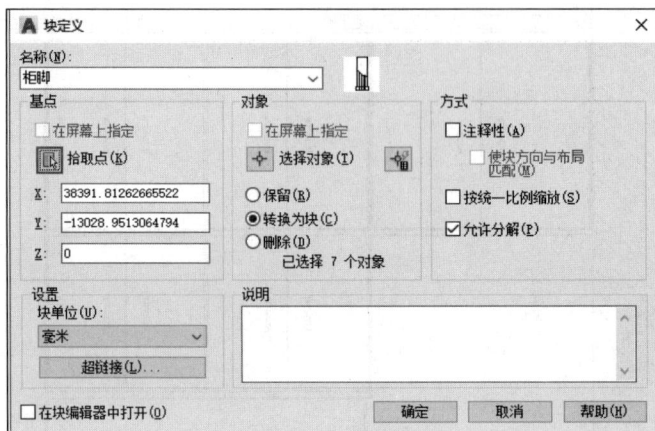

图 5-80　定义柜脚块

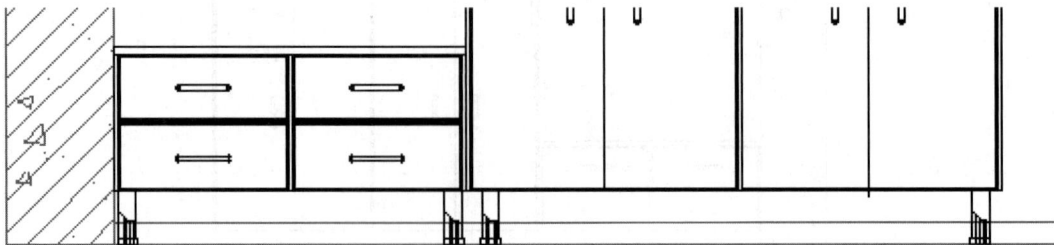

图 5-81　插入柜脚块

（5）选择【圆弧】命令或在命令行输入快捷命令 A，绘制弧形的衣钩部件，选择【直线】命令或在命令行输入快捷命令 L，从弧形中心位置绘制一侧的衣钩，选择【镜像】命令或在命令行输入快捷命令 MI，镜像复制出另一侧的衣钩，完成衣钩图形的绘制，如图 5-82 所示；将衣钩图形复制并放置到适合的位置，如图 5-83 所示。

图 5-82　绘制衣钩图形

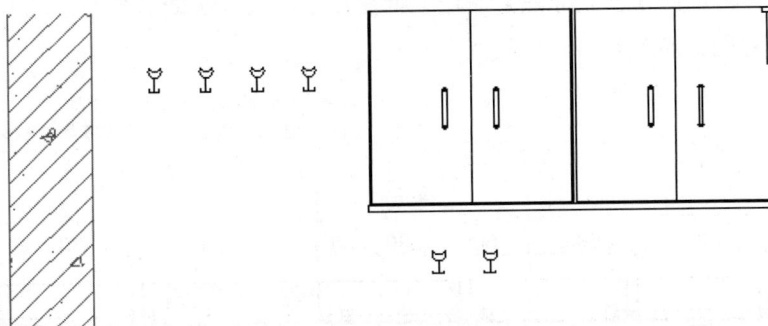

图 5-83　复制衣钩图形

5. 绘制 D 立面布置图

（1）选择【图层】命令或在命令行输入快捷命令 LA，将墙体图层置为当前，选择【直线】命令或在命令行输入快捷命令 L，绘制镂空符号，表示此处是镂空的。

（2）从图库中选择空调出风口立面图例，将其复制并粘贴到吊顶位置处，注意出风口的出风方向。从图库中复制花瓶到立面图的合适位置，完成 D 立面布置图，如图 5-84 所示。

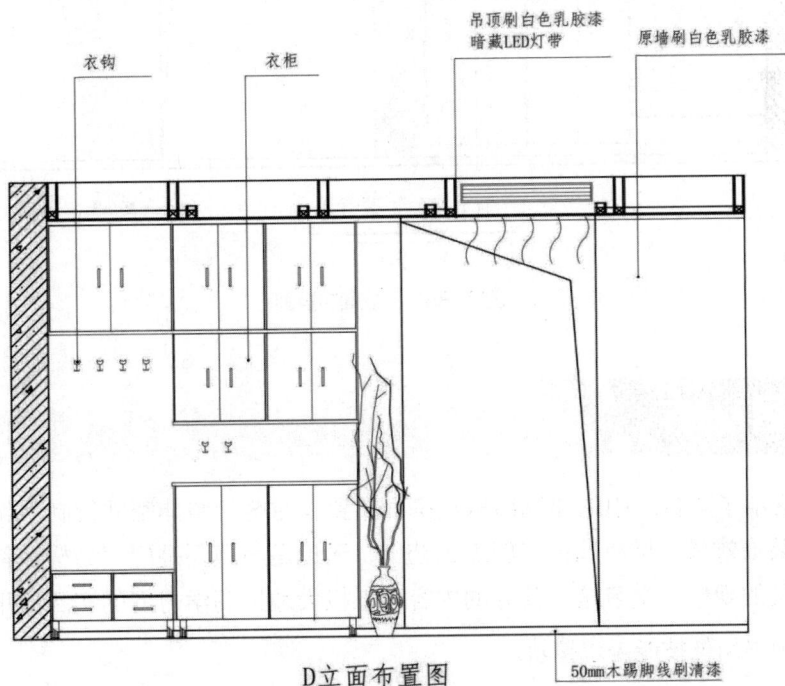

衣钩　　　衣柜　　　吊顶刷白色乳胶漆暗藏LED灯带　　　原墙刷白色乳胶漆

50mm木踢脚线刷清漆

D立面布置图

1：50

图 5-84　D 立面布置图

191

6. 立面材质、尺寸标注

（1）将C立面布置图上的引线标注复制至D立面布置图上需要的位置，双击文字部分，将部分文字内容修改为衣钩等。以同样的方法对下方踢脚线进行标注。

（2）选择【图层】命令或者在命令行输入快捷命令LA，将【尺寸标注】图层置为当前。选择【线性标注】命令或者在命令行输入快捷命令DLI，打开对象捕捉功能，在左侧首先标注踢脚线高度，再选择【连续标注】命令或者在命令行输入快捷命令DCO进行尺寸标注，完成D立面布置图，如图5-85所示。

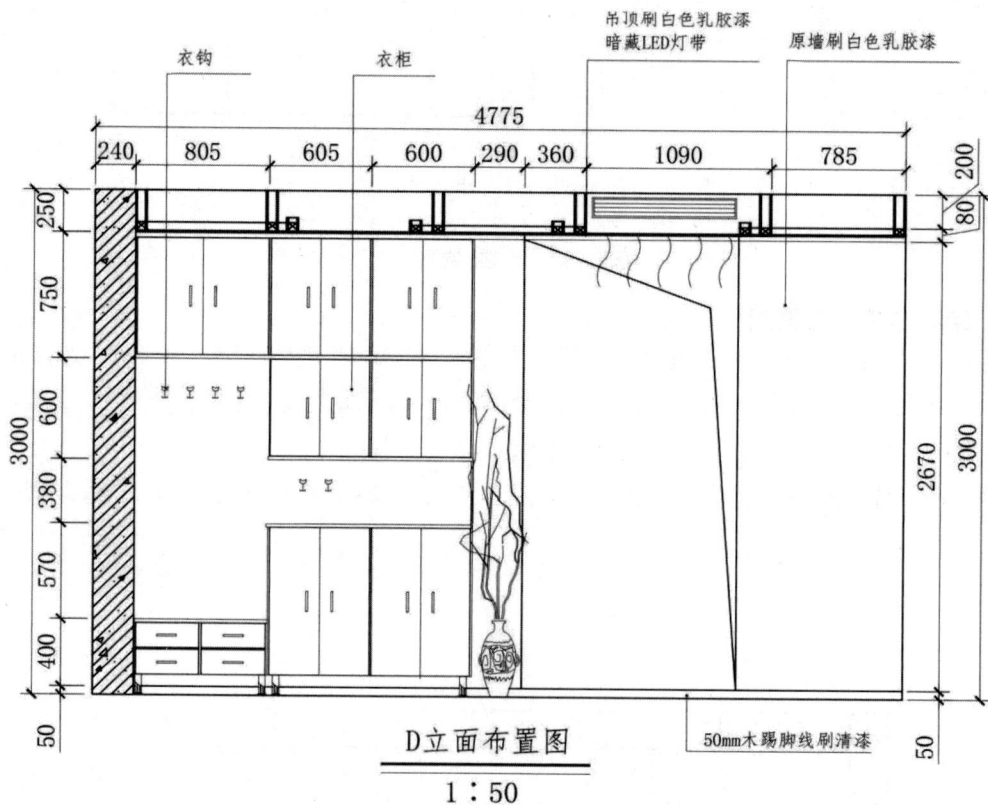

D立面布置图

1∶50

图5-85　D立面布置图

四、项目小结

本项目继承了项目三中的建筑结构与平面布置，对客厅整体空间绘制了4张立面布置图（展示了装饰效果、材料选择、施工工艺），无论是吊顶还是门窗结构，都遵循了平面图当中所涉及的规格。学习这一部分的内容可以极大地提高学习者的实际应用能力，并与装饰企业的相关岗位技能需求接轨。

五、技能活页

（一）知识点拓展

1. 下列命令中，（　　　）命令在选择物体时必须采取交叉窗口或交叉多边形窗口进行选择。

A. Lengthen　　　　B. Stretch　　　　　　C. Array　　　　　　　　D. Mirror

2. 在标注样式设置中，将调整下的"使用全局比例"值增大，将（　　　）。

A. 使所有标注样式设置增大　　　　　　B. 使全局的箭头增大

C. 使标注的测量值增大　　　　　　　　D. 使尺寸文字增大

3. 当文字在尺寸界线内时，文字与尺寸线对齐；当文字在尺寸界线外时，文字水平排列。该文字对齐方式为（　　　）。

A. 水平　　　　　　B. 与尺寸线对齐　　　C. ISO 标准　　　　　　D.IIS 标准

4. 关于块说法正确的是（　　　）。

A. 块只能在当前文档中使用

B. 只有用 WBLOCK 命令写到磁盘上的块才可以插入另一图形文件中

C. 任何一个图形文件都可以作为块插入另一幅图中

D. 用 BLOCK 命令定义的块可以直接通过 INSERT 命令插入任何图形文件中

5. 组成图块的所有图形元素是一个（　　　）。

A. 整体　　　　　　B. 独立个体　　　　　C. 都不是

6. 通常将图块建在（　　　）图层上。

A. 0　　　　　　　　B. 门　　　　　　　　C. 标高

7. 关于分解命令，描述正确的是（　　　）。

A. 分解对象后，颜色、线型和线宽不会改变

B. 图像分解后图案与边界的关联性仍然存在

C. 多行文字分解后将变为单行文字

D. 构造线分解后可得到两条射线

（二）技能实践

任务九　绘制客厅、餐厅装饰立面图

1. 目的要求

室内空间装饰立面图（见图 5-86）是表现室内墙面装饰及墙面布置的图样，图中除了画出固定墙面的装修外，还可以画出墙面上可灵活移动的装饰品，以及地面上的陈设、家具等设施。学习者通过对本实践任务的学习，能掌握立面图的正确绘图顺序，掌握吊顶、墙面结构、装饰物布置、材料标注、尺寸标注的正确绘制方法。

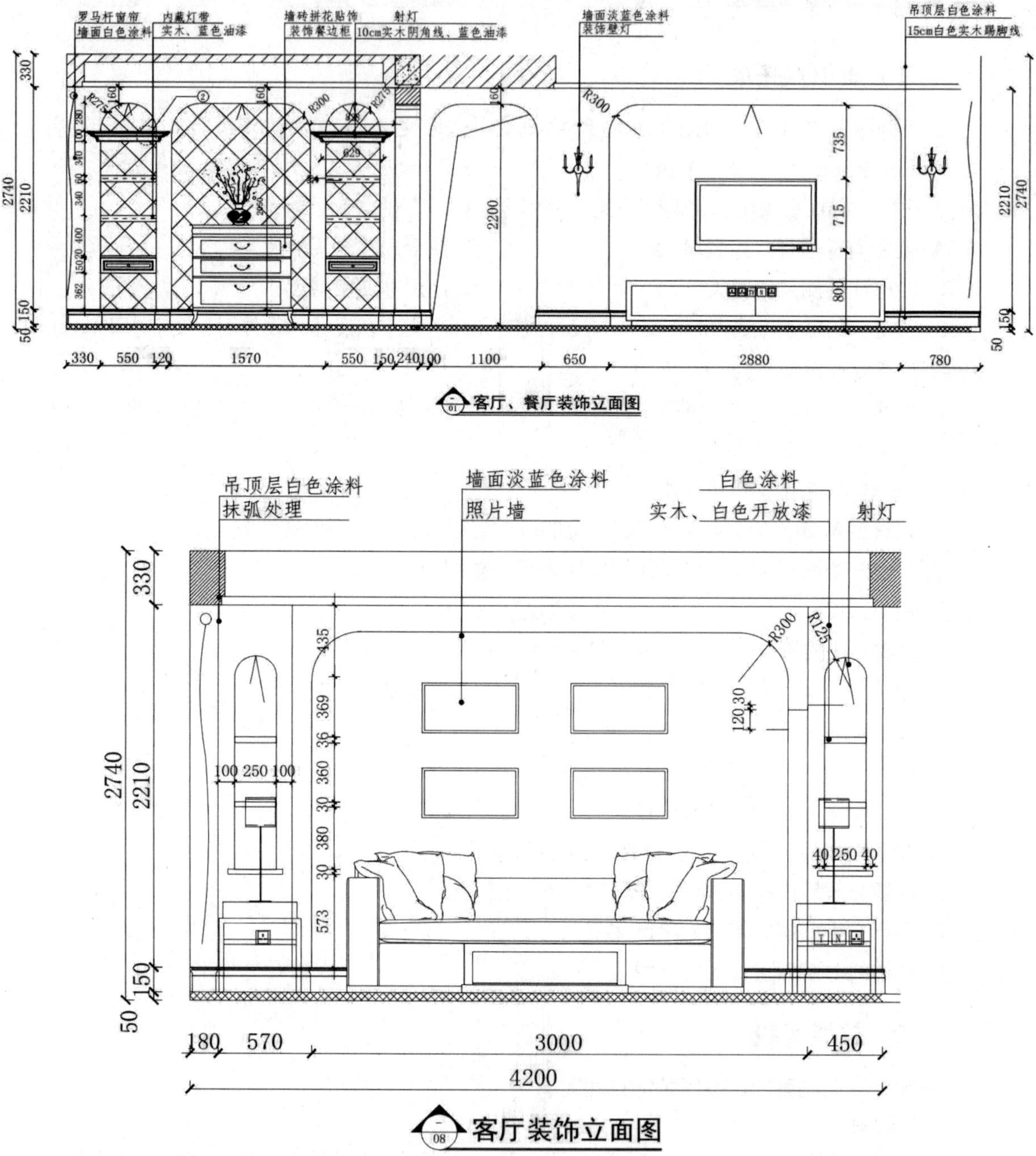

罗马杆窗帘　内藏灯带　墙砖拼花贴饰　射灯　墙面淡蓝色涂料　吊顶层白色涂料
墙面白色涂料　实木、蓝色油漆　装饰餐边柜 10cm实木阴角线、蓝色油漆　装饰壁灯　15cm白色实木踢脚线

图中尺寸标注：330 550 120 1570 550 150 240 100 1100 650 2880 780

＾ **客厅、餐厅装饰立面图**

吊顶层白色涂料　墙面淡蓝色涂料　白色涂料
抹弧处理　照片墙　实木、白色开放漆　射灯

图中尺寸标注：180 570 3000 450
4200

＾ **客厅装饰立面图**

图 5-86　室内空间装饰立面图

2. 操作提示

（1）绘制立面吊顶、墙面结构与装饰。

（2）绘制室内家具及装饰物。

（3）立面材料注释与尺寸标注。

3. 活页笔记

典型工作任务名称：绘制客厅、餐厅装饰立面图	技能操作解析	操作疑点
1. 立面图绘制的前期准备 （1）绘制立面内视符号 用 _____、_____ 绘图命令来绘制内视符号，标示符号数字，并移动到平面布置图中客厅、餐厅的合适位置。 （2）绘制客、餐厅立面结构 复制平面布置图，对客厅、餐厅平面图进行处理，删除标注，将 _____（图层）置为当前，利用 _____ 命令绘制如图 5-86 所示的客厅、餐厅立面结构图。 （3）修改图名 复制平面布置图，修改图名	掌握内视符号的画法 注意与平面布置图的关联性	
2. 绘制立面图 （1）绘制立面吊顶 利用 _____、_____ 等绘图、修改命令绘制立面吊顶，利用 _____ 填充吊顶材质 。 （2）绘制立面结构 利用 _____ 命令偏移直线，绘制 15cm 实木踢脚线，利用 _____、_____ 命令绘制墙面造型，并对部分墙面填充墙砖拼花材质。 （3）绘制室内家具 使用 _____、_____、_____、_____ 等绘图、修改工具绘制装饰柜、电视柜。 （4）导入家具、电器、装饰物模型 在模型图库中选中需要的家具，单击鼠标右键，选择快捷菜单上的 _____（命令）或运用 _____（快捷命令）进行复制，切换到立面图，单击鼠标右键，选择快捷菜单上的 _____（命令）或运用 _____（快捷命令）进行粘贴，用鼠标将家具移动到合适的位置。 （5）导入灯具、插座图例 在模型图库中选中需要的灯饰、插座图例，将其复制并粘贴到合适的位置。 （6）绘制灯饰、窗帘 使用 _____、_____ 等绘图工具绘制灯饰、窗帘，并复制到合适的位置	注意吊顶造型的关系 注意材质填充的角度与比例 注意对象捕捉、对象追踪、正交等功能的运用 注意导入家具等图例模型的大小的合理性 注意改图例的大小比例 注意灯带的线型、线型比例设定	

典型工作任务名称：绘制客厅、餐厅装饰立面图	技能操作解析	操作疑点
3. 引线标注 （1）设置引线标注样式 使用＿＿＿＿＿＿＿＿（【引线标注样式】快捷命令），打开引线设置选项卡，设置多行文字＿＿＿＿＿＿＿＿。 （2）引线标注 使用＿＿＿＿＿＿＿＿（【引线标注】快捷命令）标注立面材质。	注意引线标注的层次性	
4. 尺寸标注： （1）设置标注样式 使用＿＿＿＿＿＿＿＿（【标注样式】快捷命令），设置立面标注样式。 （2）尺寸标注 使用＿＿＿＿＿＿＿＿、＿＿＿＿＿＿＿＿、＿＿＿＿＿＿＿＿标注立面各尺寸	注意立面标注的比例设定	
任务完成时间	＿＿＿＿分钟	

4. 测评活页

每个学生完成技能活页的成绩评定按学生自评、小组互评、教师综合评价三阶段进行，并按自评占 30%、小组互评占 20%、教师测评占 50% 作为学生技能活页评价结果。

（1）学生进行自我评价，总结完成任务过程中的成功和不足之处，并将结果填入"学生自评表"。

学生自评表

姓名		学号		班级	
项目	绘制三室两厅住宅立面图		编号		09
任务九	绘制客厅、餐厅装饰立面图		完成时间		60 分钟
评价点	评价标准			分值	得分
绘制立面结构	能正确利用绘图、修改工具绘制立面吊顶、墙面结构			10	
绘制立面家具	能正确利用绘图、修改工具绘制立面家具及装饰物			10	
调用模型图块	能正确调用家具、电器、装饰物等模型图块，保证其大小合适、比例恰当、位置准确			10	
引线标注材料	能正确运用引线标注注释立面材料			10	
尺寸文本标注	能精确规范地进行尺寸、文本标注			10	
工作态度	态度端正，无无故缺勤、迟到、早退现象			10	
工作质量	能按照规定尺寸完成平面图的绘制，图形完整			10	
工作效率	能在规定时间完成技能实践任务			10	
协调能力	与小组成员、同学之间能合作交流、协调工作			5	
职业素质	能掌握设计助理岗位制图规范			5	
创新意识	创新思路，灵活操作软件			10	
合计				100	

完成任务心得体会：

（2）学生以小组为单位，对绘制客厅、餐厅装饰立面图的过程与结果进行互评，将互评结果填入"小组互评表"中。

小组互评表

姓名			学号			班级			
项目	绘制三室两厅住宅立面图				编　号			09	
任务九	绘制客厅、餐厅装饰立面图				完成时间			60 分钟	
评价点	分值	评分等级						评价对象（小组成员）			
								组员1姓名	组员2姓名	组员3姓名	组员4姓名
绘制立面结构	10	优	10	良	8	中	7	差	5				
绘制立面家具	10	优	10	良	8	中	7	差	5				
调用模型图块	10	优	10	良	8	中	7	差	5				
引线标注材料	10	优	10	良	8	中	7	差	5				
尺寸文本标注	10	优	10	良	8	中	7	差	5				
工作态度	10	优	10	良	8	中	7	差	5				
工作质量	10	优	10	良	8	中	7	差	5				
工作效率	10	优	10	良	8	中	7	差	5				
协调能力	5	优	5	良	4	中	3	差	2				
职业素质	5	优	5	良	4	中	3	差	2				
创新意识	10	优	10	良	8	中	7	差	5				
合　计	100												

组长签名：_____ 日期：_____

说明：

1. 以 5 人为单位组成互评小组，小组内每位成员依据评分点及完成度按相应的评分等级为其他 4 人打分，取 4 人的平均分作为学生小组互评成绩。

2. 由互评小组组长负责统计学生自评成绩，并计算汇总小组互评成绩。

3. "小组互评表"中评价点相应评价标准具体参照"学生自评表"。

（3）教师对学生完成技能活页工作过程与工作结果进行评价，并将评价结果填入"教师综合评价表"中。

教师综合评价表

姓名		学号		班级		
项目		绘制三室两厅住宅立面图		编号		09
任务九		绘制客厅、餐厅装饰立面图		完成时间		60分钟
评价点		评价标准			分值	得分
考勤（10%）		无无故缺勤、迟到、早退现象			10	
工作过程（60%）	绘制立面结构	能正确利用绘图、修改工具绘制立面结构			8	
	绘制立面家具	能正确利用绘图、修改工具绘制立面家具及装饰物			8	
	调用模型图块	能正确调用家具、电器、装饰物等模型图块，保证其大小合适、比例恰当、位置准确			8	
	引线标注材料	能正确运用引线标注注释立面材料			8	
	尺寸文本标注	能精确规范地进行尺寸、文本标注			8	
	工作态度	态度端正，完成任务认真、主动			5	
	协调能力	与小组成员、同学之间能合作交流、协调工作			5	
	职业素质	能掌握设计助理岗位制图规范			5	
	创新意识	创新思路，灵活操作软件			5	
项目成果（30%）	工作质量	能按照规定尺寸完成平面图的绘制，图形完整			10	
	工作效率	能在规定时间完成技能实践任务			10	
	笔记成果	获知相关知识，并正确完成活页笔记			10	
合计					100	
综合评价		自评（30%）	小组互评（20%）	教师评价（50%）	综合得分	

项目六

Auto CAD

绘制三室两厅住宅的剖面图、节点详图

【能力目标】

通过对本项目及相关任务的学习，具备绘制住宅装饰剖面图及节点详图的能力和绘图技巧。

【知识目标】

1. 掌握绘制剖面图、节点详图的方法与技巧。
2. 掌握图纸虚拟打印输出的正确方法。
3. 掌握剖切符号及索引符号的绘制方法。

【素质目标】

培养在绘制住宅剖面图、节点详图的过程中应具备科学、严谨、缜密的操作态度。

一、项目导入

（一）装饰剖面图

装饰剖面图是将装饰面（或装饰体）整体剖开（或局部剖开）后，得到的反映内部装饰结构与饰面材料之间关系的正投影图。装饰剖面图一般采用 1:10 ～ 1:50 的比例，有时也画出主要轮廓、尺寸及做法，如图 6-1 所示。

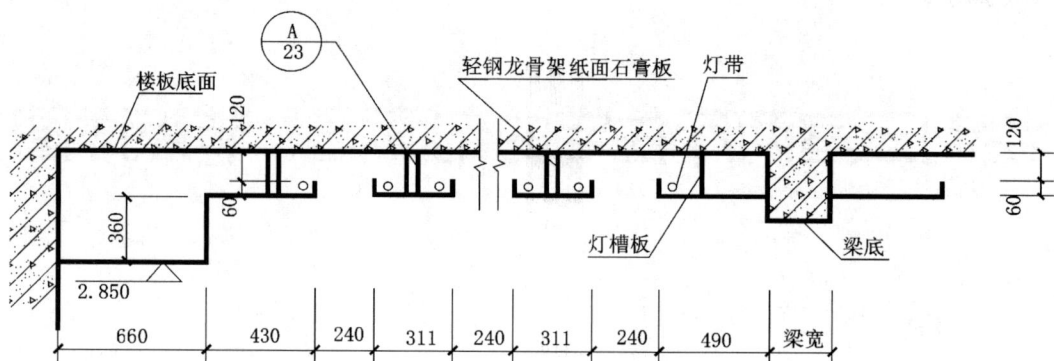

1—1 剖面图 1:50

图 6-1　装饰剖面图

（二）节点详图

节点详图是室内施工图不可缺少的部分，是将其他施工图的各种图样中的未明之处，用较大的比例画出的用于施工的图样（也称大样图），如图 6-2 所示。在一个室内设计工程中，需要绘制多少详图，画哪些部分的详图，要根据工程的大小、复杂程度而定。剖面图及对应的节点详图如图 6-3 所示。

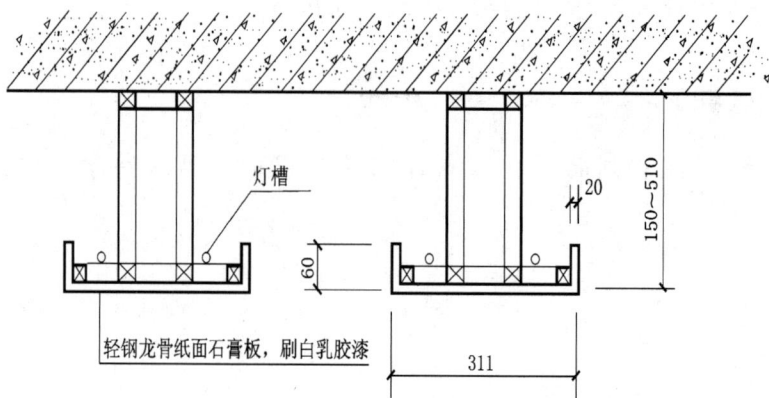

图 6-2　节点详图

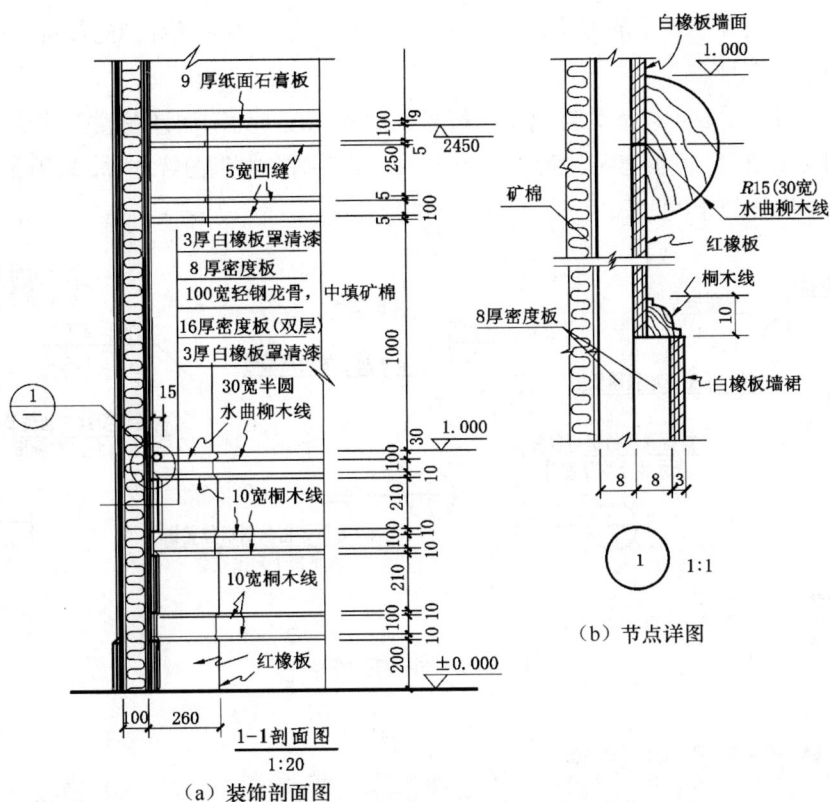

图6-3　剖面图及对应的节点详图

二、学习情境

（一）剖切符号

剖切符号是指剖视图中用以表示剖切位置的图线。剖切符号包括剖切位置线和投射方向线。剖切位置线画粗实线，长度为 6mm ~ 10mm；投射方向线（又称剖视方向线）应垂直于剖切位置线，也画粗实线，长度为 4mm ~ 6mm。长边的方向表示切的方向，短边的方向表示看的方向，如图6-4所示。

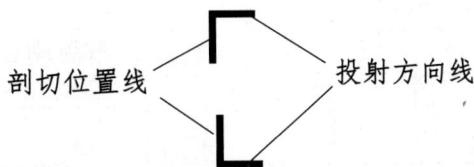

图6-4　剖切符号

（二）详图索引符号

详图索引符号、详图编号是绘制施工图的过程中经常需要用到的图形。在室内平面、立面、剖面图中需要另设详图表示的部位，会标注一个索引符号以表明该详图的位置，这个索引符号就是详图索引符号。

如图 6-5 所示，a、b、c 为详图索引符号，而 d、e、f 为剖面详图索引符号。详图索引符号采用细实线绘制，圆圈直径约为 10mm 左右。当详图在本张图纸上时，采用 a、f 的形式；当详图不在本张图纸上时，采用 b、c、d、e 的形式。

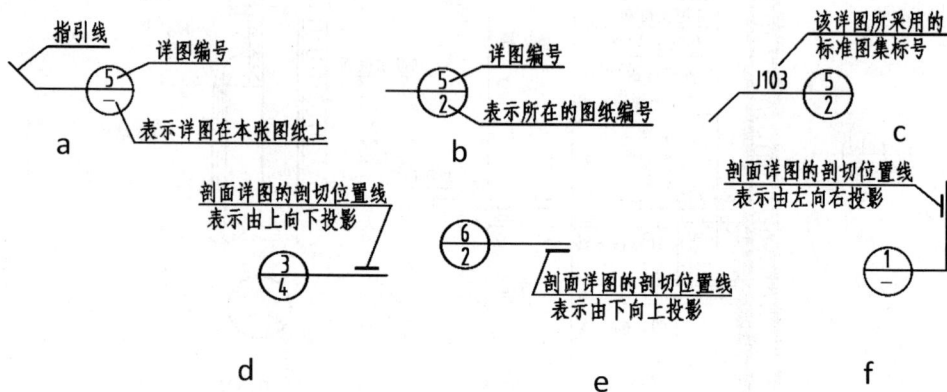

图 6-5　详图索引符号

三、任务实施

（一）绘制剖切符号、详图索引符号

1. 绘制剖切符号

（1）选择【多段线】命令或在命令行输入快捷命令 PL，在 A 立面布置图中的电视机上方指定一点为多段线起点，设置线宽为 20，打开正交功能，绘制剖切位置线、方向线，选择【单行文字】命令或在命令行输入快捷命令 DT，设置文字高度为 100，输入数字 1，绘制剖切符号，如图 6-6 所示。

（2）选择【镜像】命令或在命令行输入快捷命令 MI，捕捉 A 立面布置图中的墙体中点为镜像线，将一侧剖切符号镜像复制到另一侧，完成剖切符号的绘制，如图 6-7 所示。

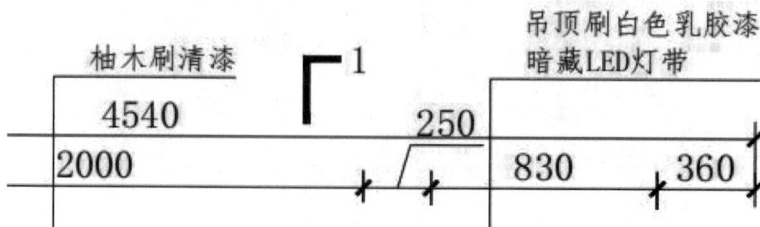

图 6-6　绘制剖切符号

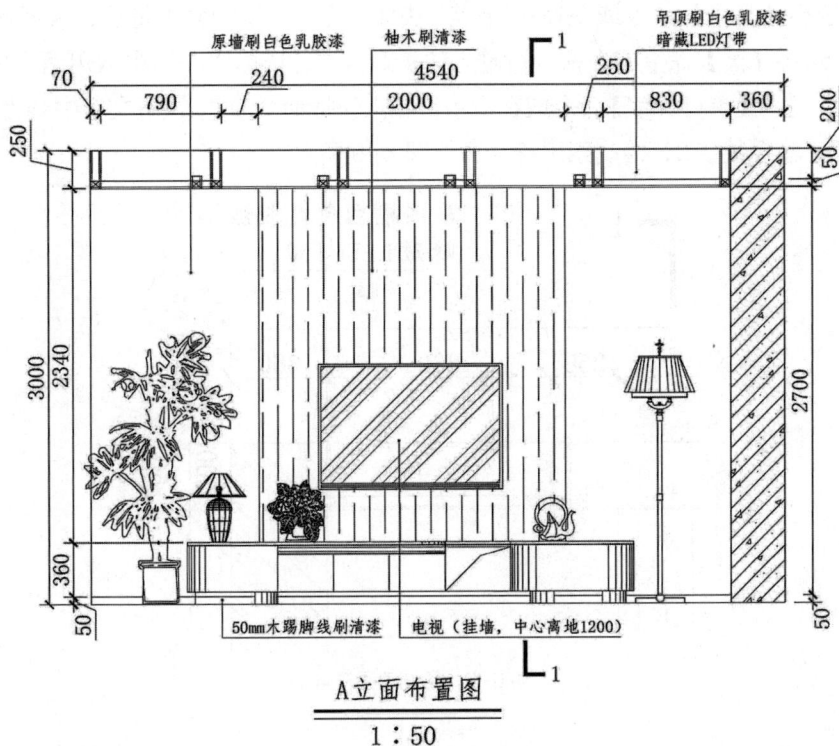

图 6-7　镜像复制剖切符号

2. 绘制索引符号

吊顶是施工中很重要的节点，当在整图中无法清楚表示吊顶中某一部分的具体构造时，可以通过绘制吊顶节点详图的方法来使其更清晰。

（1）选择【圆】命令或在命令行输入快捷命令 C，在吊顶处绘制一个圆，选中绘制的圆，将线型设置为 ACAD_ISO03W100 非连续线，如图 6-8 所示。

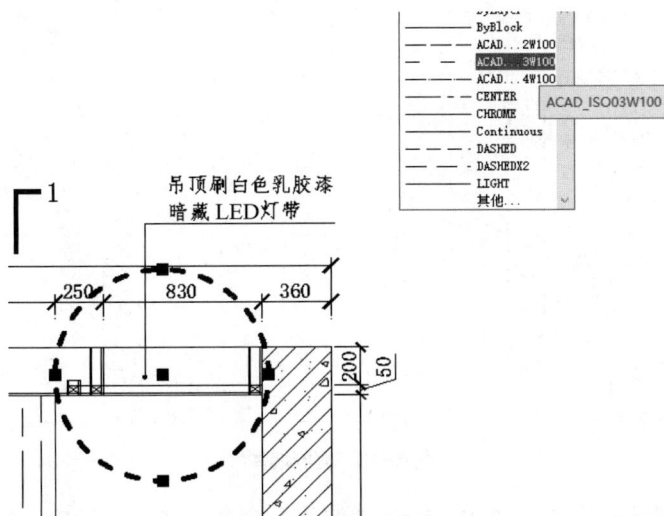

图 6-8　在吊顶处绘制虚线圆

（2）选择【直线】命令或在命令行输入快捷命令 L，绘制索引符号，表明此位置另设节点详图，选择【圆】命令或在命令行输入快捷命令 C，选择"2P"参数用两点确定圆，绘制编号圆圈，选择【单行文字】命令或在命令行输入快捷命令 DT，设置文字中心为圆的中心，高度为 100，输入数字 2，绘制索引符号，如图 6-9 所示。

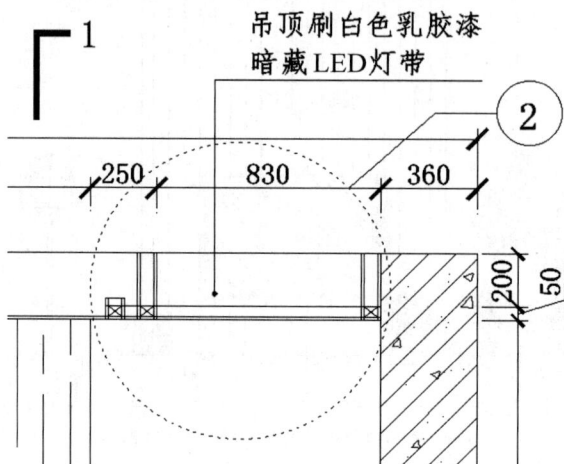

图 6-9　绘制索引符号

（二）绘制 1-1 剖面图

1. 绘制墙体、吊顶剖面

（1）复制 A 立面布置图至右下方，对其进行修改，绘制 1-1 剖面图。删除右侧的尺寸标注，选中 A 立面布置图的上下边线，向右进行延伸。选中右墙体，选择【复制】命令或在命令行输入快捷命令 CO，向右进行复制，如图 6-10 所示。

微课 28

扫码观看

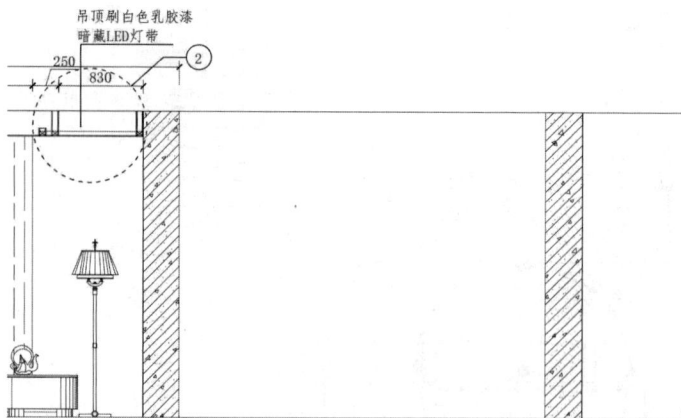

图 6-10　复制墙体

（2）选中复制后墙体的右边线，选择【偏移】命令或在命令行输入快捷命令 O，输入数值 1020，向右偏移复制。选中复制的直线，选择【延伸】命令或在命令行输入快捷命令

EX，将吊顶上的两条直线延伸至复制后的直线，选中绘制的龙骨，选择【复制】命令或在命令行输入CO，进行复制，复制到延伸后吊顶上的合适位置。

（3）选中A立面布置图中的电视柜、踢脚线、电视等的直线，将其延伸到合适的位置，如图6-11所示。注意比如绘制电视柜时，就可以回到之前绘制的"平面布置图"进行尺寸参考，也可以打开菜单栏中的【工具】菜单，选择【查询】中的【距离】命令或在命令行输入快捷命令DI，对相关距离进行查询，从而进一步确定尺寸数据，如图6-12所示。

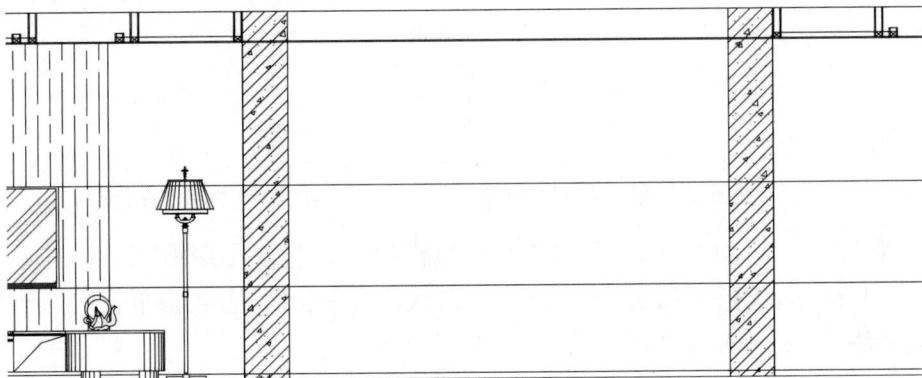

图 6-11　延伸直线

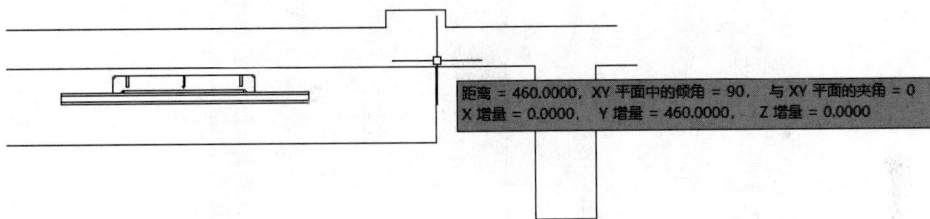

距离 = 460.0000, XY 平面中的倾角 = 90, 与 XY 平面的夹角 = 0
X 增量 = 0.0000, Y 增量 = 460.0000, Z 增量 = 0.0000

图 6-12　查询平面图尺寸

注意　绘制的剖面图要与立面图、平面图相对应，这样才能更准确地确定尺寸数据，更好地完成绘制。平面、立面、剖面图相互对应，也能从中发现各类图纸中的问题，及时更正。

（4）选择【偏移】命令或在命令行输入快捷命令O，输入数值450，向右偏移柜体边线。选择【修剪】命令或在命令行输入快捷命令TR，进行修剪，修剪出柜体的形状，如图6-13所示。

2. 绘制龙骨木方剖面

（1）在墙体的右边线处要放置七厘板，若直接将板材钉在墙上，固定不会很牢固，所以可以采用龙骨来辅助墙面饰面结构的安装与固定。龙骨采用大小为30mm×40mm的木方，选择【矩形】命令或在命令行

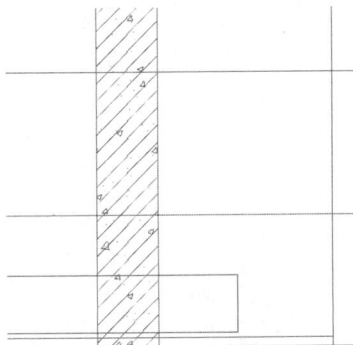

图 6-13　修剪柜体形状

输入快捷命令 REC，输入"30,40"，完成矩形龙骨木方的绘制，如图 6-14 所示。

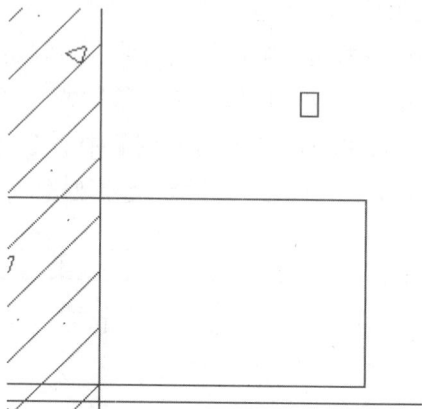

图 6-14　绘制矩形龙骨木方　　　　图 6-15　龙骨木方剖面

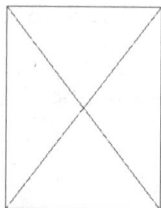

（2）在绘制的龙骨木方内，选择【直线】命令或在命令行输入快捷命令 L，绘制对角线，如图 6-15 所示。选择【创建】命令或在命令行输入快捷命令 B，选中绘制的剖面龙骨木方。将其创建为块，名称设置为"木方"，如图 6-16 所示。

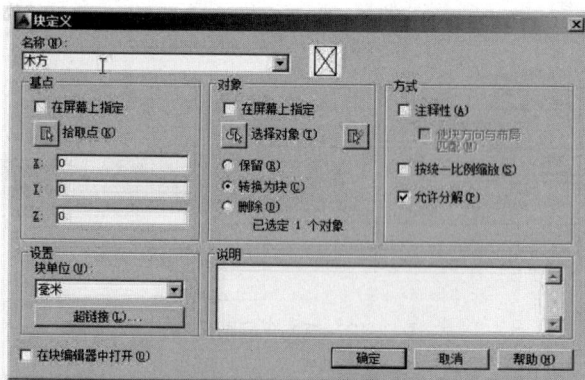

图 6-16　将木方定义为块

（3）按照从下往上的顺序，对创建为块的龙骨木方进行布置，选择【复制】命令或在命令行输入快捷命令 CO，将其复制并安放到合适的位置，如图 6-17 所示。

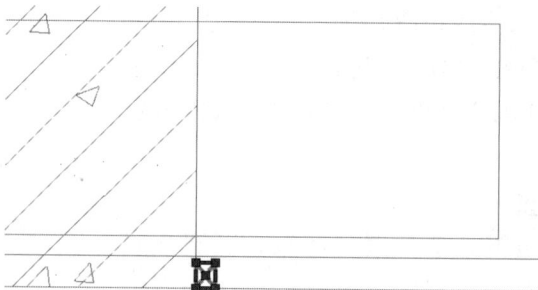

图 6-17　复制龙骨木方

（4）选择【复制】命令或在命令行输入快捷命令 CO，选中绘制的龙骨木方并向上连续进行复制，可以在命令行依次输入数值 450、900、1350、1800、2250，也可以依次选中复制后的龙骨木方进行向上复制。选中最后一个龙骨木方，选择【复制】命令，向上进行复制，复制到靠近墙的吊顶处，如图 6-18 所示。

注意　放置龙骨的合适间距为 450，而连续复制需要距离的叠加，所以数值依次递增，最后不足 450 间距，可按照实际需要执行。

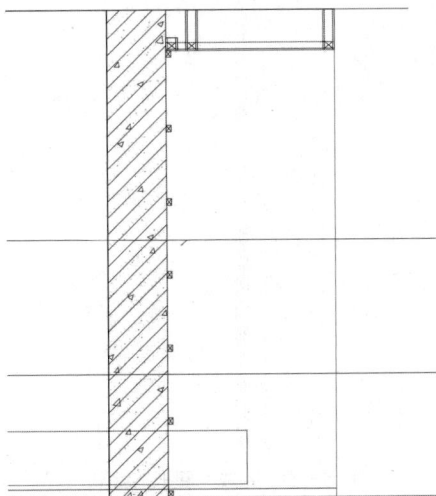

图 6-18　完成龙骨木方复制

（5）选择【偏移】命令或在命令行输入快捷命令 O，选中墙体的右边线，输入数值 30，向右偏移复制，放置一个经过防腐处理的基层七厘板，选择【偏移】命令或在命令行输入快捷命令 O，在图中选中要复制的直线，输入数值 15，向右偏移复制，如图 6-19 所示。

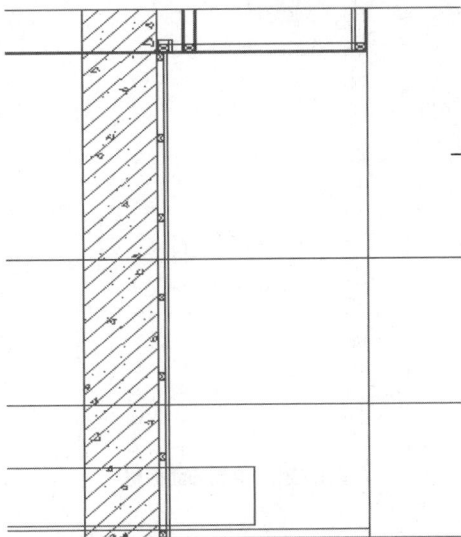

图 6-19　绘制七厘板

3. 绘制七厘板、饰面板材剖面

（1）选择【偏移】命令或在命令行输入快捷命令 O，依次选中最后复制的直线并将其向左偏移 3，完成七厘板的绘制，如图 6-20 所示。

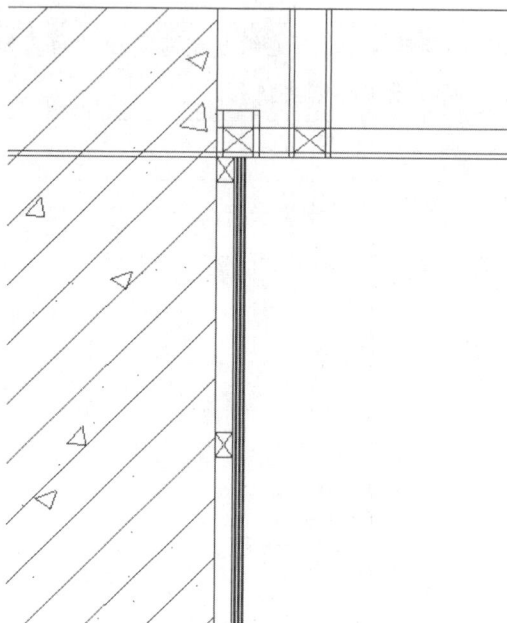

图6-20　完成七厘板的绘制

（2）选择【偏移】命令或在命令行输入快捷命令 O，选中最右侧的直线，输入数值 2，向右进行偏移复制，完成饰面板材的绘制，如图 6-21 所示。

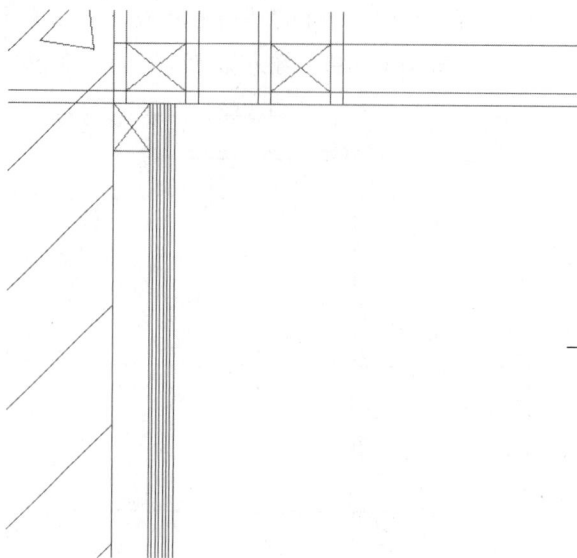

图6-21　绘制饰面板材

4. 绘制踢脚线剖面

（1）选择【偏移】命令或在命令行输入快捷命令 O，选中左侧墙线，输入数值 25，向右进行偏移复制，如图 6-22 所示。

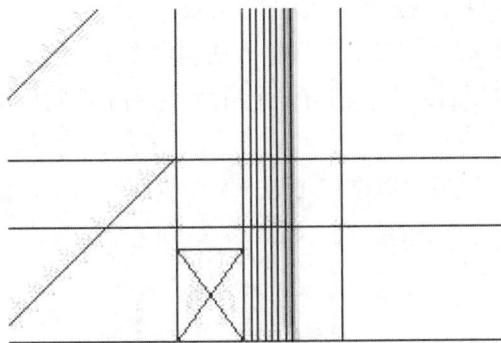

图 6-22　偏移黑色竖直线

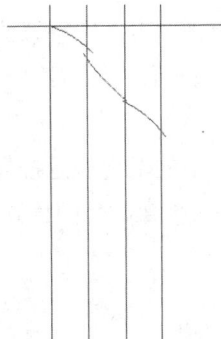

图 6-23　绘制圆弧

（2）选择【偏移】命令或在命令行输入快捷命令 O，将复制后的直线向左进行偏移，输入数值"3"依次将偏移后的直线向左偏移，偏移 3 次。

（3）选择【圆弧】命令或在命令行输入快捷命令 A，在踢脚线处进行圆弧绘制，如图 6-23 所示，绘制中要不断按【F3】快捷键打开或关闭正交功能，选中绘制的圆弧图形，选择【修剪】命令或在命令行输入快捷命令 TR，进行修剪调整，完成踢脚线处的造型绘制，如图 6-24 所示。

图 6-24　绘制踢脚线造型

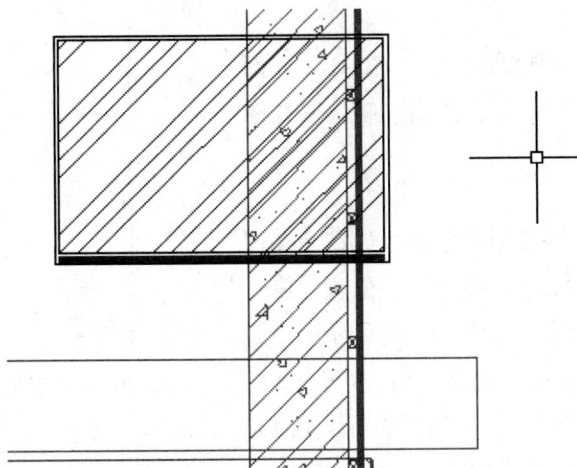

5. 绘制电视机剖面

（1）本例中绘制的是电视顶剖面，需要对电视机侧面形状进行调整。选择【复制】命令或在命令行输入快捷命令 CO，选择电视，将其复制到剖面放置电视的合适位置，如图 6-25 所示，并对电视形状进行调整，如图 6-26 所示。

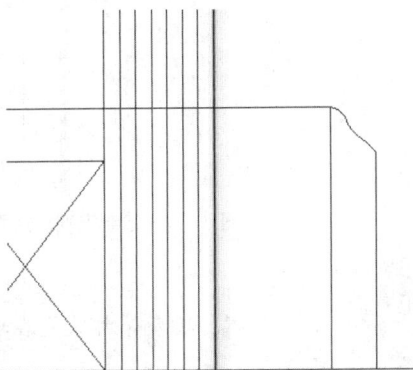

图 6-25　复制电视

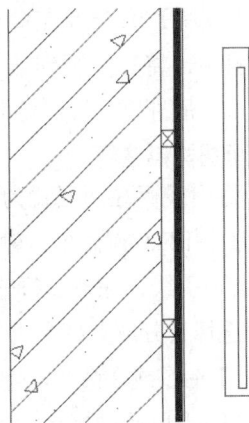

图 6-26　调整电视

（2）选中中间的小矩形中填充的图案【AR-RROOF】，双击打开【图案填充】对话框，将比例由 700 修改为 7，按【Enter】键查看效果，关闭对话框。

（3）在电视上方，选择【直线】命令或在命令行输入快捷命令 L，绘制一条斜线，选中绘制的图形，进行修剪，因为一般电视后方上部都有一个斜角，起到散热的作用，如图 6-27 所示。

（4）本例中的电视机是挂墙的，这里可以选择【矩形】命令或在命令行输入快捷命令 REC 绘制电视机挂架剖面图，并调整电视机的位置，如图 6-28 所示。

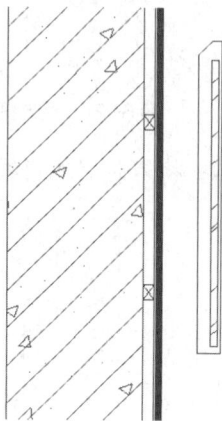

图 6-27　绘制电视机剖面图　　　　　　图 6-28　绘制电视机挂架剖面图

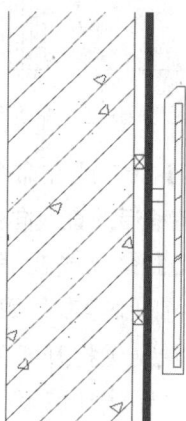

电线、插座等都放置在电视机后面，为使整体效果美观可暂时将其忽略。

（5）最后选中全部绘制的剖面图形，修剪掉多余的直线，可以利用辅助框辅助修剪，再删除辅助框，完成 1-1 剖面图的绘制，如图 6-29 所示。

6. 修改剖面图图名

选择【复制】命令或在命令行输入快捷命令 CO，选中 A 立面布置图的图名，将其复制到绘制的剖面图下方，双击文字，修改图名为"1-1 剖面图"，调整文字所在位置。

7. 剖面图材料注释

（1）将引线标注图层置为当前，选择【引线】命令或在命令行输入快捷命令 LE，在命令行输入设置参数 S，设置文字位置为第一行中间，绘制引线，在命令行输入文本墙体，如图 6-30 所示。

（2）选择【分解】命令或在命令行输入快捷命令 X，分解引线，选择【复制】命令或在命令行输入快捷命令 CO，复制引线箭头小点并分别放在需要引线标注的合适位置，如图 6-31 所示。

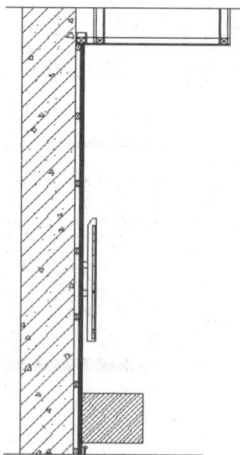

图 6-29　1-1 剖面图

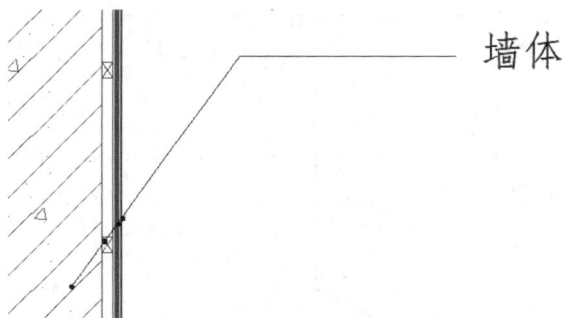

图6-30 绘制墙体引线

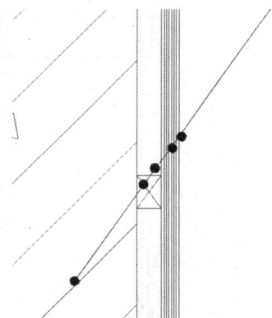

图6-31 复制引线小点

（3）选择【直线】命令或在命令行输入快捷命令L，在引线图形处绘制一条竖直直线，选中绘制的线段，进行调整，选择【多行文字】命令或在命令行输入快捷命令MT，输入所需标注的内容，如图6-32所示。选择【直线】命令或在命令行输入快捷命令L，在每行文字内容中间绘制水平直线与垂直直线相连，完成标注。

（4）选择【引线标注】命令或在命令行输入快捷命令LE，绘制垂直的引线，复制小圆点到相关位置，标注引线所在位置。将上方文字复制到下方引线标注的合适位置，双击修改文字内容，选择【直线】命令或在命令行输入快捷命令L，在每行文字内容中间绘制水平直线与垂直直线相连，完成标注，如图6-33所示。

图6-32 上方材料的标注

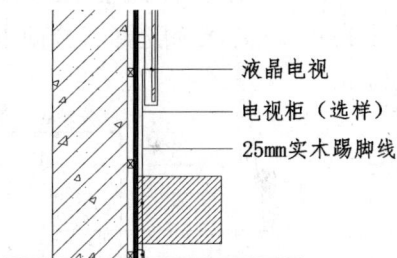

图6-33 下方材料的标注

> 引线标注的对应关系，在纵向图中的标注，从上到下表示图从外到内的标注说明。

（5）调整标注位置，完成1—1剖面图材料的标注说明，如图6-34所示。

8. 剖面图尺寸标注

将尺寸标注图层置为当前，选择【线性】命令或者在命令行输入快捷命令DLI，打开对象捕捉功能，在左侧首先标注踢脚线高度，再选择【连续】命令或者在命令行输入快捷命令DCO进行尺寸标注。用同样的方法，完成下方材料的标注，最终完成效果如图6-35所示。

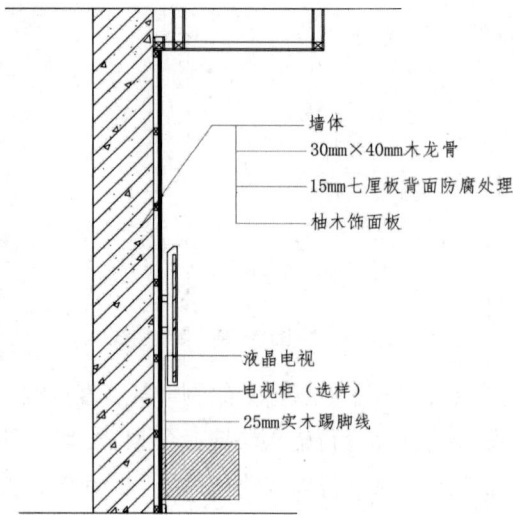

墙体
30mm×40mm木龙骨
15mm七厘板背面防腐处理
柚木饰面板

液晶电视
电视柜（选样）
25mm实木踢脚线

1-1剖面图
1：50

图 6-34　剖面图材料标注

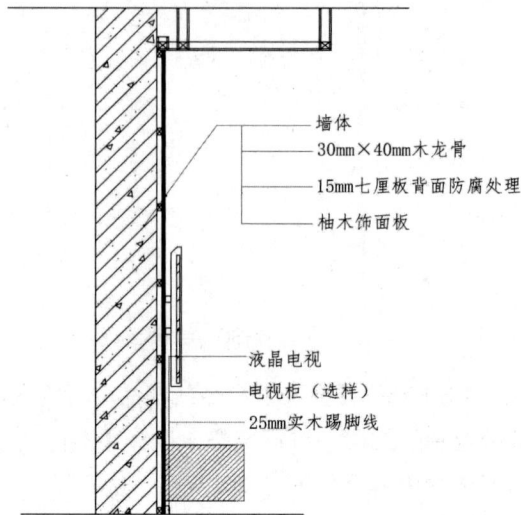

墙体
30mm×40mm木龙骨
15mm七厘板背面防腐处理
柚木饰面板

液晶电视
电视柜（选样）
25mm实木踢脚线

1-1剖面图
1：50

图 6-35　完成 1-1 剖面图的绘制

（三）图纸虚拟打印输出

1. 制图用的计算机可能是没有连接打印机的，但可以利用虚拟打印功能输出文件，一般输出 PDF 文件，比如选择 A 立面布置图，如图 6-36 所示。

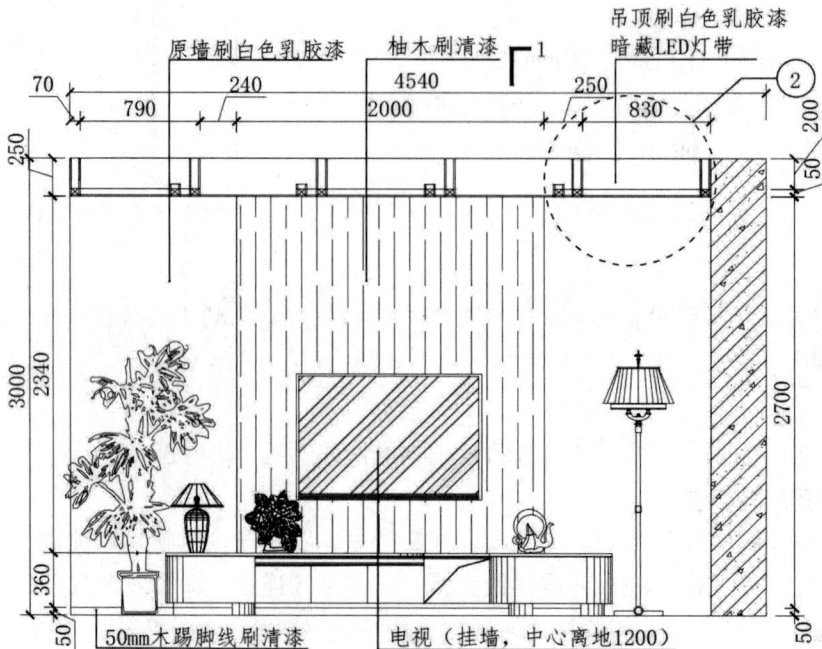

A 立面布置图
1：50

图 6-36　A 立面布置图

2. 单击快速访问工具栏中的【打印】按钮，或者按【Ctrl+P】组合键，打开【打印 – 模型】对话框，在【打印机 / 绘图仪】中选择"DWG To PDF.pc3"，如图 6-37 所示。

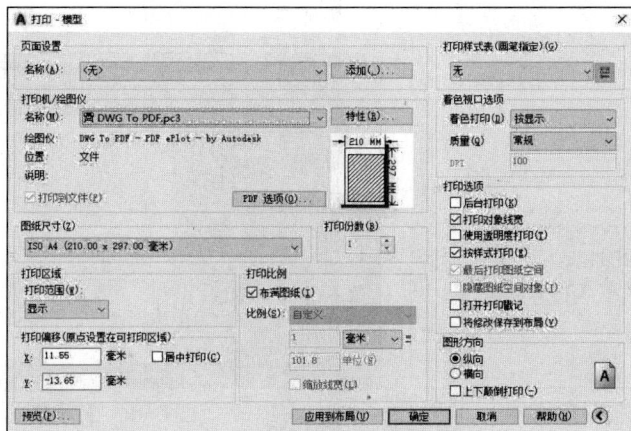

图 6-37　打印设置类型

3. 在【图纸尺寸】一栏，选择常用的 A3 尺寸"ISO A3(420.00 × 297.00 毫米)"，如图 6-38 所示。

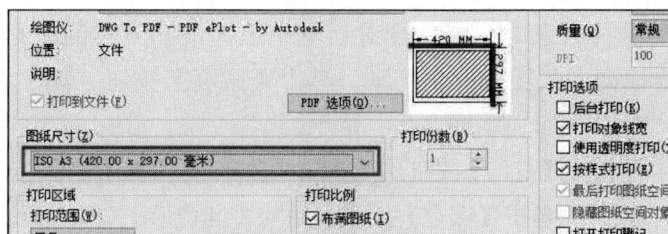

图 6-38　设置图纸大小

4. 在【打印区域】中的【打印范围】选择"窗口"，根据提示，在图中指定第一个点和对角点，设置图形打印范围，如图 6-39 所示。

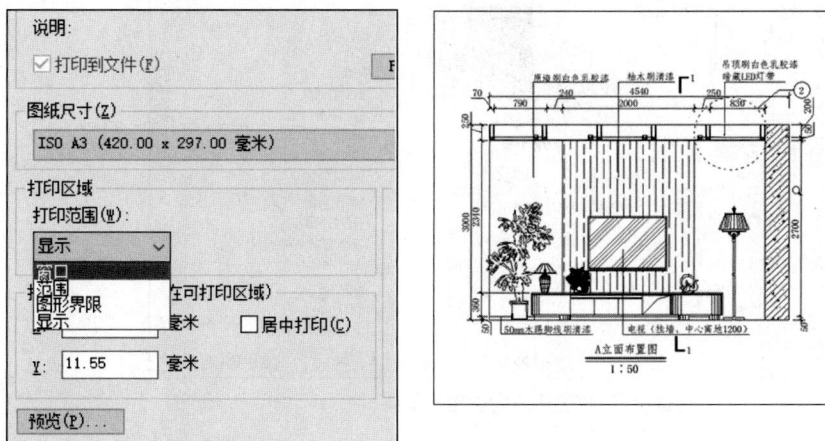

图 6-39　设置图形打印范围

217

5. 在【打印偏移（原点设置在可打印区域）】中选中"居中打印"复选框，如图 6-40 所示；单击【预览】按钮，可以看到打印出的效果，如图 6-41 所示。

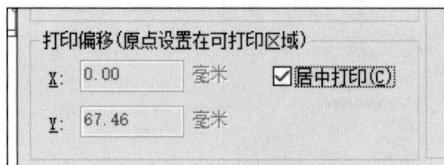

图 6-40　设置打印偏移

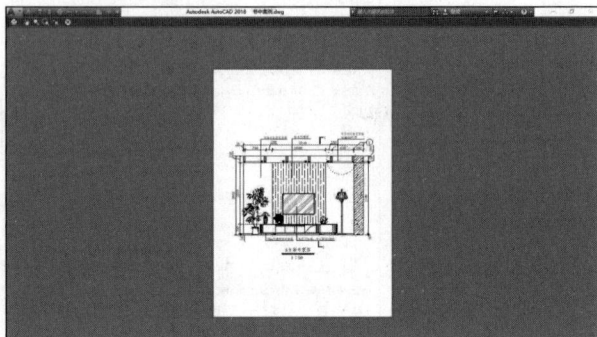

图 6-41　打印预览

> 因为纵向图纸相比横向打印画面会更小一些，同时数据会不太清晰，所以对纸张方向进行调整可以使打印图更清晰。

6. 关闭预览窗口，在【打印 - 模型】对话框中选择最下方右侧的【更多选项】按钮，将图形方向设置为横向，如图 6-42 所示，单击【预览】按钮，观察效果，如图 6-43 所示。

7. 单击上方菜单栏处的【打印】按钮，打开【浏览打印文件】对话框，将文件名修改为"A 立面布置图 - 模型 .pdf"，单击【保存】按钮，如图 6-44 所示，保存至计算机。

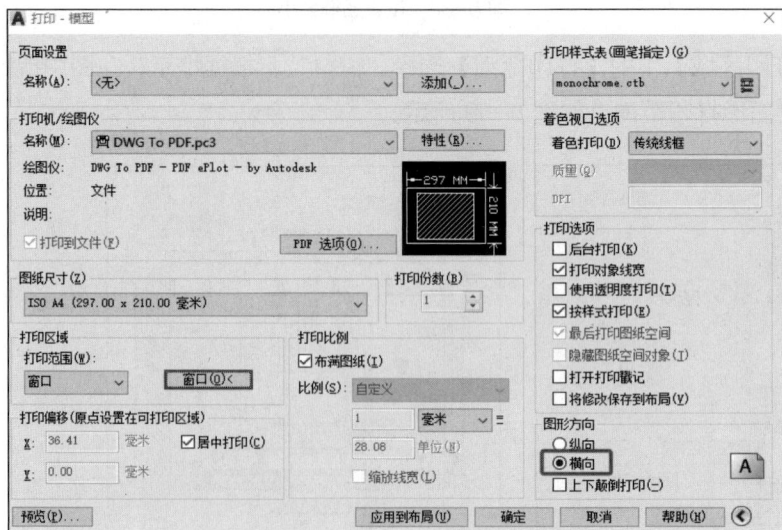

图 6-42　将图形方向设置为横向

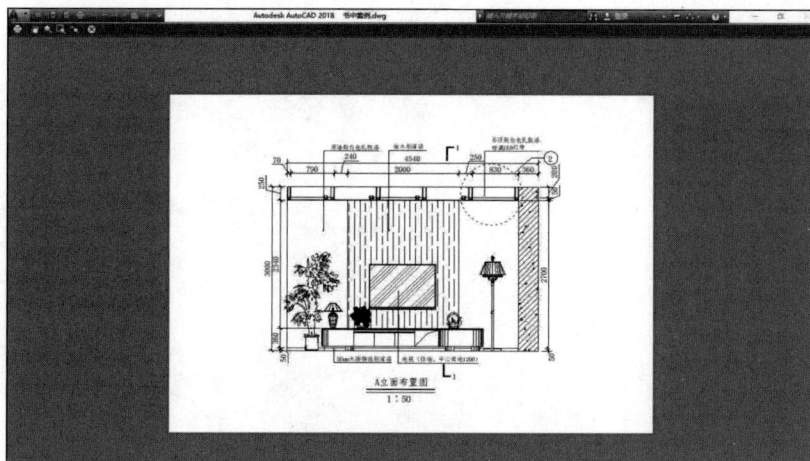

图 6-43　横向打印效果

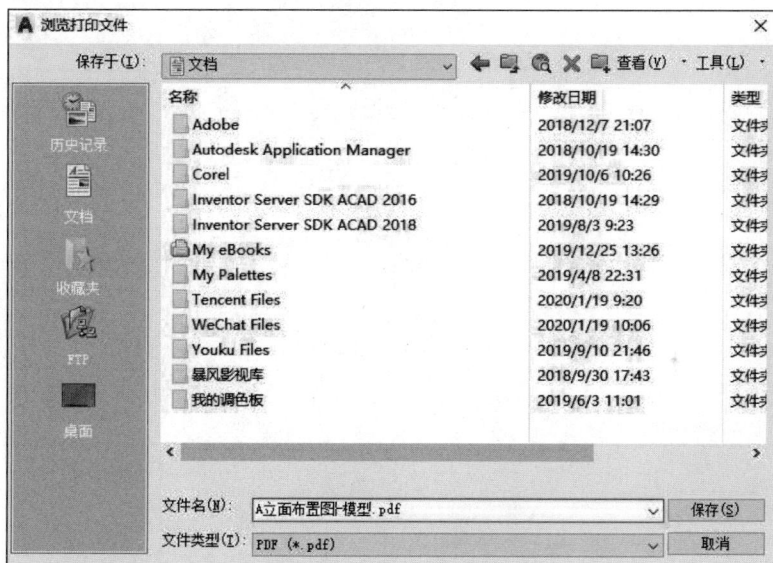

图 6-44　保存 PDF 文件

四、项目小结

　　本项目继承项目五的 A 立面布置图中的客厅电视背景墙的剖面构造、施工工艺及材料运用等内容，通过本项目的详细讲解，解决了部分学习者不会针对立面背景墙、吊顶等装饰构造中的复杂工艺来绘制施工专用剖面图的问题，使学习者能够比较清楚地了解装饰剖面图的准确绘制步骤与方法。

五、技能活页

（一）知识点拓展

1. AutoCAD 提供的一种全图单一黑色的打印的名称是（　　　）。

A. acad.ctb　　　　B. grayscale.ctb　　　　C. monochrome.ctb　　　D. fill Parttens.ctb

2. 只能将模型按单一比例打印输出的空间是（　　　）。

A. 模型空间　　　　B. 图纸空间　　　　C. 两者皆可　　　　D. 以上都不可以

3. 把一个对象的某些或所有特性复制到其他对象上的命令是（　　　）。

A. matchprop　　　　B. dist　　　　C. area　　　　D. list

4. 影响图层显示的图层操作有（　　　）。

A. 关闭图层　　　　B. 锁定图层　　　　C. 冻结图层　　　　D. 打印图层

5. 图层的控制状态可以有（　　　）状态。

A. 打开 / 关闭　　　B. 冻结 / 解冻　　　C. 锁定 / 解锁　　　D. 以上都是

6. 为加快程序运行速度，不显示复杂图形中的某些图层，设置（　　　）状态会更加优化。

A. 关闭图层　　　　B. 锁定图层　　　　C. 冻结图层　　　　D. 打印图层

7. 下列标注命令中，一次命令可标注多个尺寸的是（　　　）。

A. 线性标注　　　　　　　　　　　B. 基线标注

C. 连续标注　　　　　　　　　　　D. 快速标注

8. 以下（　　　）控制符表示正负公差符号。

A. %%P　　　　　　　　　　　　　B. %%D

C. %%C　　　　　　　　　　　　　D. %%U

（二）技能实践

任务十　绘制家具剖面图

1. 目的要求

家具剖面图（见图 6-45）主要表达某个家具的剖面造型、具体材料以及尺寸。学习者通过对本技能实践任务的学习，能掌握剖切符号和索引符号的绘制方法，掌握家具剖面图的绘制方法和材料注释、尺寸标注的技巧。

2. 操作提示

（1）绘制装饰柜剖面轮廓线及细节图形。

（2）绘制内置灯带。

（3）标注尺寸和文字。

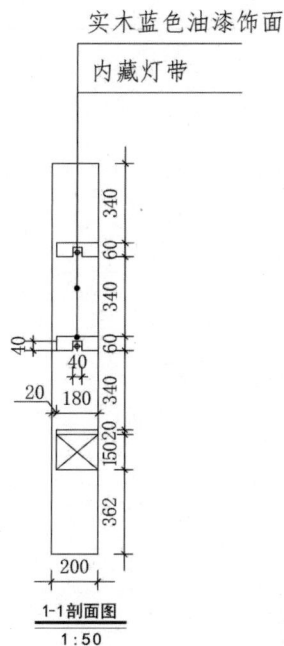

图 6-45　家具剖面图

3. 活页笔记

典型工作任务名称：绘制家具剖面图	技能操作解析	操作疑点
1. 绘制家具剖面 参照立面布置图中的装饰柜结构，利用＿＿＿＿＿＿＿＿（命令）绘制家具剖面结构	注意其与立面之间的联系	
2. 绘制内置灯带 利用＿＿＿＿＿＿＿＿（命令）、＿＿＿＿＿＿＿＿（命令）在装饰柜内部的合适位置绘制灯带	注意灯带的位置	
3. 引线标注 复制立面布置图中的引线标注，对局部标注文字进行修改	注意标注格式	
4. 尺寸标注 选择立面布置图中的引线标注样式，使用＿＿＿＿＿＿＿＿、＿＿＿＿＿＿＿＿ 等命令标注立面各尺寸	注意标注格式	
任务完成时间	＿＿＿＿＿＿＿分钟	

4. 测评活页

每个学生完成技能活页的成绩评定按学生自评、小组互评、教师综合评价三阶段进行，并按自评占 30%、小组互评占 20%、教师测评占 50% 作为学生技能活页评价结果。

（1）学生进行自我评价，总结完成任务过程中的成功和不足之处，并将结果填入"学生自评表"。

学生自评表

姓名		学号		班级	
项目	绘制三室两厅住宅的剖面图、节点详图		编号		10
任务十	绘制家具剖面图		完成时间		20 分钟
评价点	评价标准			分值	得分
绘制剖面结构	能正确利用绘图、修改工具绘制家具剖面结构			10	
绘制内置灯带	能正确利用绘图、修改工具绘制内置灯带			10	
引线标注材料	能正确运用引线标注注释立面材料			10	
尺寸文本标注	能精确规范地进行尺寸、文本标注			10	
工作态度	态度端正，无无故缺勤、迟到、早退现象			10	
工作质量	能按照规定尺寸完成平面图的绘制，图形完整			20	
工作效率	能在规定时间完成技能实践任务			10	
协调能力	与小组成员、同学之间能合作交流、协调工作			5	
职业素质	能掌握设计助理岗位制图规范			5	
创新意识	创新思路，灵活操作软件			10	
合计				100	

完成任务心得体会：

（2）学生以小组为单位，对绘制家具剖面图的过程与结果进行互评，将互评结果填入"小组互评表"中。

小组互评表

姓名			学号				班级	
项目	绘制三室两厅住宅的剖面图、节点详图					编号		10
任务十	绘制家具剖面图					完成时间		20 分钟

评价点	分值	评分等级							评价对象（小组成员）			
									组员 1 姓名	组员 2 姓名	组员 3 姓名	组员 4 姓名
绘制剖面结构	10	优	10	良	8	中	7	差	5			
绘制内置灯带	10	优	10	良	8	中	7	差	5			
引线标注材料	10	优	10	良	8	中	7	差	5			
尺寸文本标注	10	优	10	良	8	中	7	差	5			
工作态度	10	优	10	良	8	中	7	差	5			
工作质量	20	优	20	良	16	中	14	差	10			
工作效率	10	优	10	良	8	中	7	差	5			
协调能力	5	优	5	良	4	中	3	差	2			
职业素质	5	优	5	良	4	中	3	差	2			
创新意识	10	优	10	良	8	中	7	差	5			
合计	100											

组长签名：_____ 日期：_____

说明：

1. 以 5 人为单位组成互评小组，小组内每位成员依据评分点及完成度按相应的评分等级为其他 4 人打分，取 4 人的平均分作为学生小组互评成绩。
2. 由互评小组组长负责统计学生自评成绩，并计算汇总小组互评成绩。
3. "小组互评表"中评价点相应评价标准具体参照"学生自评表"。

（3）教师对学生完成技能活页工作过程与工作结果进行评价，并将评价结果填入"教师综合评价表"中。

教师综合评价表

姓名		学号		班级	
项目		绘制三室两厅住宅的剖面图、节点详图		编号	10
任务十		绘制家具剖面图		完成时间	20 分钟
评价点		评价标准		分值	得分
考勤（10%）		无无故缺勤、迟到、早退现象		10	
工作过程（60%）	绘制剖面结构	能正确利用绘图、修改工具绘制家具剖面结构		10	
	绘制内置灯带	能正确利用绘图、修改工具绘制内置灯带		10	
	引线标注材料	能正确运用引线标注注释立面材料		10	
	尺寸文本标注	能精确规范地进行尺寸、文本标注		10	
	工作态度	态度端正，完成任务认真、主动		5	
	协调能力	与小组成员、同学之间能合作交流、协调工作		5	
	职业素质	能掌握设计助理岗位制图规范		5	
	创新意识	创新思路，灵活操作软件		5	
项目成果（30%）	工作质量	能按照规定尺寸完成平面图的绘制，图形完整		10	
	工作效率	能在规定时间完成技能实践任务		10	
	笔记成果	获知相关知识，并正确完成活页笔记		10	
合计				100	
综合评价	自评（30%）	小组互评（20%）	教师评价（50%）	综合得分	

任务十一　绘制家具节点详图

1. 目的要求

节点详图（见图 6-46）是用较大比例绘出家具细部构造的图样。学习者通过对本技能实践任务的学习，能进一步熟悉与掌握节点详图的正确制图顺序和绘制方法。

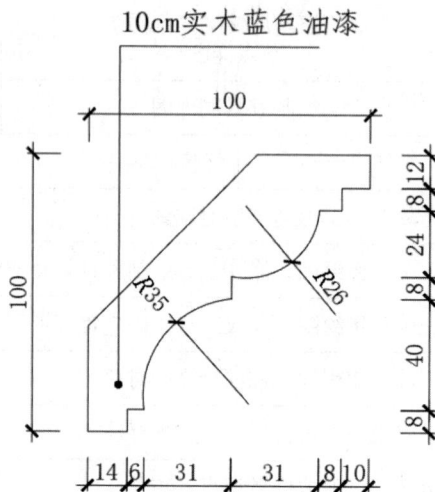

图 6-46　家具阴角线详图

2. 操作提示

（1）绘制家具阴角线构造的轮廓线。

（2）绘制细节图形。

（3）标注尺寸和文字。

3. 活页笔记

典型工作任务名称：绘制家具节点详图	技能操作解析	操作疑点
1. 绘制阴角线详图 利用 _____（命令）、_____（命令）绘制阴角线详图	注意起点、端点、半径的圆弧画法	
2. 引线标注 复制立面布置图中的引线标注，对局部标注文字进行修改	注意标注格式	
3. 尺寸标注 选择详图标注样式，使用 _____、_____等命令标注节点详图各尺寸	注意标注格式	
4. 定义块 选中标注完尺寸的图形，使用 _____命令定义块，使用 _____命令，将节点详图放大为原来的 5 倍	注意定义块的意义	
任务完成时间	_____ 分钟	

4. 测评活页

每个学生完成技能活页的成绩评定按学生自评、小组互评、教师综合评价三阶段进行，并按自评占 30%、小组互评占 20%、教师测评占 50% 作为学生技能活页评价结果。

（1）学生进行自我评价，总结完成任务过程中的成功和不足之处，并将结果填入"学生自评表"。

学生自评表

姓名		学号		班级	
项目	绘制三室两厅住宅的剖面图、节点详图		编号		11
任务十一	绘制家具节点详图		完成时间		15 分钟
评价点	评价标准			分值	得分
绘制剖面结构	能正确利用绘图、修改工具绘制家具阴角线构造			15	
引线标注材料	能正确运用引线标注注释立面材料			15	
尺寸文本标注	能精确规范地进行尺寸、文本标注			10	
工作态度	态度端正，无无故缺勤、迟到、早退现象			10	
工作质量	能按照规定尺寸完成平面图的绘制，图形完整			20	
工作效率	能在规定时间完成技能实践任务			10	
协调能力	与小组成员、同学之间能合作交流、协调工作			5	
职业素质	能掌握设计助理岗位制图规范			5	
创新意识	创新思路，灵活操作软件			10	
合计				100	

完成任务心得体会：

（2）学生以小组为单位，对绘制家具节点详图的过程与结果进行互评，将互评结果填入"小组互评表"中。

小组互评表

姓名			学号			班级		
项目	绘制三室两厅住宅的剖面图、节点详图					编号		11
任务十一	绘制家具节点详图					完成时间		15 分钟
评价点	分值	评分等级					评价对象（小组成员）			
							组员 1 姓名	组员 2 姓名	组员 3 姓名	组员 4 姓名
绘制剖面结构	15	优	15	良	12	中	10	差	7
引线标注材料	15	优	15	良	12	中	10	差	7
尺寸文本标注	10	优	10	良	8	中	7	差	5
工作态度	10	优	10	良	8	中	7	差	5
工作质量	20	优	20	良	16	中	14	差	10
工作效率	10	优	10	良	8	中	7	差	5
协调能力	5	优	5	良	4	中	3	差	2
职业素质	5	优	5	良	4	中	3	差	2
创新意识	10	优	10	良	8	中	7	差	5
合　计	100								

组长签名：＿＿＿＿＿＿＿＿＿＿　日期：＿＿＿＿＿＿＿＿＿＿

说明：

1. 以 5 人为单位组成互评小组，小组内每位成员依据评分点及完成度按相应的评分等级为其他 4 人打分，取 4 人的平均分作为学生小组互评成绩。
2. 由互评小组组长负责统计学生自评成绩，并计算汇总小组互评成绩。
3. "小组互评表"中评价点相应评价标准具体参照"学生自评表"。

（3）教师对学生完成技能活页工作过程与工作结果进行评价，并将评价结果填入"教师综合评价表"中。

教师综合评价表

姓名			学号		班级	
项目		绘制三室两厅住宅的剖面图、节点详图		编号		11
任务十一		绘制家具节点详图		完成时间		15 分钟
评价点		评价标准			分值	得分
考勤（10%）		无无故缺勤、迟到、早退现象			10	
工作过程（60%）	绘制剖面结构	能正确利用绘图、修改工具绘制家具阴角线构造			15	
	引线标注材料	能正确运用引线标注注释立面材料			15	
	尺寸文本标注	能精确规范地进行尺寸、文本标注			10	
	工作态度	态度端正，完成任务认真、主动			5	
	协调能力	与小组成员、同学之间能合作交流、协调工作			5	
	职业素质	能掌握设计助理岗位制图规范			5	
	创新意识	创新思路，灵活操作软件			5	
项目成果（30%）	工作质量	能按照规定尺寸完成平面图的绘制，图形完整			10	
	工作效率	能在规定时间完成技能实践任务			10	
	笔记成果	获知相关知识，并正确完成活页笔记			10	
合计					100	
综合评价		自评（30%）	小组互评（20%）	教师评价（50%）	综合得分	

附录一　附图

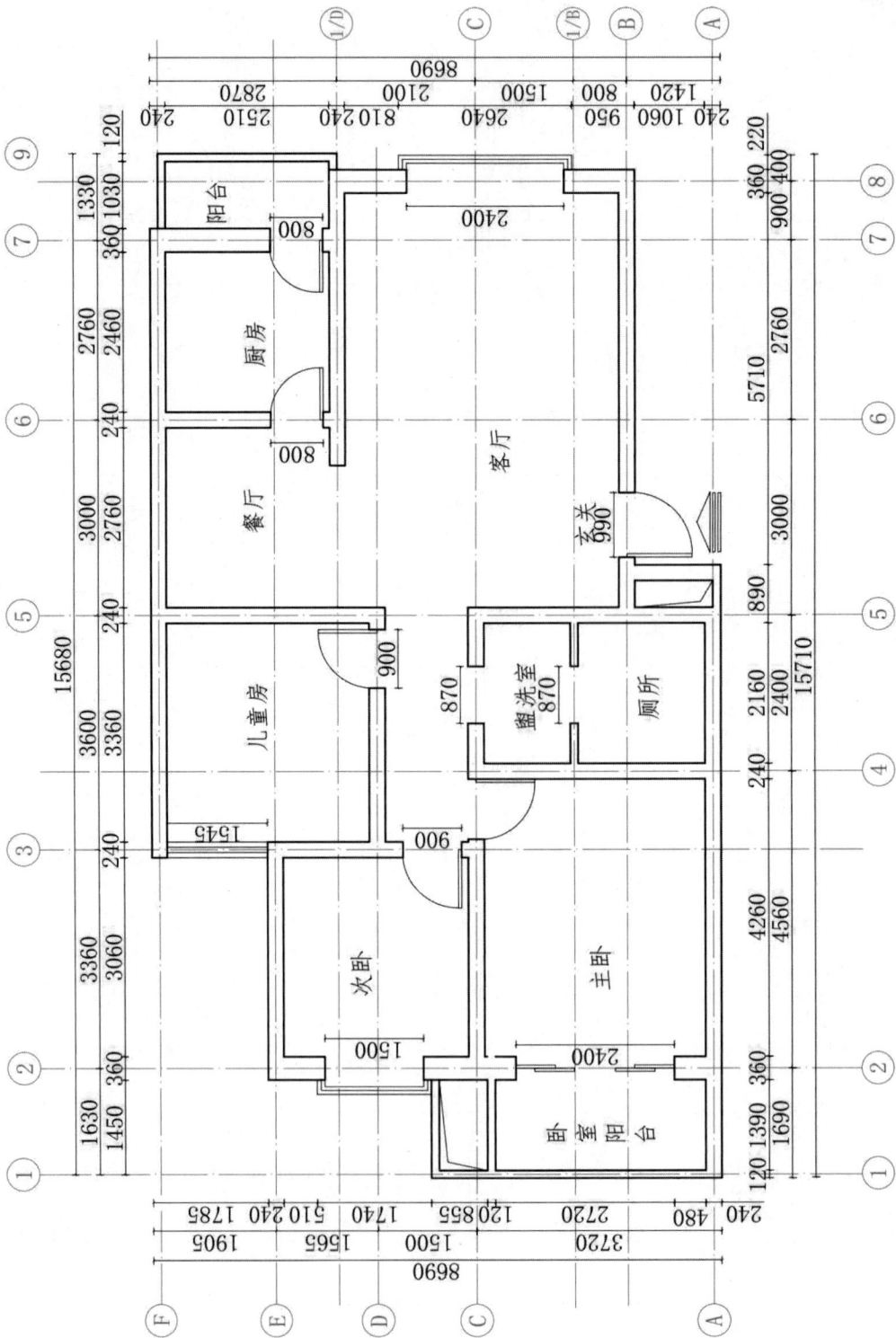

原始建筑平面图
1:75

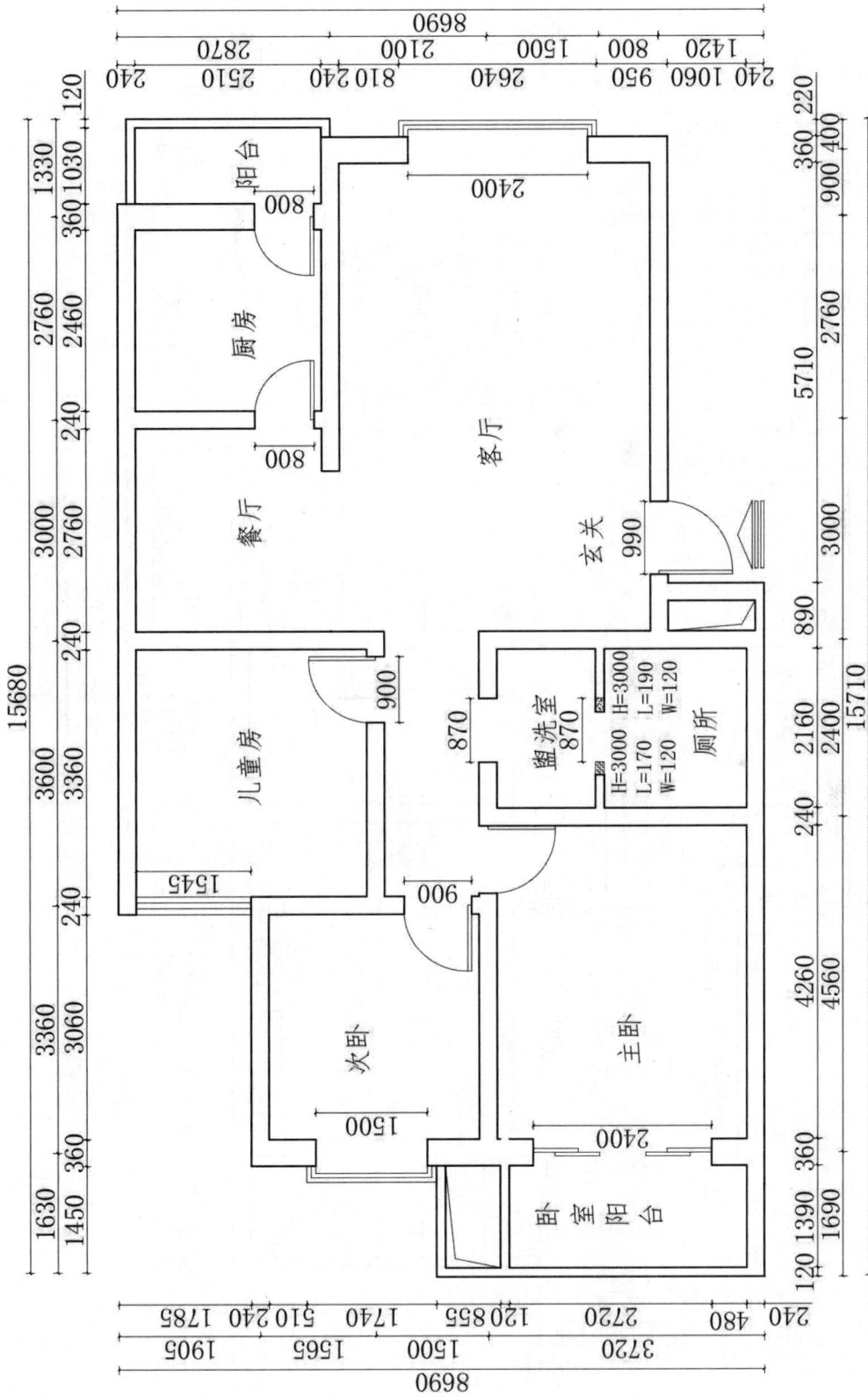

墙体拆改图
1：75

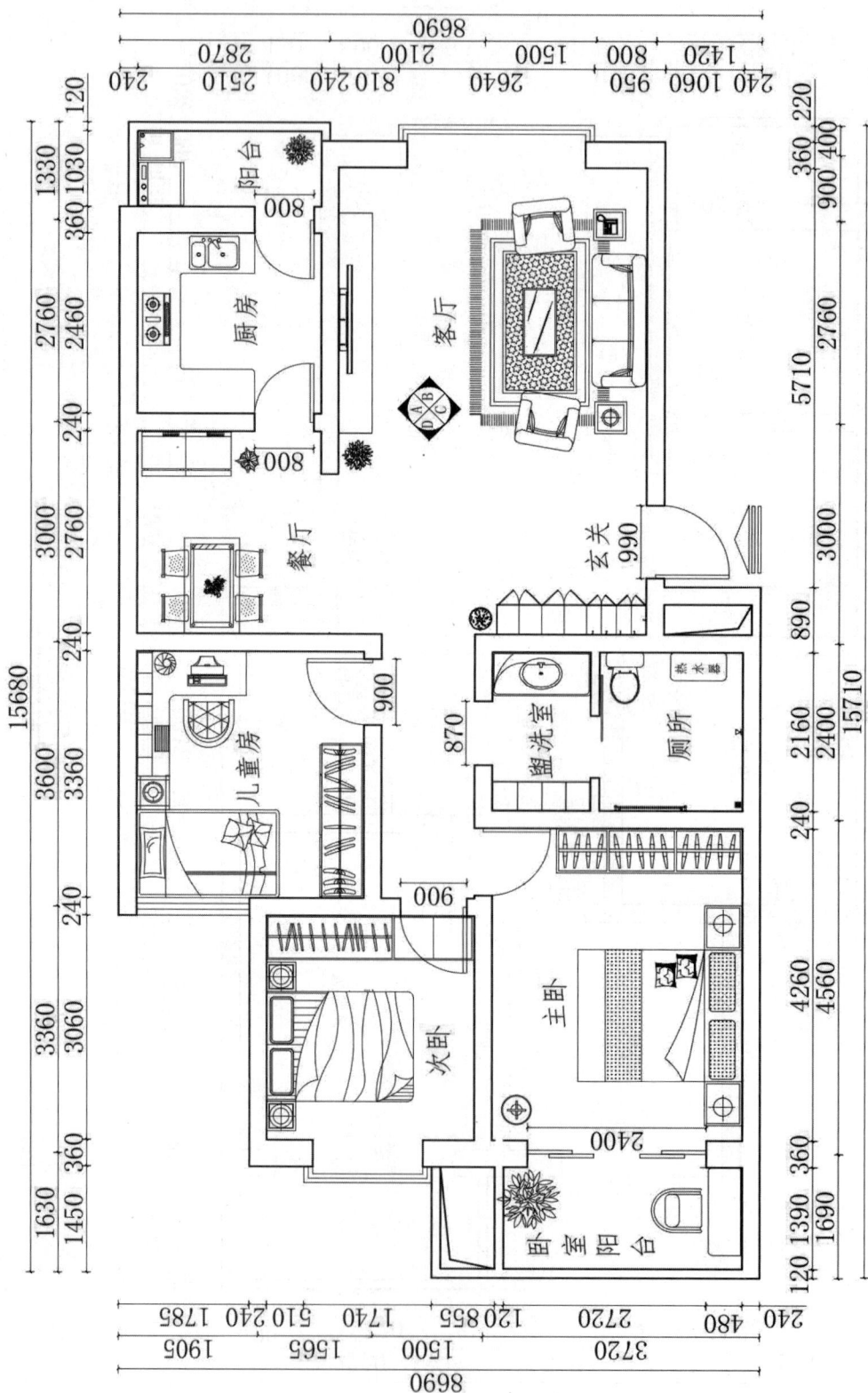

平面布置图
1：75

地面铺装图

1：75

顶棚布置图
1 : 75

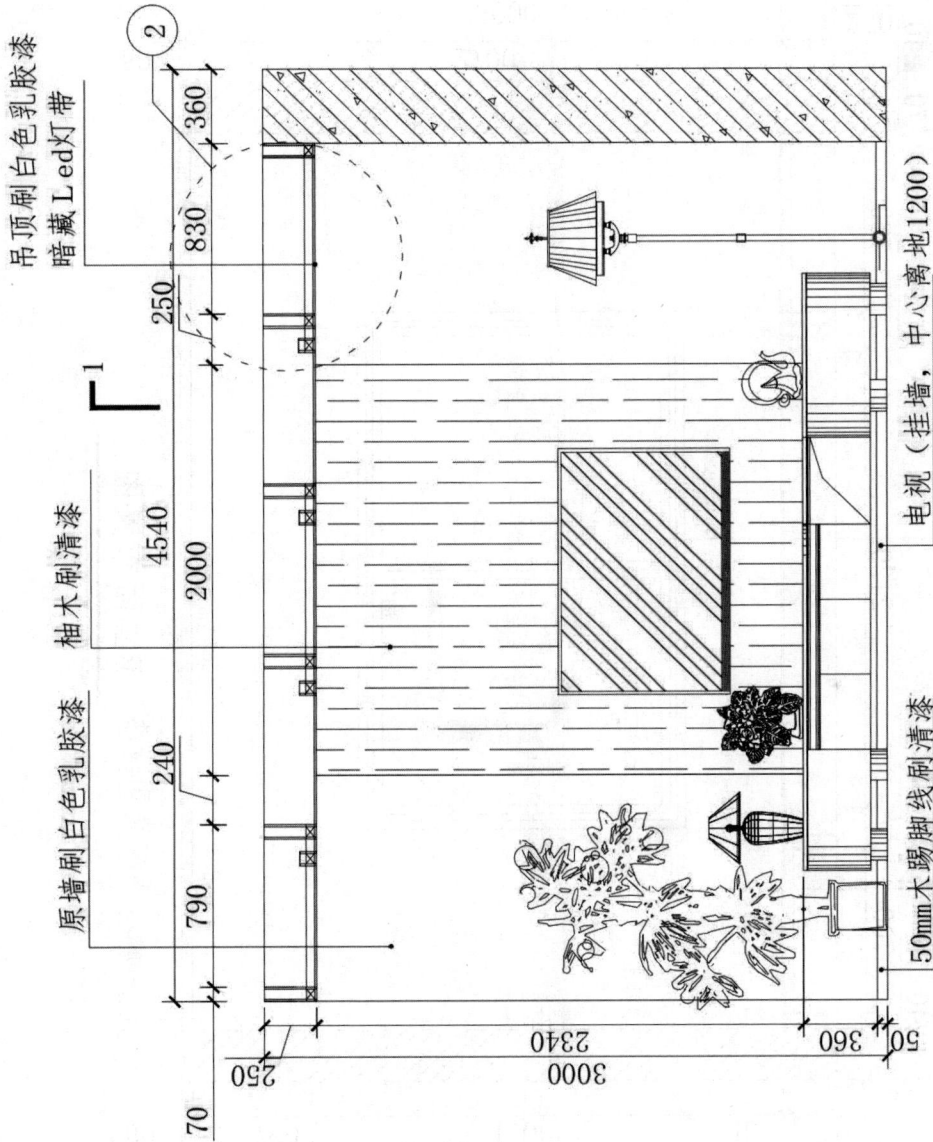

吊顶刷白色乳胶漆
暗藏 Led灯带

柚木刷清漆

原墙刷白色乳胶漆

360

830

250

4540
2000

240

790

2

电视（挂墙，中心离地1200）

50mm木踢脚线刷清漆

A立面布置图

1：50

250
70

3000
2340
360
50

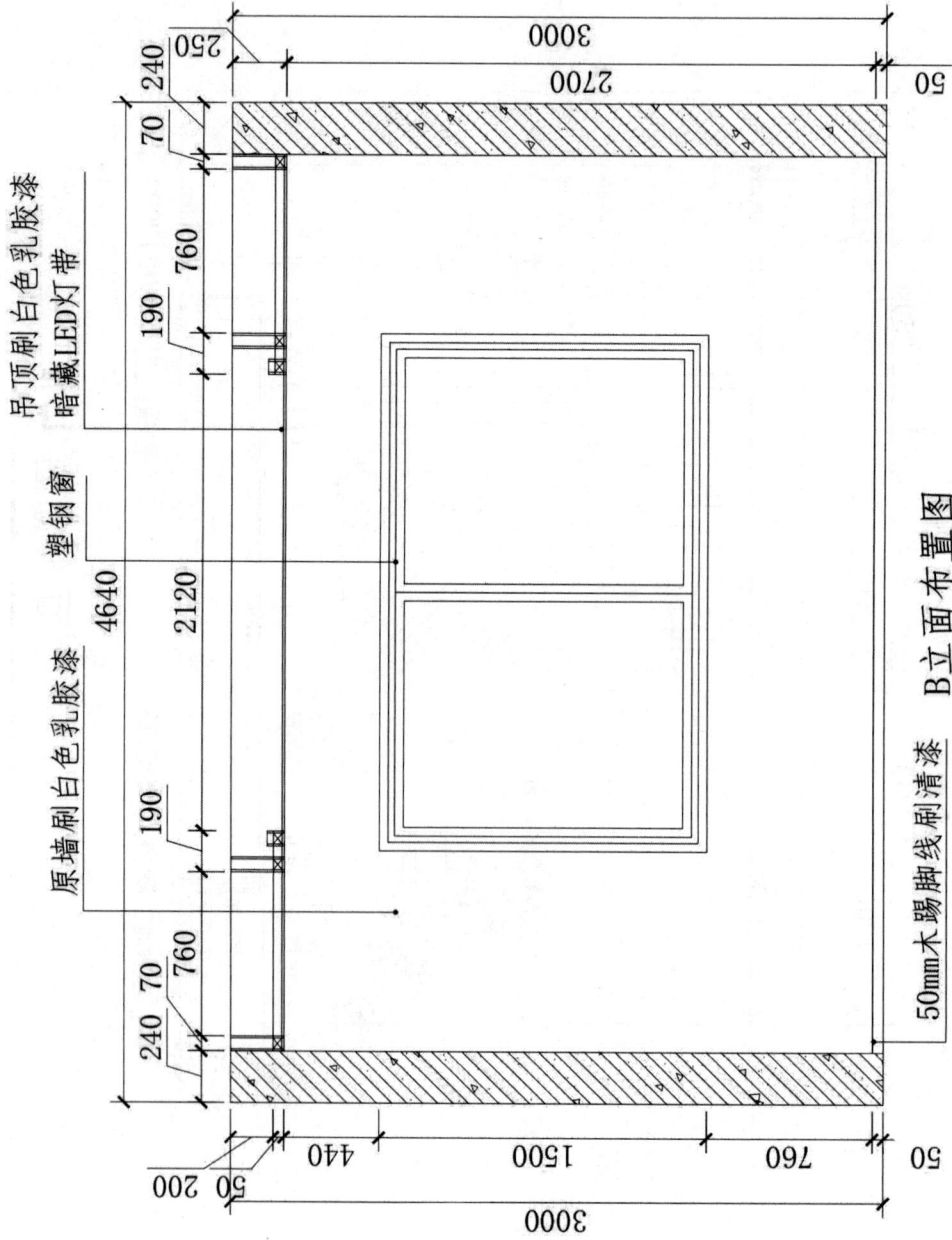

B立面布置图

1：50

吊顶刷白色乳胶漆

暗藏LED灯带

塑钢窗

原墙刷白色乳胶漆

50mm木踢脚线刷清漆

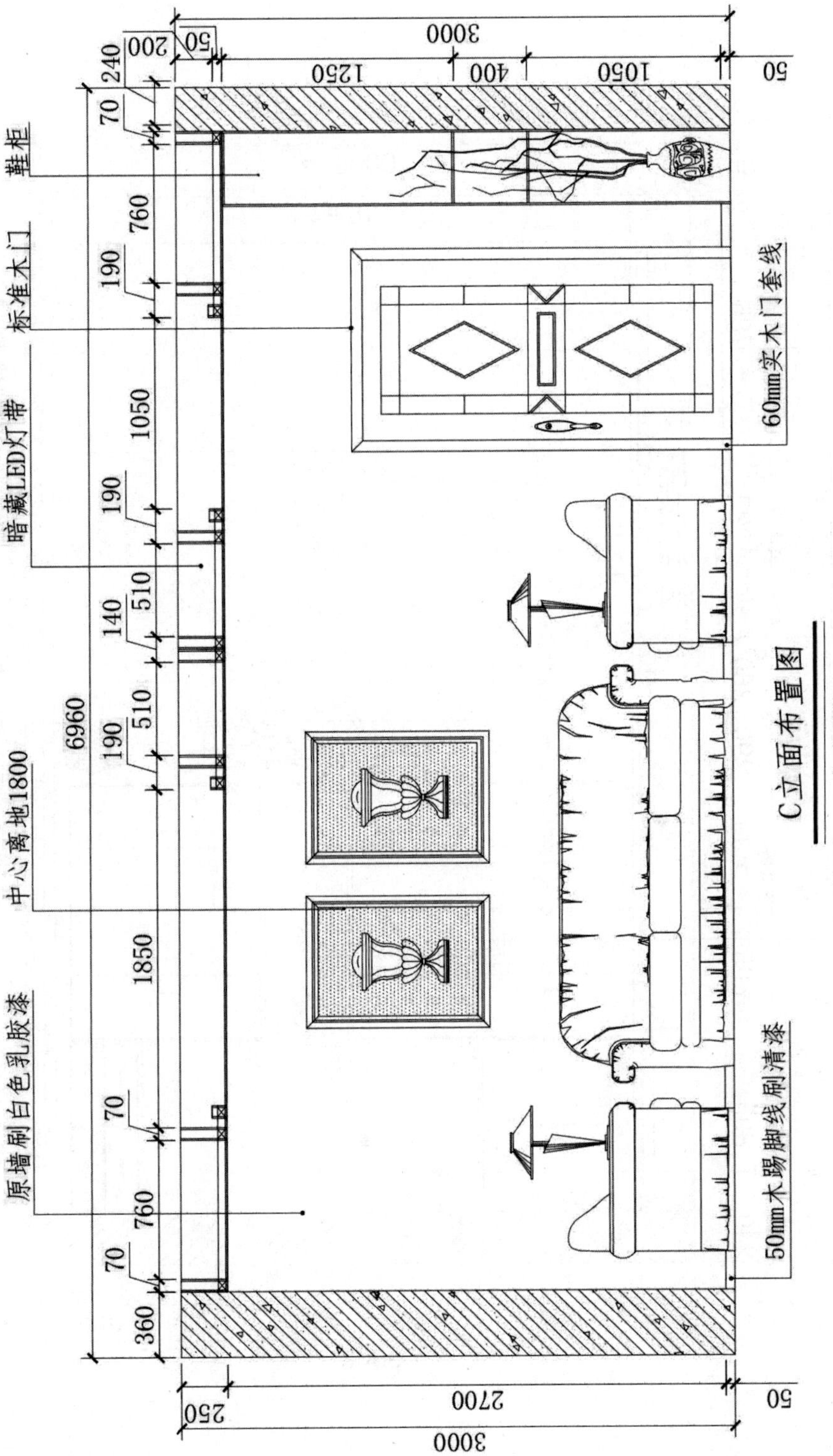
鞋柜
标准木门
吊顶刷白色乳胶漆
暗藏LED灯带
艺术挂画
中心离地1800
原墙刷白色乳胶漆
60mm实木门套线
50mm木踢脚线刷清漆
3000
200
50
1250
400
1050
50
240
70
760
190
1050
190
140
510
6960
190
510
1850
70
760
70
360
250
2700
50
3000

C立面布置图
1：50

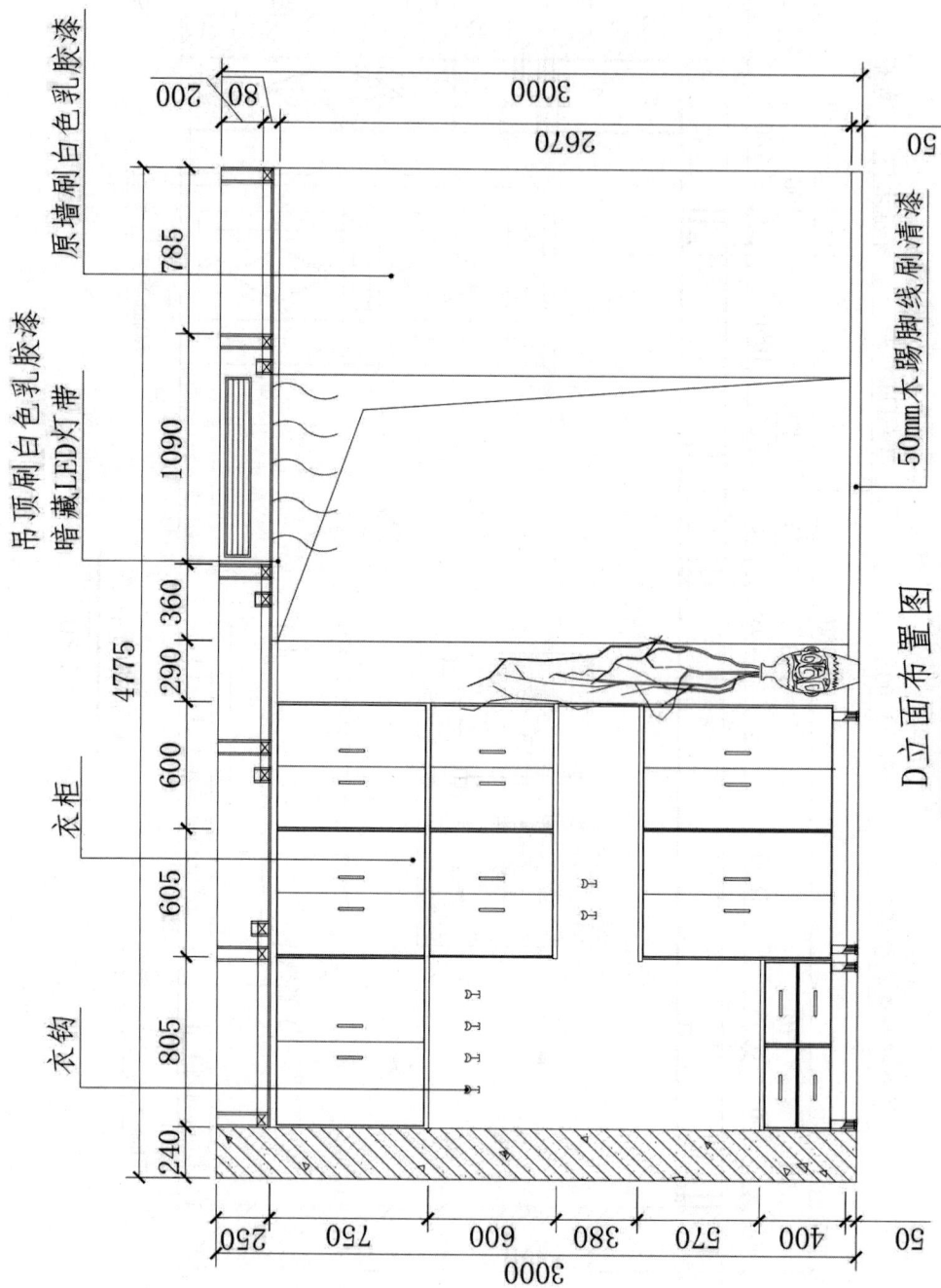

原墙刷白色乳胶漆

吊顶刷白色乳胶漆
暗藏LED灯带

衣柜

衣钩

50mm木踢脚线刷清漆

200 | 80 | 3000

2670 | 50

785

1090

4775 | 290 | 360

600

605

805

240

250 | 750 | 570 | 400 | 50
400 | 600 | 380

3000

D立面布置图

1：50

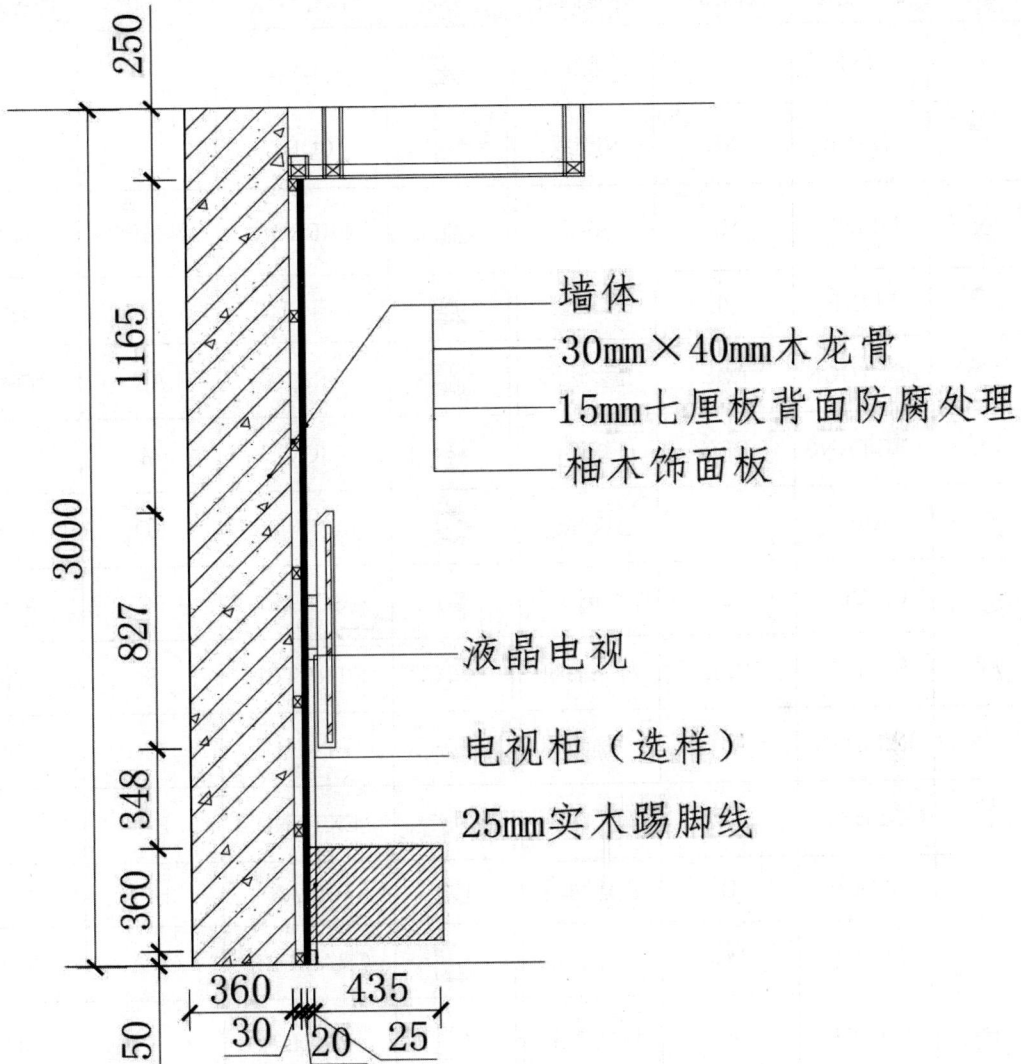

250

1165

3000

827

348

360

50

墙体

30mm×40mm木龙骨

15mm七厘板背面防腐处理

柚木饰面板

液晶电视

电视柜（选样）

25mm实木踢脚线

360　435

30　20　25

1-1剖面图

1：50

附录二 AutoCAD 快捷命令及命令说明

1. 常用绘图修改快捷命令及说明

图标	命令全称	快捷命令	命令说明	图标	命令全称	快捷命令	命令说明
	LINE	L	直线		ERASE	E	删除
	XLINE	XL	构造线		COPY	CO	复制
	MLINE	ML	多线		MIRROR	MI	镜像
	PLINE	PL	多段线		OFFSET	O	偏移
	POLYGON	POL	正多边形		ARRAY	AR	阵列
	RECTANG	REC	矩形		MOVE	M	移动
	ARC	A	圆弧		ROTATE	RO	旋转
	CIRCLE	C	圆		SCALE	SC	缩放
	SPLINE	SPL	样条曲线		STRETCH	S	拉伸
	ELLIPSE	EL	椭圆		TRIM	TR	修剪
	INSERT	I	插入图块		EXTEND	EX	延伸
	BLOCK	B	创建图块		BREAK	BR	打断
	POINT	PO	点		CHAMFER	CHA	倒角
	HATCH	H	图案填充		FILLET	F	圆角
	REGION	REG	面域		EXPLODE	X	分解
	MTEXT	MT	多行文字		PEDIT	PE	多段线编辑
	TEXT	DT	单行文字		HATCHEDIT	HE	填充编辑

2. 对象特性、尺寸标注、图层等常用命令

命令简写	快捷命令	命令说明	命令简写	快捷命令	命令说明
ADC	ADCENTER	设计中心	EXP	EXPORT	输出其他格式
MO	PROPERTIES	修改特性	IMP	IMPORT	输入文件
MA	MATCHPROP	特性匹配	OP	OPTIONS	自定义 CAD 设置
ST	STYLE	文字样式	PU	PURGE	清除垃圾
COL	COLOR	设置颜色	R	REDRAW	重画
LT	LINETYPE	设置线型	PRE	PREVIEW	打印预览
LTS	LTSCALE	线性比例因子	OS	DSETIINGS	设置极轴追踪
LW	LWEIGHT	设置线宽	OS	OSNAP	设置对象捕捉模式
UN	UNITS	单位	AA	AREA	面积
ATI	ATIDEF	属性定义	DI	DIST	距离
ATE	ATTEDIT	编辑属性	LI	LIST	显示图形数据信息
D	DIMSTYLE	标注样式	LE	QLEADER	引线标注
DLI	DIMLINEAR	线性标注	DRA	DIMRADIUS	半径标注
DAL	DIMALIGNED	对齐标注	DDI	DIMDIAMETER	直径标注
DCO	DIMCONTINUE	连续标注	DAN	DIMANGULAR	角度标注
DBA	DIMBASELINE	基线标注	DED	DIMEDIT	编辑标注
LA	LAYER	图层管理器		LAYISO	隔离图层
	LAYUNISO	取消隔离图层		LAYOFF	关闭所有图层
	LAYON	打开所有图层		LAYMRG	合并图层
F1		帮助	F2		命令窗口
F3		对象捕捉	F7		栅格
F8		正交	F10		极轴

参考文献

[1] 刘永娟，孙琪 . AutoCAD 2014 建筑装饰与室内设计教程 [M]. 北京：人民邮电出版社，2015.

[2] 张亭，秦志霞 . AutoCAD 2016 室内装潢设计实例教程 [M]. 北京：人民邮电出版社，2017.

[3] 刘长飞，白朝勤，王铁铭 . AutoCAD 2012 室内装饰装潢精讲教程 [M]. 北京：兵器工业出版社，2011.

[4] 张绮曼，郑曙旸 . 室内设计资料集 [M]. 北京：中国建筑工业出版社，1991.

[5] 中华人民共和国住房和城乡建设部 . 房屋建筑制图统一标准 GB/T 50001—2017[S]. 北京：中国建筑工业出版社，2017.

[6] 中华人民共和国住房和城乡建设部 . 房屋建筑室内装饰装修制图标准 JGJ/T 244—2011[S]. 北京：中国建筑工业出版社，2011.

[7] 罗朝宝 . 建筑 CAD[M]. 北京：人民邮电出版社 ,2015.

[8] 沙旭，徐虹，李文婷 . AutoCAD 施工图设计深化解析 [M]. 北京：北京希望电子出版社，2019.